Kaltwasser

Wissenserwerb für Forschung & Entwicklung

GABLER EDITION WISSENSCHAFT

Information – Organisation – Produktion

Herausgegeben von Professor Dr. Hans Corsten, Professor Dr. Michael Reiß, Professor Dr. Claus Steinle und Professor Dr. Stephan von Zelewski

Die Schriftenreihe präsentiert Konzepte, Modelle und Methoden zu drei zentralen Domänen der Unternehmensführung. Information, Organisation und Produktion werden als Bausteine eines integriert angelegten Managementsystems verstanden. Der Erforschung dieses Bereiches dienen sowohl theoretische als auch anwendungsorientierte Beiträge.

Andrea Kaltwasser

Wissenserwerb für Forschung & Entwicklung

Eine Make-or-Buy-Entscheidung

Mit Geleitworten
von Prof. Dr. Stephan von Zelewski
und Prof. Dr. Werner Kern

Springer Fachmedien Wiesbaden GmbH

Die Deutsche Bibliothek – CIP-Einheitsaufnahme

Kaltwasser, Andrea:
Wissenserwerb für Forschung & Entwicklung :
Eine Make-or-Buy-Entscheidung / Andrea Kaltwasser.
Mit Geleitw. von Stephan v. Zelewski u. Werner Kern. -
Wiesbaden : Dt. Univ.-Verl. ; Wiesbaden : Gabler, 1994
    (Gabler Edition Wissenschaft: Information - Organisation - Produktion)
    Zugl.: Köln, Univ., Diss., 1994

© Springer Fachmedien Wiesbaden 1994
Lektorat: Claudia Splittgerber / Gertrud Bergmann
Ursprünglich erschienen bei Betriebswirtschaftlicher Verlag Dr . Th. Gabler GmbH,
Wiesbaden 1994.

Höchste inhaltliche und technische Qualität unserer Produkte ist unser Ziel. Bei der Produktion und Auslieferung unserer Bücher wollen wir die Umwelt schonen: Dieses Buch ist auf
säurefreiem und chlorfrei gebleichtem Papier gedruckt.

Die Wiedergabe von Gebrauchsnamen, Handelsnamen, Warenbezeichnungen usw. in
diesem Werk berechtigt auch ohne besondere Kennzeichnung nicht zu der Annahme, daß
solche Namen im Sinne der Warenzeichen- und Markenschutz-Gesetzgebung als frei zu
betrachten wären und daher von jedermann benutzt werden dürften.

ISBN 978-3-8244-6096-0   ISBN 978-3-663-14527-1 (eBook)
DOI 10.1007/978-3-663-14527-1

Herausgeber-Geleitwort

Die herausragende Rolle, die Innovationen für die langfristige Wettbewerbsfähigkeit von Unternehmungen spielen, steht schon seit geraumer Zeit im Mittelpunkt
des betriebswirtschaftlichen Forschungs- und Gestaltungsinteresses. Sowohl die
unternehmungsinterne Organisation von Innovationsprozessen als auch die Realisierung von Innovationen durch unternehmungsübergreifende Kooperationen
oder unternehmungsexterne Dienstleistungen haben bereits ausführliche Beachtung gefunden. Weitaus weniger wurde dagegen bisher der zentralen ökonomischen Frage nachgegangen, anhand welcher Kriterien über die wirtschaftliche
Vorteilhaftigkeit von unternehmungsinterner, unternehmungsübergreifender oder
unternehmungsexterner Erbringung von Innovationsleistungen entschieden werden könnte.

Die vorliegende Arbeit liefert einen beachtenswerten Beitrag zur Beantwortung
dieser Fragestellung. Ausgehend von der aktuellen Diskussion über "Make or
Buy"- und "Outsourcing"-Strategien wird ein Analyserahmen für Eigenerstellung
oder Fremdbezug technologischen Wissens aufgespannt. Innerhalb dieses Rahmens werden drei Aspekte intensiv behandelt: die Gestaltungsbedingungen, denen "Make or Buy"-bezogene Entscheidungen über die Gewinnung oder den Erwerb technologischen Wissens grundsätzlich unterliegen, die Gestaltungsalternativen, über die solche Entscheidungen getroffen werden können, und die Kriterien,
anhand derer die wirtschaftliche Vorteilhaftigkeit der erwogenen Alternativen beurteilt wird.

Allerdings wird dieser Analyserahmen nicht gleichmäßig ausgefüllt. Statt dessen
konzentriert sich die Autorin bei ihrer Diskussion der Gestaltungsalternativen auf
den Aspekt des Fremdbezugs in einem sehr weit gefaßten Sinn. Er schließt nicht
nur unternehmungsextern erbrachte Innovationsleistungen, sondern auch unternehmungsübergreifende Forschungs- und Entwicklungs-Kooperationen ein.

Das inhaltliche Schwergewicht der Arbeit liegt auf der Entwicklung eines Kriterien-
katalogs für die Beurteilung von alternativen Formen der Gewinnung oder des Erwerbs von technologischem Wissen. Dabei verfällt die Autorin nicht der Gefahr,
eine Sammlung von ad hoc-Kriterien zusammenzutragen, wie es bei konventionel-

len Nutzwertanalysen oder erweiterten Wirtschaftlichkeitsanalysen häufig der Fall ist. Vielmehr bemüht sie sich um ein tiefschürfendes, theoretisch anspruchsvolles Fundament ihrer Beurteilungskriterien. Als übergeordnetes Entscheidungskriterium wird das Ziel verfolgt, die Effizienz der Wissensgewinnungs- oder -erwerbsalternativen zu maximieren. In einer sehr sorgfältig ausgeführten Analyse wird der globale und oftmals diffus gebrauchte Effizienzbegriff in mehrere Effizienzkriterien als Beurteilungskriterien im engeren Sinne ausdifferenziert. Dabei werden Transaktionskosten und F&E-Kosten als kostenbezogene Effizienzkriterien einerseits der Innovationsqualität und Innovationsdauer als leistungs- bzw. zeitbezogenen Effizienzkriterien andererseits gegenübergestellt.

Für theoretisch motivierte Leser dürfte von besonderem Interesse sein, daß anhand von Transaktionskostenbetrachtungen bemerkenswerte Erkenntnisse aus der Neuen Institutionenökonomik in die effizienzorientierte Beurteilung alternativer Gestaltungsformen einfließen. Der Autorin gelingt es, mit Hilfe von zahlreichen konkreten Beispielen das abstrakte Transaktionskostenkonzept im Innovationsbereich mit Leben zu erfüllen. Allerdings bleiben die Ausführungen zu Transaktionskosten in qualitativen Tendenzaussagen verhaftet. Angesichts der genuin quantitativen Charakteristik des betriebswirtschaftlichen Kostenbegriffs mag dies bedauert werden. Aber es wäre verfehlt, die mangelnde Quantifizierung der Autorin anzulasten. Denn der Argumentationsstil Williamsons, Transaktionskosten in qualitativer Weise zu thematisieren, dominiert derzeit noch nahezu alle betriebswirtschaftlichen Publikationen auf diesem Gebiet.

Der Beitrag der Autorin liefert eine Fülle wertvoller Einsichten in die Besonderheiten von "Make or Buy"-bezogenen Entscheidungen über die Gewinnung oder den Erwerb technologischen Wissens. Zugleich bietet sie durch ihren effizienzorientierten Kriterienkatalog einen vielversprechenden Ansatz, solche Entscheidungsprobleme auf systematische und theoretisch fundierte Weise zu bewältigen. Daher ist ihrem Werk eine sowohl rasche als auch weite Verbreitung in Wissenschaft und Praxis zu wünschen.

Stephan Zelewski

Geleitwort

Im Zusammenhang mit den aktuellen praxisbezogenen Diskussionen über das Konzept des Lean Management und mit dem zunehmenden Rezipieren des Gedankengutes der Transaktionskostentheorie in der Betriebswirtschaftslehre werden seit einigen Jahren verstärkt Fragen des Make or Buy für alle Funktionsbereiche von Unternehmungen diskutiert. Damit stehen in der Industrie auch die Aktivitäten von Forschung und Entwicklung (F&E) zur Disposition. Für das mit diesen Bereichen angestrebte Gewinnen technologischen Wissens bestehen nämlich sowohl alternativ als auch ergänzend die Grundsatzoptionen, ob ein intendierter Wissensstand mittels unternehmungseigener Aktivitäten oder stattdessen durch einen unternehmungsexternen Erwerb erreicht werden kann und soll. In diesem Zusammenhang widmet sich die Verfasserin in ihrer vorliegenden Untersuchung der grundlegenden Eingangsfrage, welche Kriterien im Hinblick auf die Effizienz der Auswahlentscheidungen zwischen eigener und/oder fremder F&E überhaupt zu berücksichtigen wären.

Die Autorin bettet ihre Analyse der Make-or-Buy-Entscheidungen bei Forschungs- und Entwicklungsleistungen in einen breit angelegten konzeptionellen Rahmen ein. Sie stützt sich dazu auf eine sehr umfassende, gründliche und sorgfältige Auswertung der einschlägigen Literatur. Auf dieser Grundlage sowie unter Rückgriff auf nötige Plausibilitätsüberlegungen und mit stringenten Argumentationsketten stellt sie, systematisch gegliedert nach Kosten-, Leistungs- und Zeitbezügen die in der Regel maßgebenden Effizienzkriterien vor. Diese können nunmehr als eine theoretische Orientierungshilfe für das Vorbereiten der Entscheidungen sein, die alsdann vom Management zu fällen sind. Mit ihrem Problemaufschluß ist es der Verfasserin gelungen, sowohl die bisher übliche, rein kostenrechnerische Perspektive solcher Entscheidungen als auch die in der jüngeren Literatur vorzufindende Dominanz ausschließlich der Transaktionskosten zugunsten einer neuen, originellen Perspektive zu überwinden. Dem Buch, einer der Wirtschafts- und Sozialwissenschaftlichen Fakultät der Universität zu Köln vorgelegten Dissertation, wünsche ich deshalb die ihm gebührende Aufmerksamkeit in Fachkreisen sowie überhaupt eine weite Verbreitung in Wissenschaft und Praxis.

Werner Kern

Vorwort

Die vorliegende Arbeit, die als Dissertation von der Wirtschafts- und Sozialwissenschaftlichen Fakultät der Universität zu Köln angenommen wurde, entstand während meiner Zeit als wissenschaftliche Mitarbeiterin am Seminar für Allgemeine Betriebswirtschaftslehre, Industriebetriebslehre und Produktionswirtschaft der Universität zu Köln. Eine Dissertation ist immer ein Forschungsprojekt, in das in diverser Form die Anregungen und Unterstützung vieler Personen einfließen, auch wenn am Ende nur ein Einzelner als Autor für das Werk verantwortlich zeichnet. Ohne die dankenswerte Hilfe anderer, die hier nicht erschöpfend genannt werden können, wäre die Arbeit in der vorliegenden Form nicht zustandegekommen.

Meinem Doktorvater, Herrn o. Prof. em. Dr. Dr. h. c. Werner Kern, bin ich zu besonderem Dank verpflichtet. Er gewährte mir in der Themawahl und -bearbeitung die Freiräume, die kreative Problemlösungen erst ermöglichen. Seiner fachlichen und persönlichen Unterstützung konnte ich mir in jeder Phase der Arbeit sicher sein.

Herrn Prof. Dr. Günter Beuermann danke ich herzlich für die Übernahme des Korreferates.

Bei Herrn Prof. Dr. Stephan Zelewski bedanke ich mich für die kritische Durchsicht des Manuskriptes und - stellvertretend für die anderen Herausgeber - für die Möglichkeit, meine Dissertation in der von ihnen betreuten Reihe zu veröffentlichen.

Alle meine Kolleginnen und Kollegen, die mich während meiner Zeit am Industrieseminar einen Teil meines Weges begleiteten, haben auf die ein oder andere Weise ihren Beitrag zum Gelingen dieser Arbeit geleistet. Stellvertretend hierfür möchte ich mich bei meiner Kollegin und Freundin Frau Dipl.-Kff. Gabi Wetzlar bedanken. Sie hat, über ihrer eigenen Arbeit brütend, mit mir viele Wochenenden und Abende am Seminar verbracht und mir hierdurch sowie durch ihre stete Diskussionsbereitschaft die Beendigung der Arbeit erleichtert.

Meinem Bruder Stefan Kaltwasser danke ich für die sorgfältige und prompte softwaretechnische Umsetzung der Abbildungen.

X

Schließlich danke ich Herrn Dr. Klaus Schmolling. Mit seinem Pragmatismus, seiner Hilfsbereitschaft und seiner offensiven kritischen Art hat er mich aus der Isolation meines wissenschaftlichen 'Elfenbeinturmes' herausgeholt und zum letztendlich schnellen Abschluß der Arbeit wesentlich beigetragen.

Andrea Kaltwasser

INHALTSVERZEICHNIS

GLIEDERUNG

ABKÜRZUNGSVERZEICHNIS

Abb.	Abbildung
Abs.	Absatz
AG	Aktiengesellschaft
AiF	Arbeitsgemeinschaft industrieller Forschungsvereinigungen
AktG	Aktiengesetz
allg.	allgemeine
Aufl.	Auflage
BFuP	Betriebswirtschaftliche Forschung und Praxis
BGB	Bürgerliches Gesetzbuch
BGBl.	Bundesgesetzblatt
BMFT	Der Bundesminister für Forschung und Technologie
bspw.	beispielsweise
bzgl.	bezüglich
bzw.	beziehungsweise
CAD	Computer Aided Design
CAE	Computer Aided Engineering
CAM	Computer Aided Manufacturing
CASE	Computer Aided Software Engineering
cet. par.	ceteris paribus
Conn.	Connecticut
Corp.	Corporation
DB	Der Betrieb
DBW	Die Betriebswirtschaft
d.h.	das heißt
DIN	Deutsches Institut für Normung e.V.
Diss.	Dissertation
ed.	editor
eds.	editors
E&F	Eigenfertigung und Fremdbezug
EG	Europäische Gemeinschaft
EIRMA	European Industrial Research Management Association
et al.	et alii
etc.	et cetera
e.V.	eingetragener Verein
f.	folgende
ff.	fortfolgende
FB/IE	Fortschrittliche Betriebsführung/Industrial Engineering
F&E	Forschung und Entwicklung
FhG	Fraunhofer-Gesellschaft zur Förderung der angewandten Forschung
Fn.	Fußnote
FuE	Forschung und Entwicklung

ggf.	gegebenenfalls
GmbH	Gesellschaft mit beschränkter Haftung
GmbHG	Gesetz betreffend die Gesellschaften mit beschränkter Haftung
GWB	Gesetz gegen Wettbewerbsbeschränkungen
HBR	Harvard Business Review
h.M.	herrschende(r) Meinung
hrsg.	herausgegeben
Hrsg.	Herausgeber
HWB	Handwörterbuch der Betriebswirtschaft
HWO	Handwörterbuch der Organisation
HWP	Handwörterbuch des Personalwesens
HWPlan	Handwörterbuch der Planung
HWProd	Handwörterbuch der Produktionswirtschaft
HWR	Handwörterbuch des Rechnungswesens
i.d.R.	in der Regel
IEEE	Institute of Electrical and Electronic Engineers
i.e.S.	im engeren Sinne
IM	Information Management
io	Industrielle Organisation
i.S.	im Sinne
ISO	International Organization for Standardization
ITT	Internationaler technologischer Transfer
i.w.S.	im weiteren Sinne
JESSI	Joint European Submicron Silicon
Jg.	Jahrgang
jr.	junior
Kap.	Kapitel
KGaA	Kommanditgesellschaft auf Aktien
KI	Künstliche Intelligenz
Mass.	Massachussetts
m.a.W.	mit anderen Worten
no.	number
Nr.	Nummer
o.a.	oben angeführte(n)
OECD	Organisation for Economic Cooperation and Development
o.g.	oben genannte(n)
o.Jg.	ohne Jahrgang
o.S.	ohne Seitenangabe
o.V.	ohne Verfasser
p.	page
PatG	Patentgesetz
pp.	pages

R&D	Research & Development
RKW	Rationalisierungs-Kuratorium der deutschen Wirtschaft
s.	siehe
S.	Seite
sog.	sogenannte
Sp.	Spalte
SV	Stifterverband für die Deutsche Wissenschaft
Ts.	Taunus
u.	und
u.a.	unter anderem/und andere
u.ä.	und ähnliche(s)
u.a.m.	und andere mehr
UK	United Kingdom
U.S.	United States
u.v.a.m.	und viele andere mehr
v.a.	vor allem
Verf.	Verfasser(in)
Vgl.	vergleiche
vol.	volume
vs.	versus
WiSt	Wirtschaftswissenschaftliches Studium
WISU	Das Wirtschaftsstudium
WSI	Wirtschafts- und Sozialwissenschaftliches Institut
z.B.	zum Beispiel
ZfB	Zeitschrift für Betriebswirtschaft
ZfbF	Zeitschrift für betriebswirtschaftliche Forschung
ZfO	Zeitschrift für Organisation
ZwF	Zeitschrift für wirtschaftliche Fertigung und Automatisierung
z.T.	zum Teil

ABBILDUNGSVERZEICHNIS

1 Einleitung

1.1 Problemaufriß

Das betriebswirtschaftliche Interesse an interorganisatorischen Beziehungen und deren besonderen Problemen hat in den letzten Jahren stark zugenommen[1]. Insbesondere auf theoretischer Ebene angeregt durch die Gedanken von Coase, Williamson u.a. über die Existenz von Transaktionskosten wird die Analyse interorganisatorischer Gefüge als mindestens ebenso bedeutend erachtet wie die betriebswirtschaftliche Analyse intraorganisatorischer Beziehungen, die lange Zeit vorherrschend war[2]. Diese Interessenverschiebung manifestiert sich rein quantitativ in einer Flut von Veröffentlichungen zu Schlagworten wie Kooperationen, Joint Ventures, Strategische Allianzen, Wertschöpfungspartnerschaften, Netzwerke, Outsourcing u.v.a.m. Das Erfordernis 'neuer' Formen zwischenbetrieblicher[3] Zusammenarbeit wird mit Veränderungen von Wettbewerbs- und Marktaustauschbeziehungen begründet, die eine parallele Verfolgung kooperativer und kompetitiver Unternehmungsstrategien begünstigen[4]. Als institutionell-organisatorische Antwort auf veränderte Rahmenbedingungen werden die sog. hybriden Formen der Unternehmungsorganisation angeführt[5], d.h. Formen interorganisatorischer Kopplungen, die Mischformen

---

1) Zwar hat sich die Betriebswirtschaftslehre unter den Termini der Unternehmungskooperation und des Betriebsverbandes mit Interorganisationsbeziehungen schon relativ früh befaßt, meist allerdings ohne die Organisiertheit der Beziehungen und ihre strategische Bedeutung zu thematisieren. Vgl. Sydow (1992 a), S. 5. Zum Betriebsverband vgl. z.B. Grochla (1959), S. 32 ff. Zu Unternehmungskooperationen vgl. stellvertretend für andere Knoblich (1969), S. 497 ff.

2) Zur zunehmenden Beachtung von Interorganisationsbeziehungen vgl. z.B. Sydow (1992 a), S. 1 f. Dies spiegelt sich auch darin wider, daß die im Rahmen der strategischen Unternehmungsführung und -planung entwickelten Konzepte ihre Interessenschwerpunkte von der lange vorherrschenden 'Innenorientierung' hin zu einer verstärkten 'Außenorientierung' im Sinne einer ausdrücklichen Markt- und Kundenorientierung verlagert haben. Vgl. Benkenstein/Henke (1993), S. 78.

3) Im folgenden werden die Begriffe Betrieb und Unternehmung synonym verwendet. Zu den Begriffsinhalten im einzelnen sowie zu einer Diskussion um das Verhältnis der Begriffe zueinander vgl. Grochla (1993), Sp. 377 ff.

4) Vgl. z.B. Gerybadze (1991), S. 139; Murphy (1991), S. 1 f.; Vizjak (1990), S. 3. "Die verstärkte Berücksichtigung der Interorganisationsbeziehungen [...] ist eine konsequente Folge der Bemühungen um die Entwicklung kleinerer, flexiblerer, auf die Wahrnehmung ihrer Kern-Geschäfte fokussierter Organisationseinheiten und ihrer [...] Vernetzung." Sydow (1991 a), S. 2.

5) "Hybrids are organizational arrangements that use resources and/or governance structures from more than one existing organization." Borys/Jemison (1989), S. 235.

zwischen ausschließlicher Eigenfertigung und ausschließlichem Fremdbezug darstellen[6].

Gleichzeitig wird im Zuge immer schnelleren technischen Fortschritts[7] und tendenziell sich verkürzender Produktlebenszyklen die Bedeutung von Innovationen[8] für die Wettbewerbsfähigkeit von Unternehmungen insbesondere in den international immer stärker verflochtenen Märkten betont[9]. Bedeutendste Quelle der Generierung von Innovationen ist die systematische Forschung und Entwicklung (F&E)[10]. Sie hat damit die Produktion des für den Fortbestand einer Unternehmung notwendigen neuen technologischen Wissens zum Ziel.

Werden diese beiden Entwicklungsstränge zusammengeführt, so ergibt sich die zentrale Frage, welche F&E-Aktivitäten innerhalb der Unternehmungsgrenzen abgewickelt und welche ausgelagert werden sollen, und damit gleichzeitig die Frage nach ökonomischen Kriterien für die Effizienz alternativer Unternehmungsgrenzen[11]. Insbesondere ist von Interesse, welche Rahmenbedingungen dieses Gestaltungsproblem beeinflussen, welche organisatorisch-institutionellen Alternativen zwischenbetrieblicher Wissensübertragung überhaupt bestehen und an welchen Kriterien sich die effizienzorientierte Auswahl zwischen den einzelnen organisatorischen Gestaltungsoptionen orientieren kann.
Die Analyse dieser Frage soll dem Faktum Rechnung tragen, daß in den letzten Jahren in der relevanten Literatur einhellig eine Tendenz zur verstärkten Inanspruchnahme externer F&E-Quellen durch Industrieunternehmungen konstatiert

---

6)   Vgl. u.a. Williamson (1991), S. 22 ff.; Gerybadze (1991), S. 139 f.

7)   Vgl. z.B. Beckurts (1983), S. 16.

8)   Dabei ist allerdings nicht zu vernachlässigen, daß diese Grundüberlegung schon 1926 von Schumpeter erkannt wurde. Vgl. Schumpeter (1926), S. 98 ff. Auch z.B. von Hayek hat schon 1945 die für ökonomische Probleme zentrale Bedeutung von Informationen und Verwertung des Wissens in der Gesellschaft hervorgehoben. Vgl. von Hayek (1945), S. 519 ff.

9)   Vgl. z.B. Domsch/Gerpott/Gerpott (1989), S. 1; Kupsch/Marr/Picot (1991), S. 1071; Männel (1993), S. 165; Perillieux/Wittkemper (1991), S. 13.

10) Neben organisierter F&E als Quelle innovativer Ideen können Innovationen auch intuitiv und zufällig entstehen. Vgl. Schneider/Zieringer (1991 b), S. 55. Außerdem sind z.B. das Betriebliche Vorschlagswesen oder auch Qualitätszirkel mögliche Quellen innovativer Ideen. Vgl. Schröder (1992), S. 177. Zum Betrieblichen Vorschlagswesen vgl. Thom (1993).

11) Die Frage nach ökonomischen Kriterien für die Entscheidung der Unternehmungen darüber, welche Teile ihrer Leistungen sie unternehmungsintern erbringen und/oder extern beziehen wollen, wird auch unter Rationalisierungsgesichtspunkten immer wichtiger. Vgl. Picot/Reichwald/Schönecker (1985), S. 818.

wird[12] und gleichzeitig diese empirisch beobachtbare Entwicklung theoretisch bisher nicht zufriedenstellend durchdrungen wurde[13]. Auch auf seiten der Praxis ist festzustellen, daß oft "[...] make-or-buy-Entscheidungen nicht auf der Grundlage rationaler Entscheidungen getroffen werden, sondern historisch überliefert sind."[14]

1.2 Zielsetzung der Arbeit

Der oben aufgezeigte Problemkomplex der Dimensionierung von Unternehmungen und Unternehmungsteilbereichen, d.h. der variablen Gestaltung von Unternehmungsgrenzen und -größen, ist betriebswirtschaftlich lange Zeit vernachlässigt worden, da die Betriebswirte die Unternehmungsgrenzen weitgehend als gegeben hingenommen haben[15]. Dementsprechend existieren theoretische und methodologische Defizite auf diesem Gebiet. Diese bedürfen aufgrund der zunehmenden Bedeutung von Dimensionierungsproblemen allgemein und auch speziell im F&E-Bereich einer schrittweisen theoretischen Durchdringung[16]. Dabei beschränken sich die folgenden Ausführungen zum einen vor-

---

12) Vgl. u.a. Bieber/Möll (1993), S. 301; Haour (1992), S. 177; Sen/Rubenstein (1990), S. 246; Herden (1992), S. 6 und die Ergebnisse einer entsprechenden empirischen Untersuchung auf S. 135 ff. Der Anteil der externen F&E-Aufwendungen der Unternehmungen (bezogen auf die alten Bundesländer) an deren F&E-Gesamtaufwendungen ist von 4,8 % 1979 (entsprechend 1,12 Mrd. DM) nach einem zwischenzeitlichen leichten Rückgang auf 9,2 % 1989 (entsprechend 4,608 Mrd. DM) gestiegen. Vgl. SV (1991), S. 16, 18 und 46 sowie eigene Berechnungen.

13) Es ist also nicht korrekt, von der zunehmenden Tendenz zur verstärkten zwischenbetrieblichen Zusammenarbeit, insbesondere auf dem Gebiet der Produktentstehung, unreflektiert auf die prinzipielle Überlegenheit solcher Organisationsformen zu schließen. Vgl. z.B. Reiß (1991), S. 2. Eine differenzierte Betrachtung, beruhend auf theoretisch basierten Effizienzkriterien, ist notwendig, um der Vielschichtigkeit dieses Phänomens von betriebswirtschaftlicher Seite Rechnung zu tragen.

14) Pfeiffer/Dögl (1992), S. 274.

15) Ausnahmen dazu sind zum einen die betriebswirtschaftlichen Überlegungen zur optimalen Betriebs- bzw. Unternehmungsgröße. Sie bieten einen Ansatzpunkt zur Erklärung zwischenbetrieblicher Zusammenarbeit, sind aber als alleinige Erklärungsmuster aufgrund der mangelnden Berücksichtigung weiterer Determinanten unzureichend. Vgl. Herden (1992), S. 13 f. Zur Betriebs- und Unternehmungsgröße vgl. z.B. Beste (1933) sowie die Überblicksbeiträge von Albach (1979), Sp. 340 ff. und Betge (1993), Sp. 4271 ff. Zum anderen sind die Veröffentlichungen zur Funktionsausgliederung zu nennen. Vgl. stellvertretend für andere Selchert (1971), S. 50 ff.

16) "Die Entwicklung eines interorganisatorischen F&E-Managements ist bislang aufgrund der intraorganisatorisch orientierten Dominanz der einschlägigen F&E-Literatur stiefmütterlich behandelt worden." Schneider/Zieringer (1991 b), S. 55.

rangig auf privatwirtschaftliche Institutionen[17]. Zum anderen beschränken sie sich auf solche Unternehmungen, in denen Technologie eine herausragende Rolle innehat. In solchen 'Technologie-Unternehmungen'[18] ist F&E eine dominante strategische Ressource zur Erhaltung und zum Erzielen von Wettbewerbsvorteilen[19]. Dementsprechend liegt der Fokus der Arbeit zum einen auf der Analyse der langfristigen Dimension des Entscheidungsproblems zwischen den Gestaltungsalternativen[20]. Zum anderen wird dieses Entscheidungsproblem als auf der strategischen Ebene angesiedeltes Entscheidungsproblem behandelt. Bei einer langfristigen Betrachtungsweise steht die Frage im Vordergrund, ob und in welchem Umfang Potentiale für interne F&E aufgebaut werden sollen[21]. Damit zusammenhängend tritt die Problematik auf, daß das vorliegende Entscheidungsproblem wegen der durch die langfristige Perspektive implizierten großen Zahl variabler Einflußfaktoren und aufgrund der damit verbundenen hohen Planungsunsicherheit als schlecht-strukturiertes Entscheidungsproblem zu kennzeichnen ist und es des weiteren alle Merkmale einer komplexen Entscheidung aufweist[22].

Inhaltliches Ziel der Arbeit ist es also, systematisch zwischenbetriebliche Gestaltungsalternativen der Beschaffung im Sinne des Gewinnens und Erwerbens neuen technologischen Wissens aufzuzeigen, Kriterien für deren effizienzorien-

---

17) Ausgeschlossen werden damit Beziehungen auf dem F&E-Gebiet zwischen Unternehmungen und universitären Forschungsinstitutionen sowie zwischen Unternehmungen und staatlichen Institutionen. Vgl. ebenso z.B. Link/Bauer (1989), S. 5.

18) Der Begriff 'Technologie-Unternehmung' soll " [...] die strategische Bereitschaft und Fähigkeit der Unternehmung zur Aufnahme und Entwicklung neuer oder neuartiger Produktionsprozesse und Produkte und damit erhöhte Wachstumsraten assoziieren." Kuhn (1989), S. 91. Als Synonyma zur 'Technologie-Unternehmung' werden im folgenden die Termini technologieorientierte oder technologieintensive Unternehmungen verwendet.

19) Vgl. z.B. Bleicher (1990), S. 1; Kuhn (1989), S. 91 f.

20) Analog zum Problem der langfristigen Optimierung der Produktionstiefe kann auch für das Problem der langfristigen effizienten Gestaltung der F&E-Tiefe festgestellt werden, daß es in der betriebswirtschaftlichen Literatur bisher zum einen nicht ausreichend und zum anderen nicht analytisch stringent behandelt worden ist. Zu der Konstatierung dieser Mängel für das Gebiet der Produktionstiefe vgl. Hemmert (1993), S. 39 f.

21) Demgegenüber wird bei einer kurzfristigen Betrachtung nur der Frage der Auslastung bereits vorhandener Potentiale Aufmerksamkeit geschenkt. Vgl. zu kurz- und langfristiger Betrachtungsweise Picot/Reichwald/Schönecker (1985), S. 820. Speziell zu den Kennzeichen langfristiger Entscheidungen über Eigenfertigung und Fremdbezug vgl. z.B. Männel (1981), S. 243.

22) Zu Merkmalen schlecht-strukturierter Entscheidungsprobleme und zu Charakteristika komplexer Entscheidungen im einzelnen vgl. Reese (1989), S. 8 ff. Die Komplexität eines Systems bestimmt sich durch die Anzahl und Diversität der Systemelemente und der Relationen zwischen den Elementen sowie dem Ausmaß an zeitlicher Variabilität. Vgl. hierzu Bronner (1992), Sp. 1122 sowie Kern (1992 b), S. 24.

tierte Beurteilung zu entwickeln, um dann anhand dieser Effizienzkriterien eine ex ante-Beurteilung der Alternativen durchzuführen. Formal wird mit der Arbeit zum einen das Ziel einer Strukturierung des Problemkomplexes und zum anderen das Ziel einer systematischen Unterstützung der Entscheidungsvorbereitung verfolgt. Die Arbeit zielt nicht darauf ab, die eigentliche Entscheidung über alternative Koordinationsformen bei der Beschaffung neuen technologischen Wissens zu treffen. Dies kann nur unternehmungsspezifisch und unter Berücksichtigung der im konkreten Fall relevanten situativen Einflußfaktoren sowie durch individuelle Gewichtung der zu erarbeitenden Kriterien erfolgen.

1.3 Methodologische Vorbemerkungen

"Die Betriebswirtschaftslehre verfolgt ein theoretisches Wissenschaftsziel, indem sie unabhängig von konkreten Zwecken wahre Aussagensysteme von möglichst hohem Informationsgehalt zu bilden versucht. Es ist aber auch ein pragmatisches Wissenschaftsziel vorhanden, wenn sie teleologisch-instrumentale (auch praxeologisch genannte) Aussagensysteme zur Erreichung vorgegebener Ziele aufstellt."[23] Aufgrund des engen Zusammenhangs zwischen diesen beiden Forschungskonzeptionen und da die Verfolgung eines theoretischen Wissenschaftsziels letztlich auch zum Erreichen praktisch verwendbarer Aussagen führt[24], wird im Rahmen der vorliegenden Arbeit auf die explizite Unterscheidung der beiden Wissenschaftsziele verzichtet[25]. Vielmehr wird angestrebt, auf theoretischer Basis Erkenntnisse zu gewinnen, die in dem Sinne praktisch verwertbar sind, als daß sie theoretische Orientierungshilfen zur Lösung eines praktisch relevanten Entscheidungsproblems bieten. Dies korrespondiert auch mit dem Selbstverständnis der Organisationstheorie, die sich vorrangig als praktisch orientierte Wissenschaft mit dem Ziel der Unterstützung der organisatorischen Gestaltung versteht[26]. Dies ist insofern von Bedeutung,

---

23) Kosiol (1972), S. 17.

24) Vgl. Chmielewicz (1994), S. 185 f.; Schanz (1973), S. 594 ff.; Bretzke (1980), S. 23 f.

25) Zur Problematik der gleichzeitigen Verfolgung von theoretischem und pragmatischem Wissenschaftsziel in der Organisationstheorie vgl. Kubicek (1975), S. 30 f. Zum Ineinandergreifen von theoretischem und pragmatischem Wissenschaftsziel vgl. Grochla (1978 a), S. 61 f.

26) Vgl. zur Unterstützung der organisatorischen Gestaltung als Anliegen der Organisationstheorie z.B. Grochla (1978 a), S. 53 ff.; Grochla (1982), S. 14; Kubicek (1975), S. 13. Praktische Orientierung bedeutet aber nicht, daß (im Extremfall) jede Aussage verwendbar zu sein hat und daß auf Theorieentwicklung verzichtet werden kann. Sie bedeutet nur, daß organisationstheoretische Überlegungen nicht Selbstzweck sein sol-

als daß die vorliegende Arbeit stark organisationstheoretisch basiert ist. Aus forschungsstrategischer Sicht wird damit in dieser Arbeit eine sachlich-analytische Strategie verfolgt[27], d.h. das Forschungsinteresse besteht in der "[...] Durchleuchtung komplexer Zusammenhänge und [...] Erarbeitung von Handlungsgrundlagen, die lediglich durch Plausibilitätsüberlegungen und eventuelle, empirisch festgestellte Teilzusammenhänge gestützt werden."[28]

Da das zu untersuchende komplexe Gebiet der effizienzorientierten Dimensionierung von Unternehmungen allgemein wie auch speziell auf dem Gebiet der Beschaffung neuen technologischen Wissens theoretisch nur partiell und unsystematisch durchdrungen ist, wird im Rahmen dieser Arbeit der theoretische Anspruch auf die Entwicklung und sukzessive Präzisierung eines vereinfachten gedanklichen Bezugsrahmens reduziert, der "[...] im Forschungsprozeß als Vorstufe auf dem Weg zu praxeologischen Aussagen aufzufassen [...]"[29] ist[30].

Ein gedanklicher Bezugsrahmen, auch als theoretischer oder konzeptioneller Bezugsrahmen bezeichnet[31], "[...] enthält eine Reihe theoretischer Begriffe, von denen angenommen wird, daß sie einmal Bestandteil von Modellen bzw. Theorien werden könnten. Darüber hinaus umfaßt ein theoretischer Bezugsrahmen einige, freilich sehr allgemeine Gesetzeshypothesen, die jedoch meist nur tendenzielle Zusammenhänge andeuten. Nicht selten beschränken sich die Aussagen darauf, daß zwischen bestimmten Variablen funktionale Beziehungen angenommen werden, ohne daß diese Funktionen eingehender präzisiert werden."[32] Gedankliche Bezugsrahmen streben eine Ordnung des Denkens über komplexe reale Problemzusammenhänge an und dienen des weiteren der Vor-

---

len, sondern einen wirtschaftlichen und sozialen Nutzen haben sollten. Vgl. Grochla (1978 a), S. 54.

27) Vgl. hierzu und zu anderen Forschungsstrategien Grochla (1978 a), S. 72 ff.

28) Grochla (1982), S. 72.

29) Grochla (1982), S. 14. Bezugsrahmen sind also Vorstufen der Modellentwicklung. Vgl. Kirsch (1971), S. 241.

30) Somit wird ein weiter Theoriebegriff zugrundegelegt. Vgl. zum engen und weiten Theoriebegriff z.B. Grochla (1978 a), S. 54 f. Zu den wissenschaftstheoretischen Anforderungen an theoretische Aussagen vgl. z.B. Chmielewicz (1994), S. 90 ff. und Grochla (1978 a), S. 55 f.

31) Vgl. Fessmann (1980), S. 33.

32) Kirsch (1971), S. 241. Es werden Konzeptions- und Entscheidungsrahmen als Formen gedanklicher Bezugsrahmen unterschieden. Konzeptionsrahmen zielen vorrangig auf Erklärung und Deskription realer Phänomene ab und treten in Form eines Begriffs- und Hypothesenschemas auf. Entscheidungsrahmen sind fortentwickelte Konzeptionsrahmen, die stärker auf die praktische Unterstützung realer organisatorischer Problemstellungen ausgerichtet sind. Der Übergang vom Konzeptions- zum Entscheidungsrahmen läßt sich nicht scharf fixieren. Vgl. Grochla (1978 a), S. 62 ff.

bereitung explorativer Studien[33]. Sie haben eine Selektions-, Ordnungs-, Orientierungs- und Steuerungsfunktion[34]. Somit sollen Bezugsrahmen dazu beitragen, "[...] äußerst schlecht-strukturierte Entscheidungsprobleme der Praxis etwas besser zu strukturieren, ohne sie gleich zu wohl-definierten Entscheidungen zu machen."[35]

Grundlegende Elemente von Bezugsrahmen für strukturelle Gestaltungsprobleme sind Gestaltungsziele, Aktionsparameter und Gestaltungsbedingungen sowie die Beziehungen zwischen den Elementen und innerhalb der einzelnen Kategorien[36]. Im Rahmen der vorliegenden Arbeit spiegeln sich die Gestaltungsziele in den aus F&E-Zielen abzuleitenden Effizienzkriterien wider. Als Aktionsparameter und damit Gestaltungsalternativen werden die institutionell-organisatorischen Koordinationsformen der Beschaffung neuen technologischen Wissens aufgefaßt. Die Gestaltungsbedingungen sind als Situationsvariablen zu interpretieren. Diese Elemente werden im Verlaufe der Arbeit erläutert und auf die Themenstellung hin präzisiert werden. Den dieser Arbeit zugrundeliegenden Bezugsrahmen, durch den auch der Aufbau der Arbeit skizziert wird, gibt die folgende Abbildung 1 wieder, wobei die Pfeile die vermuteten Wirkungszusammenhänge aufzeigen.

---

33) Vgl. Kirsch (1971), S. 241 f.

34) Vgl. Fessmann (1980), S. 33 f.; Kubicek (1975), S. 39. Bezugsrahmen erfüllen somit vorwiegend heuristische Funktionen und sind daher nach ihrem Wert für weitere Forschungen sowie nach ihrer heuristischen Effizienz für die Formulierung und Lösung praktischer Problemstellungen zu beurteilen. Vgl. Kirsch (1971), S. 241 f.

35) Kirsch (1971), S. 242 f.

36) Vgl. Grochla (1982), S. 15 ff.

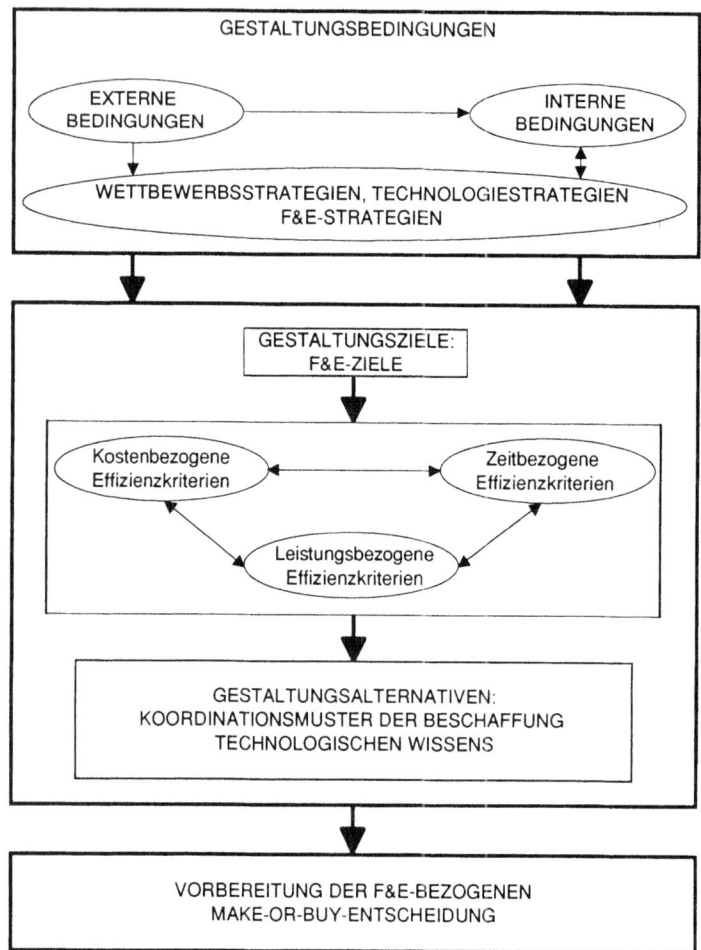

Abb. 1: Bezugsrahmen

Wegen des schon erwähnten Theoriedefizits auf dem zu bearbeitenden Gebiet wird den Ausführungen eine breite theoretische Basis zugrundegelegt, um der Vielschichtigkeit und Komplexität des Phänomens der effizienzorientierten Wahl zwischen verschiedenen Formen der Beschaffung neuen technologischen Wissens Rechnung zu tragen[37]. Es erfolgt also bewußt keine Einschränkung auf einen einzigen theoretischen Ansatz. Dem Bezugsrahmen liegt implizit das Gedankengut der entscheidungsorientierten Betriebswirtschaftslehre zugrunde[38], wobei allerdings nicht im strengen Sinne formal entscheidungstheoretisch argumentiert wird[39]. Entscheidungsorientiert im Sinne von entscheidungsvorbereitend ist der Bezugsrahmen insofern, als er mit dem Aktionsraum, den Umweltzuständen und den Zielen wesentliche Basiselemente praktisch-normativer Entscheidungsmodelle aufweist[40]. Da der zu bearbeitende Problemkomplex als strukturelles, organisatorisches Gestaltungsproblem zu interpretieren ist, wird des weiteren im Verlauf der Arbeit zum einen auf allgemeines organisationstheoretisches Gedankengut und zum anderen auf Erkenntnisse der organisationstheoretisch ausgerichteten Effizienzforschung sowie den Transaktionskostenansatz rekurriert.

---

37) Analog argumentiert Thom in bezug auf das Innovationsmanagement. Vgl. Thom (1980), S. 11 f.

38) Zur entscheidungsorientierten Betriebswirtschaftslehre vgl. z.B. Heinen (1971), S. 21 ff.

39) Im Rahmen der Entscheidungstheorie werden Problemstellungen formal in Entscheidungsmodellen dargestellt und zu lösen versucht. Vgl. Dinkelbach (1993), Sp. 930 f. Ausführlich zur betriebswirtschaftlichen Entscheidungstheorie vgl. z.B. Sieben/Schildbach (1994).

40) Vgl. zu diesen Basiselementen praktisch-normativer Entscheidungsmodelle z.B. Sieben/Schildbach (1994), S. 15 ff.

2 Diskussion zentraler Konstrukte

Eine Unternehmung kann neues technologisches Wissen durch interne F&E-Aktivitäten gewinnen oder unternehmungsextern erwerben. Im folgenden werden die Grundlagen für die spätere Analyse dieses Entscheidungsproblems geschaffen, indem die grundlegenden Konstrukte begrifflich geklärt und diskutiert sowie die Zusammenhänge zwischen diesen Konstrukten herausgestellt werden[1].

2.1 Technologisches Wissen: eine terminologische Diskussion

Auf wissenschaftlich-theoretischer Ebene wie auch im Bereich der Managementpraxis ist in den letzten Jahren ein stark zunehmendes Interesse an dem als betriebliche Ressource mit strategischer Bedeutung[2] bezeichneten Phänomen des 'Wissens' zu verzeichnen[3].

Gleichzeitig wird die außerordentliche Relevanz von Innovationen und damit insbesondere auch die Bedeutung von Wissen über 'neue' Produkte und Prozesse für die Wettbewerbsfähigkeit und die Wachstumsaussichten von einzelnen Unternehmungen, ganzen Branchen und auch gesamten Volkswirtschaften hervorgehoben[4]. In krassem Gegensatz dazu steht die Tatsache, daß bei Abhandlungen, die o.g. Erscheinungen thematisieren, sowohl der Begriff des technologischen Wissens als auch dessen Bestandteile entweder überhaupt nicht

---

1) Begriffliche und darauf aufbauend deskriptive Aussagen sind im mehrstufigen Entwicklungsprozeß von gedanklichen Bezugsrahmen und Theorien die Basis, auf der explanatorische und später auch praxeologische Aussagen aufbauen. Vgl. Grochla (1978 a), S. 68 ff. Den Anspruch, praxeologische Aussagen zu entwickeln, verfolgt diese Arbeit nicht, da hierfür u.a. eine empirische Überprüfung der zu entwickelnden Aussagen notwendig wäre, um deren entscheidungstechnische Verwendbarkeit sicherzustellen. Vgl. dazu auch Grochla (1978 a), S. 93 ff.

2) Vgl. z.B. Berner (1990), S. 12; Albrecht (1993), S. 2.

3) Vgl. u.a. Winand (1991), S. 379; Gödicke (1992), S. 68, der z.B. auch das zunehmend in Publikationen vorzufindende Schlagwort des 'Wissensmanagements' verwendet. Eine wichtige Ursache für das zunehmende Interesse am Faktor Wissen, der in noch aufzuzeigender Art und Weise mit dem Faktor Information verknüpft ist, ist in der Entwicklung in den Informations- und Kommunikationstechniken zu sehen. Vgl. Gödicke (1992), S. 67. Insbesondere ist hier auf die Bereiche der Künstlichen Intelligenz und der Expertensysteme zu verweisen. Vgl. zur Thematik der Künstlichen Intelligenz und deren Beschäftigung mit Wissen u.a. von Zelewski (1986).
   Allerdings ist auch nicht zu übersehen, daß schon früh prognostiziert wurde, daß u.a. Informationsbeschaffung zukünftig zu einem zentralen betriebswirtschaftlichen Problemfeld werden würde. Vgl. Albach (1967), S. 465.

4) Vgl. z.B. Schröder (1992), S. 172; Corsten (1989), S. 1.

oder sehr uneinheitlich mit Inhalt gefüllt werden[5]. Da der Begriff des 'technologischen Wissens' für die vorliegende Arbeit einer der zentralen Begriffe ist, wird er im folgenden kritisch diskutiert, um auf dieser Grundlage eine für die Zwecke der Arbeit hinreichende Begriffsbestimmung vornehmen zu können.

2.1.1 Wissen

"Über 'Wissen' gibt es in der ökonomischen Literatur kaum eine unmittelbare, umfassende und intensive Darstellung. Solche Abhandlungen erscheinen selbst allgemein in der 'Wissen'schaft spärlich, obwohl es sich doch um ihren Haupt-begriff handelt."[6] Obwohl in den letzten Jahren viel von der Bedeutung des als solchen erkannten Produktionsfaktors Wissen die Rede ist[7], trifft die o.a. Aus-sage von Wittmann aus dem Jahre 1979 immer noch zu[8].

Mit der als interdisziplinär[9] zu kennzeichnenden Wissensproblematik beschäf-tigen sich seit langem schon Teildisziplinen der Philosophie und die Wissen-schaftstheorie, ohne daß eine eindeutige oder sogar operationale Bestimmung des Wissensbegriffs erreicht werden konnte[10]. Diese Schwierigkeiten allge-meiner Art schlagen durch auf jene Aspekte des Wissens, die für Zwecke öko-nomischer Analysen relevant sind.

---

5)   Vgl. z.B. Leder (1990), S. 30. Um wissenschaftlichen Erkenntnisfortschritt zu erzielen und wissenschaftlichen Dialog zu ermöglichen, ist es aber notwendig, Begriffe und ihre Abgrenzung zu klären, da anderenfalls Verständigungs- und Vermittlungsprobleme be-günstigt werden. Vgl. Bierfelder (1994), S. 32.

6)   Wittmann (1979), Sp. 2261.

7)   Vgl. Winand (1991), S. 379. Zur Ausdeutung des Produktionsfaktorbegriffs vgl. z.B. Bohr (1979), Sp. 1481 f. Zur Darstellung und Systematisierung von Produktionsfaktoren vgl. z.B. Kern (1992 a), S. 13 ff. Zur produktionstheoretischen Deutung technologischen Wissens im F&E-Prozeß s. Abschnitt 2.2.2.3.

8)   Vgl. Albrecht (1993), S. 32; Kleinhans (1989), S. 6.

9)   Vgl. Albrecht (1993), S. 32 ff.; Kleinhans (1989), S. 3.

10)   Vgl. Russel (1952), S. 157 ff. Der Grund für diese Schwierigkeiten ist darin zu sehen, daß Wissen nach dem traditionellen philosophischen Wissensverständnis mit Termini wie Wahrheit, Überzeugungen, Glauben etc. in Verbindung gebracht wird. Diese Be-griffe liegen aber auf einer ethischen, wertenden Ebene und sind einer streng ausge-legten objektiven Deutung im Sinne einer objektiven Beweisbarkeit nicht zugänglich. Vgl. hierzu Kleinhans (1989), S. 19. Zu Kriterien für die Objektivität von Wissen vgl. Barkow u.a. (1989), S. 57. Hierzu ist allerdings anzumerken, daß die Frage nach der Objektivität von Wissen nur auf eine andere Ebene, nämlich die der Frage nach der Objektivität der Kriterien selbst, verlagert wird und demnach weiter ungeklärt ist.

In der betriebswirtschaftlichen Literatur wird 'Wissen' meist nur dann explizit erwähnt, wenn der als weitaus bedeutender erachtete Begriff 'Information' definiert werden soll[11]. Dabei ist zu konstatieren, daß sowohl die Begriffsinhalte als auch die Grenzen zwischen den verwandten Begriffen Wissen und Information unscharf sind[12].

Information wird in der Betriebswirtschaftslehre überwiegend unter Berufung auf Wittmann als zweckorientiertes, d.h. zielorientierte Handlungen vorbereitendes, Wissen bezeichnet[13]. Damit sind Informationen als Teilmenge des umfassenderen Wissens definiert. Grundlegend für die weiteren Ausführungen wird Wissen definiert als "[...] die symbolische Repräsentation der realen und gedachten Welt in einem Speichermedium"[14]. Durch Informationen kann sich Wissen bilden[15]. Informationen werden demnach als mitgeteilte und aufgenommene Bestandteile des Wissens interpretiert[16].

Obwohl es auch andere Deutungen gibt[17], erscheint es für die Zwecke der vorliegenden Arbeit als hinreichend, den in Literatur und Praxis viel verwendeten Begriff des 'Know how' als synonym zum Wissensbegriff zu betrachten[18]. Die Teilmenge des Wissens, die knapp ist[19], stellt einen betriebswirtschaftlich

---

11) Vgl. Albrecht (1993), S. 33; Kleinhans (1989), S. 6.

12) Vgl. von Zelewski (1986), S. 107; Winand (1991), S. 380. Zur Uneinigkeit über den Informationsbegriff vgl. z.B. Bode (1993), S. 6. Zur Vieldeutigkeit des Wissensbegriffes vgl. z.B. Albrecht (1993), S. 31 ff.

13) Vgl. Wittmann (1959), S. 14; Wittmann (1979), Sp. 2264; Wittmann (1980), Sp. 894 und 896. Unter Wissen versteht Wittmann dabei "[...] Vorstellungsinhalte [...], die [...] Überzeugungen über die Wahrheit von Feststellungen (Aussagen, Sätzen, Behauptungen) zum Inhalt haben." Wittmann (1979), Sp. 226.

14) Bode (1993), S. 12. Wissen wird demnach materiell von verschiedenen Speichermedien getragen, wie z.B. dem menschlichen Gehirn, einer Diskette etc. Vgl. dazu und zu weiteren Erläuterungen der genannten Definition von Wissen Bode (1993), S. 12 f.

15) Vgl. Albrecht (1993), S. 44.

16) Vgl. Albrecht (1993), S. 45.

17) So bezeichnet z.B. Kleinhans Know how nur als **einen** von zwei möglichen Wissenstypen. Er differenziert in Können im Sinne von Fertigkeiten, Fähigkeiten und bezeichnet dies als Wissen, **wie** etwas zu tun ist (know how), und Kennen im Sinne von Kenntnissen, Erkenntnissen als Wissen **von** bzw. **über** etwas (know that). Vgl. Kleinhans (1989), S. 9.

18) Ebenso verfährt z.B. Bierfelder (1994), S. 26. Zu einem Überblick über die Bandbreite der existierenden Know how-Begriffe vgl. Albrecht (1993), S. 37 f. Zu Know how-Merkmalen vgl. Pfeiffer (1980), S. 426.

19) Wissen kann auch nicht knapp im Sinne von allgemein zugänglich sein, wenn es z.B. als Ergebnis der Grundlagenforschung staatlicher Institutionen in Fachzeitschriften oder Publikationen Verbreitung findet. Vgl. Kern (1992 a), S. 103; Kern/Schröder (1977), S. 52 f; Bierfelder (1994), S. 26.

zu bewirtschaftenden Produktionsfaktor dar und wird im folgenden ausschließlich betrachtet[20]. Ein wesentliches Kennzeichen von Wissen neben seiner
immateriellen Natur ist, daß es im produktionswirtschaftlichen Sinne als Potentialfaktor interpretiert werden kann[21], weil es quasi beliebig oft zu vervielfälti-
gen und zu verwenden ist, ohne dabei verbraucht zu werden[22].

Wissen kann nach verschiedenen Kriterien differenziert werden[23]. Dabei ist
v.a. eine Differenzierung nach dem Wissensträger relevant, da für Beschaf-
fungs- und Übertragungsüberlegungen die Art der Gebundenheit des an sich
immateriellen Wissens an Trägermedien zu berücksichtigen ist[24]. Wissensträger können nach dem Kriterium des Grades der Verkörperung des Wissens in
Sachgütern[25] in materialisierte, quasi-materialisierte und nicht-materialisierte
Wissensträger unterschieden werden[26]. Materialisierte Wissensträger sind
z.B. Anlagen und Werkzeuge[27]. Als nicht-materialisierte Wissensträger fungieren Personen, und quasi-materialisierte Wissensträger sind z.B. Schutzrechte,
Zeichnungen und dokumentierte Software[28].

2.1.2 Technologie

Auch der Terminus der 'Technologie' unterliegt verschiedenen Ausdeutungsver-
suchen[29].

---

20)   Zur Charakterisierung von Wissen als Produktionsfaktor vgl. Albrecht (1993), S. 59 ff.

21)   Dies ist allerdings nur eine mögliche Sichtweise. Weitere Klassifikationsmöglichkeiten,
      so z.B. von fremdbezogenem Wissen als Zusatzfaktor, sind denkbar. Vgl. dazu Bode
      (1993), S. 77 ff.

22)   Der Abnutzung unterliegen lediglich die materiellen Trägermedien. Wissen als solches
      verbraucht sich nicht, es kann nur im Zeitablauf veralten und somit an Wert verlieren.
      Vgl. zu diesem und anderen Charakteristika von Wissen Albrecht (1993), S. 70.

23)   Vgl. dazu Albrecht (1993), S. 81 f.

24)   Vgl. Schröder (1992), S. 181.

25)   Zum Begriff der Sachgüter oder materiellen Güter vgl. Kern (1992 a), S. 96.

26)   Vgl. zu ähnlichen Einteilungen Albrecht (1993), S. 140 ff.; Ewald (1989), S. 40; Mittag
      (1985), S. 17. Zu anderen Einteilungen vgl. z.B. Brockhoff (1992), S. 115; Ehrensberger
      (1993), S. 190.

27)   Materialisierte Wissensträger entsprechen demnach bestimmten Arten von Produk-
      tionsfaktoren, und zwar den als Potentialfaktoren zu kennzeichnenden Betriebsmitteln
      im engeren Sinne, die materieller Art sind. Vgl. dazu Kern (1992 a), S. 14 ff.

28)   Vgl. zu den quasi-materialisierten Wissensträgern z.B. Mittag (1985), S. 17.

29)   Vgl. van Wyk (1988), S. 342; Wolfrum (1991), S. 3; Klingebiel (1989), S. 33; Cor-
      sten/Junginger-Dittel (1983), S. 3, Fn. 1. Unberücksichtigt, da für die Zwecke dieser Ar-

In der weitesten Auffassung wird unter Technologie die Gesamtheit aller zu einem Zeitpunkt bekannten Fähigkeiten subsumiert, die der Kontrolle und Nutzung der Umwelt dient[30]. Diese Technologieauslegung umfaßt damit die Gesamtheit des Wissens[31]. Sehr eng definiert bedeutet Technologie die Wissenschaft von der Technik[32], womit auf das Wissen über diejenigen naturwissenschaftlichen Wirkungszusammenhänge abgezielt wird, die zur Lösung technischer Problemstellungen beitragen können[33]. Damit erfolgt eine Beschränkung auf das naturwissenschaftliche Wissen, d.h. das auf Naturgesetzen und deren Ausnutzung beruhende Wissen[34]. Im folgenden wird ein Mittelweg eingeschlagen und Technologie definiert als "[...] das verfahrens- oder produktbezogene Problemlösungswissen [...]"[35], welches sich in der Gesamtheit der Prinzipien, Methoden und Mittel konkretisiert, die der wirtschaftlichen Produktherstellung sowie der Entwicklung und Nutzung von Verfahren dient[36]. Dieser Technologiebegriff umfaßt die "[...] Anwendung bestimmter naturwissenschaftlicher Kenntnisse, verbunden mit betriebswirtschaftlichen und organisatorischen Fertigkeiten [...]"[37].

Da das Definiendum Technologie mit Wissen als Bestandteil des Definiens erläutert wird, werden die Begriffe Technologie, technologisches Wissen und technologisches Know how im Rahmen dieser Arbeit synonym verwendet[38].

Es existieren verschiedene Ansätze zur Klassifikation von Technologien[39]. Nach der Phase im Technologielebenszyklus werden Technologien in die Entstehungs-, Wachstums-, Reife- und Degenerationsphase eingestuft. Nach dem

---

beit nicht relevant, bleibt das produktionstheoretische Technologieverständnis. Vgl. dazu z.B. Fandel (1994), S. 35 ff.; Dyckhoff (1994), S. 47 ff. Auch das wissenschaftstheoretische Technologieverständnis wird nicht thematisiert. Vgl. dazu Chmielewicz (1994), S. 169 f.

30) Vgl. Mittag (1985), S. 17. Ein sehr weites Technologieverständnis liegt z.B. auch den Arbeiten von Porter zugrunde. Vgl. Porter (1992 b), S. 234 f.

31) Vgl. Corsten/Junginger-Dittel (1983), S. 3, Fn. 1.

32) Technik ist dabei zu verstehen als die konkrete Anwendung von naturgesetzlichen Zusammenhängen. Vgl. Steffens (1976), Sp. 3854.

33) Vgl. Wolfrum (1991), S. 4.

34) Vgl. Corsten/Junginger-Dittel (1983), S. 3, Fn. 1.

35) Kupsch/Marr/Picot (1991), S. 1088.

36) Vgl. Kupsch/Marr/Picot (1991), S. 1088.

37) Rembser (1989), Sp. 1997.

38) Vgl. ebenso Zörgiebel (1983), S. 11.

39) Vgl. zum folgenden Perillieux (1987), S. 12 f.; Sommerlatte/Walsh (1986), S. 304 ff.; Specht (1993), Sp. 4156 ff.

Wettbewerbspotential sind Basis-, Schlüssel- und Schrittmachertechnologien zu differenzieren. Hinsichtlich der gegenseitigen Beziehungen werden neutrale, komplementäre und konkurrierende Technologien unterschieden. In bezug auf die potentielle Anwendungsbreite werden Technologien in spezifische Technologien und Querschnittstechnologien unterteilt. Nach dem Einsatzgebiet erfolgt eine Differenzierung in Produkt- und Prozeßtechnologien.

Träger technologischen Wissens sind v.a. Forscher und Entwickler als nicht-materialisierte Wissensträger, Patente, Gebrauchs- und Geschmacksmuster, Softwareprogramme sowie Konstruktionszeichnungen als Beispiele für quasi-materialisierte Wissensträger und als materialisierte Wissensträger z.B. Betriebsmittel in Form von Laboreinrichtungen.

Für die Wettbewerbsfähigkeit von Unternehmungen ist vor allem **neues**[40] technologisches Wissen, das sich insbesondere in neuen Produkten und neuen Prozessen niederschlägt, von Bedeutung. Auf dieses subjektiv neue technologische Wissen beschränkt sich die Arbeit, wobei zur terminologischen Vereinfachung im folgenden neues technologisches Wissen verkürzt als technologisches Wissen bezeichnet wird.

Technologien entstehen im Prozeß der Innovation[41] und dienen aus ökonomischer Sicht dazu, Voraussetzungen zur wirtschaftlichen Herstellung von Produkten und zur Entwicklung effizienter Produktionsprozesse zu schaffen[42].

2.2 Zum Zusammenhang zwischen technologischem Wissen, Innovation und Forschung und Entwicklung

Technologisches Wissen ist für jede Unternehmung ein Produktionsfaktor, der eigenproduziert, fremdbeschafft oder kooperativ gewonnen werden muß[43], wobei im folgenden Beschaffung als Oberbegriff für die Alternativen des unter-

---

40) Neu ist hier und für die ganze Arbeit maßgebend im Sinne der subjektiven Neuheitsauffassung zu interpretieren, d.h. die Neuheit des gesuchten technologischen Wissens bezieht sich auf den Informationsstand der F&E treibenden Unternehmung. Vgl. Kern/Schröder (1977), S. 15. Den objektiven Neuheitsbegriff legt das Patentgesetz zugrunde (§ 3 PatG).

41) Vgl. Rembser (1989), Sp. 1998.

42) Vgl. Wolfrum (1991), S. 4.

43) Vgl. Schröder (1992), S. 177.

nehmungsinternen Gewinnens oder Produzierens und des unternehmungsexternen Erwerbens technologischen Wissens verwendet wird.

Unternehmungsintern wird technologisches Wissen hauptsächlich durch systematische F&E generiert[44]. Die Unternehmung kann aber auch die Beschaffung
des durch unternehmungsexterne F&E-Aktivitäten produzierten technologischen
Wissens in Erwägung ziehen. In jedem Fall sind F&E-Aktivitäten eine wichtige
Voraussetzung, eine Basis für Innovationstätigkeit[45], da sich das eigenprodu-
zierte oder fremdbeschaffte technologische Wissen in Prozeß- oder Produktinnovationen niederschlagen soll.

2.2.1 Innovation

Technologisches Wissen wird im mehrstufigen Prozeß der Innovation generiert,
wobei in jeder Stufe dieses Prozesses eine Erweiterung des Wissens, Könnens
und der Erfahrung angestrebt wird und der Kenntnisstand der Vorstufen in die
nachfolgenden Stufen übertragen wird[46]. Das Innovationsphänomen, dessen
ökonomische Bedeutung schon Schumpeter 1911 herausgestellt hat[47], ist als
vielschichtig, komplex und interdisziplinär zu charakterisieren[48]. Nach wie vor
existiert aus diesen Gründen keine in sich geschlossene Theorie zu diesem
Gebiet[49]. Obwohl Innovationen als Schlüsselfaktoren für die Erhaltung und
Steigerung der Wettbewerbsfähigkeit von Unternehmungen erkannt werden[50],
wird der in der wirtschaftswissenschaftlichen Literatur vielfach verwendete Begriff der 'Innovation' nicht einheitlich definiert[51]. Als Anhaltspunkt für eine erste
Begriffsbestimmung kann Innovation etymologisch vom lateinischen Wortstamm

---

44) Vgl. Kern (1992 a), S. 103. F&E-Aktivitäten stellen nur **eine** von mehreren potentiellen
Quellen der innerbetrieblichen Gewinnung innovativen technologischen Wissens dar.
Vgl. Schröder (1992), S. 177. F&E ist demnach nicht mit Innovation gleichzusetzen. Vgl.
Brose (1982), S. 95 f. Andere Quellen sind z.B. das Betriebliche Vorschlagswesen oder
die Produktion i.e.S.

45) Vgl. Gielow (1986), S. 29; Beckurts (1983), S. 16. Der F&E-Bereich wird dementsprechend als wichtigster Bereich industrieller Innovationswirtschaft bezeichnet. Vgl.
Kupsch/Marr/Picot (1991), S. 1074.

46) Vgl. Kruse (1988), S. 129.

47) Vgl. Schumpeter (1911).

48) Vgl. z.B. Kupsch/Marr/Picot (1991), S. 1071; Leder (1990), S. 3.

49) Vgl. Kupsch/Marr/Picot (1991), S. 1071.

50) Vgl. z.B. Reichardt/Wimmers/Kayser (1992), S. 1.

51) Vgl. Corsten (1989), S. 2; Dietz (1989), S. 40; Engelke (1991), S. 21 ff. Zu den Gründen
für die unterschiedliche Abgrenzung des Innovationsbegriffes vgl. Corsten (1989), S. 2.

her interpretiert werden. 'Novus' bedeutet neu, und 'innovatio' hat die Bedeutung Erneuerung, Neuerung, Neueinführung oder auch Neuheit an sich.

Zur Kennzeichnung der Spannweite des Innovationsbegriffes können Innovationsbegriffe in prozessuale und objekt- bzw. ergebnisorientierte Begriffsausprägungen differenziert werden[52].

Prozessuale Innovationsbegriffe charakterisieren Innovation als Prozeß mit verschiedenen Phasen[53]. Dieser sog. Innovationsprozeß im weiteren Sinne umfaßt auf der Entstehungsseite die Phase der F&E-Aktivitäten mit der Invention[54] als Ergebnis und auf der Marktseite die Phasen Markteinführung, Marktdurchsetzung und Konkurrenzentstehung durch Imitation[55]. Die Phase der Markteinführung wird vielfach auch als Innovation i.e.S. bezeichnet[56]. Hier wird die enge Verzahnung von prozeß- und objektorientierten Innovationsbegriffen deutlich. **Objektorientierte Innovationsbegriffe** beziehen sich schwerpunktmäßig auf Innovationen als Ergebnisse von Erneuerungsprozessen[57].

---

52) Zu dieser Unterteilung vgl. z.B. Dietz (1989), S. 42 f. Diese Trennung künstlicher Art sollte allerdings nicht den Blick dafür verstellen, daß diese Ausprägungen realiter miteinander verwoben sind.

53) Vgl. u.a. Dietz (1989), S. 42 f.; Thom (1980), S. 45 ff. Die Trennung zwischen den einzelnen Phasen ist allerdings umstritten, da sie hinfällig wird, wenn einzelne Phasen nicht zeitlich und/oder personell auseinanderfallen. Vgl. Leder (1990), S. 7. Neuere Entwicklungen, die sich z.B. in Konzepten wie Simultaneous Engineering und Just-In-Time-Development konkretisieren, sind ebendgerade das Ergebnis eines expliziten Bemühens um parallele und nicht mehr sukzessive Bearbeitung einzelner Phasen mit dem Ziel, der sog. Zeitfalle zu entgehen und die Entwicklungszeiten zu verkürzen. Allgemein zur Verkürzung der Entwicklungszeiten s. z.B. De Meyer/Van Hooland (1990), S. 229 ff. Zu Simultaneous oder Concurrent Engineering vgl. z.B. Warschat/Wasserloos (1991), S. 22 ff; Gerpott (1990), S. 399 f.; Fanger/Lacey (1992), S. 81 ff.; Klein (1993), S. 42 ff. Zu Just-In-Time-Development vgl. z.B. Gerpott/Servatius (1989), S. 18. Zur Problematik der Zeitfalle vgl. z.B. Kern (1993 b), Sp. 4775 und die dort angeführte Literatur.

54) Dabei gehen die Meinungen darüber auseinander, welcher Konkretisierungsgrad eine Invention, auch als Erfindung bezeichnet, kennzeichnet. Vgl. Engelke (1991), S. 24 f. So ist strittig, ob alleine eine Erfindung im Bereich der Grundlagenforschung als Invention zu bezeichnen ist oder ob die Entwicklung eines Produktes oder eines Verfahrens und Prototypenbildung noch zur Invention gehören. Für die Zwecke dieser Arbeit wird ein weiter Inventionsbegriff gewählt, der auch Entwicklungsaktivitäten und Prototypenbildung umfaßt.

55) Zum Innovationsprozeß im weiteren Sinne vgl. z.B. Brockhoff (1992), S. 28 ff.; Kupsch/Marr/Picot (1991), S. 1073.

56) Es besteht in der Literatur eine zweigeteilte Meinung darüber, ob nur die **erfolgreiche** Einführung am Markt als Innovation i.e.S. bezeichnet werden soll oder ob schon allein der Wille, neue Kombinationen durchzusetzen, hinreichend für die Kennzeichnung einer Innovation ist. Zur ersten Meinung vgl. z.B. Engelke (1991), S. 23. Stellvertretend für die zweite Meinung, der auch im Rahmen dieser Arbeit gefolgt wird, vgl. Kern (1976 b), S. 277.

57) Vgl. Dietz (1989), S. 42 f.

Solche Resultate von Innovationsaktivitäten sind mithin die Invention, die Innovation i.e.S., die Diffusion sowie die Imitation[58]. Zusammenfassend werden die
Zusammenhänge zwischen prozeß- und ergebnisorientierten Innovationsbegriffen in Abbildung 2 dargestellt.

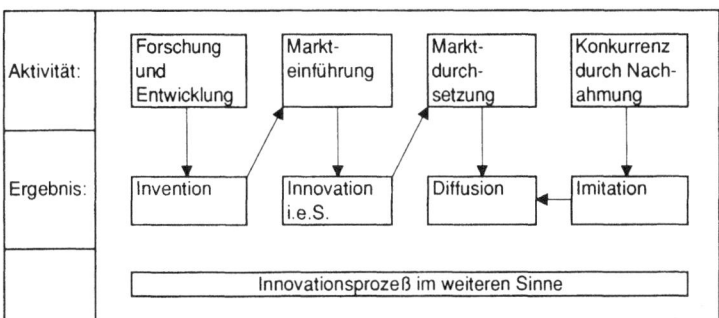

Abb. 2: Der Innovationsprozeß im weiteren Sinne

Quelle : Brockhoff (1992), S. 30.

Als Grundlage für die folgenden Ausführungen wird ein entstehungsseitig domi-
nierter Innovationsbegriff gewählt, wobei punktuell die Markteinführungsphase
mit einbezogen wird[59]. Somit umschließen Innovationen den Forschungsprozeß sowie die sich hieran üblicherweise anschließende "[...] Phase der Entwicklung eines Produktes oder Verfahrens zur Fertigungs-, Einsatz- oder
Marktreife sowie [...] die der Entwicklung wiederum nachfolgende Phase der innerbetrieblichen Implementierung und bei Produktinnovationen auch die Phase
der Markteinführung."[60]

---

58) Vereinzelt wird auch noch die Adoption, d.h. die Übernahme von Neuerungen durch
     den Nutzer einbezogen. Vgl. Bierfelder (1994), S. 25.

59) Dies ist damit zu begründen, daß F&E-Aktivitäten zwar auf der Entstehungsseite ihren
     Schwerpunkt haben, aber auch mit veränderten Inhalten, z.B. laufende Anpassung der
     Produktqualität an veränderte Kundenwünsche, in die Marktseite des Innovationspro-
     zesses hineinreichen. Vgl. hierzu Kupsch/Marr/Picot (1991), S. 1076.

60) Kern (1976 b), S. 277.

Innovationen können nach dem Kriterium des Innovationsobjektes z.B. in Produkt-, Verfahrens-, Personal- und Strukturinnovationen differenziert werden[61]. Im folgenden stellen Produktinnovationen das Erkenntnisobjekt dar[62], wobei der Begriff der Produktinnovation aufgrund der erläuterten Verzahnung von prozeß- und objektorientierten Innovationsbegriffen sowohl prozessual als auch objektorientiert verstanden wird[63].

2.2.2 Forschung und Entwicklung

2.2.2.1 Instrumentaler Charakter von Forschung und Entwicklung für die unternehmerische Wettbewerbsfähigkeit

Ein wichtiges, wenn nicht gar das bedeutendste Instrument zur Verwirklichung der innovationsbezogenen Unternehmungsziele[64] und damit zur Einleitung und Sicherung des unternehmerischen technologischen Wandels ist die unternehmungsinterne Forschung und Entwicklung[65]. In den letzten Jahren wird aber auch zunehmend die Relevanz externer Quellen für das Innovationspotential von Unternehmungen betont[66]. Dies ist u.a. dadurch initiiert worden, daß die Erfolge japanischer Unternehmungen zu einem großen Teil mit deren konsequenter und effizienter Nutzung externer Quellen zur Beschaffung technolo-

---

61) Vgl. hierzu im einzelnen z.B. Tebbe (1990), S. 7. Zu weiteren Systematisierungsmöglichkeiten vgl. z.B. Corsten (1982), S. 521.

62) Es ist dabei in praxi nicht auszuschließen, daß sich die genannten Innovationsarten gegenseitig beeinflussen. Produktinnovationen können z.B. Personalinnovationen nach sich ziehen. Auf eine Berücksichtigung dieser potentiellen Wirkungszusammenhänge wird im folgenden aus Gründen der Komplexitätsreduktion und Übersichtlichkeit verzichtet.

63) Prozessual ausgedeutet bezeichnet Produktinnovation den Prozeß der Forschung und Entwicklung sowie Markteinführung eines neuen Produktes. Die objektorientierte Betrachtungsweise zielt auf das neue Produkt als Ergebnis dieses Prozesses ab. Vgl. Tebbe (1990), S. 7.

64) Als Ziele innovationswirtschaftlicher Aktivitäten können Markt-, Kosten- und Zeitgerechtheit genannt werden. Zu genaueren Erläuterungen vgl. Kupsch/Marr/Picot (1991), S. 1080 ff.

65) Vgl. z.B. Thom (1980), S. 96; Brose (1982), S. 90; Engelke (1991), S. 34. Von der Begriffsbestimmung her kann F&E sowohl funktionell als auch institutionell interpretiert werden. Vgl. z.B. Mellerowicz (1958), S. 11. Soweit bei den folgenden Ausführungen kein ausdrücklicher Hinweis erfolgt, wird die funktionelle Sicht zugrundegelegt.

66) Vgl. Friar/Horwich (1986), S. 169; Granstrand u.a. (1992), S. 118; Haour (1992), S. 177; Link/Tassey (1987), S. 10 f.; Wolfrum (1991), S. 293. Letzterer begründet die zunehmende Bedeutung externer Know how-Quellen v.a. mit der Tendenz zur ständigen Steigerung der F&E-Kosten.

gischen Wissens begründet werden[67]. Grundsätzlich gewinnen F&E sowie Produkt- und Prozeßinnovationen als ihr materielles Resultat weltweit an Bedeutung[68]. Dies belegen die kontinuierlich gestiegenen Bruttoinlandsaufwendungen für F&E in verschiedenen Ländern[69].

Analog zu den Aufwendungen steigt auch die Bedeutung eines systematischen F&E-Managements[70]. Ihm kommt die Aufgabe zu, Planung, Organisation, Führung und Kontrolle der in ihrem Zusammenspiel die F&E-Aktivitäten bestimmenden F&E-Ressourcen zu gewährleisten[71]. Als grundsätzliche strategische Ziele eines solchen, in die Gesamtunternehmungsstrategie adäquat einzubindenden F&E-Managements sind die Konsolidierung und Ausweitung bestehender Tätigkeitsfelder, die Erschließung neuer Tätigkeitsfelder sowie die Erweiterung und Vertiefung des unternehmungseigenen Technologiepotentials zu nennen[72].

F&E-Management ist Teil des umfassenderen Technologiemanagements, welches zusätzlich zu den eher unternehmungsintern ausgerichteten Aktivitäten des F&E-Managements u.a. den für die Arbeit relevanten Bereich des externen Erwerbs technologischen Wissens umfaßt[73]. F&E-Management ist gleichzeitig

---

67) Vgl. Becker (1993), S. 29; Schmelzer (1992), S. 83. Zu konkreten Angaben über die Eigenfertigungstiefe japanischer Industrieunternehmungen vgl. die Daten bei Hemmert (1993), S. 149 ff. Allerdings darf dies nicht dazu verleiten, undifferenziert und ohne Beachtung der besonderen Verhältnisse in Japan den verstärkten Fremdbezug technologischen Wissens als 'Allheilmittel' zur Steigerung des Innovationserfolges zu fordern.

68) Vgl. Möhrle (1991), S. 22; Domsch/Gerpott/Gerpott (1989), S. 1; Brockhoff (1992), S. 10.

69) Vgl. Möhrle (1991), S. 22.

70) Der Zusammenhang könnte auch genau von der anderen Seite her interpretiert werden, nämlich daß die F&E-Aufwendungen weltweit steigen, eben weil F&E für technologieorientierte Unternehmungen ein immer wichtigerer Wettbewerbsfaktor wird und Inventionen immer schwerer werden.

71) Vgl. Brockhoff (1992), S. 50; Mensch (1993), Sp. 1199 f. Als F&E-Ressourcen werden Personal-, Sachmittelressourcen sowie quasi-materialisierte Ressourcen unterschieden. Vgl. Brockhoff (1992), S. 50.

72) Vgl. Saad/Roussel/Tiby (1993), S. 31 f.

73) Vgl. Brockhoff (1992), S. 51. Als dritter Aufgabenbereich des Technologiemanagements wird der Bereich der Technologieverwertung genannt. Vgl. Brockhoff (1992), S. 112. Wolfrum nennt als wichtigste Aufgaben eines strategischen Technologiemanagements die Formulierung von Technologiestrategien sowie ihre Abstimmung mit Geschäftsfeld- und Funktionsbereichsstrategien. Vgl. Wolfrum (1991), S. 69. Specht sieht das Technologiemanagement allerdings als Teil des seiner Ansicht nach umfasenderen F&E-Managements. Technologiemanagement umfaßt danach nur die Bereiche Angewandte Forschung und Vorentwicklung. Vgl. Specht (1992), S. 550. Dem wird aber im Rahmen dieser Arbeit nicht gefolgt.

aber auch ein Teil des umfassenderen Innovationsmanagements[74]. Die folgende Abbildung 3 zeigt die Zusammenhänge zwischen F&E-, Technologie- und Innovationsmanagement auf.

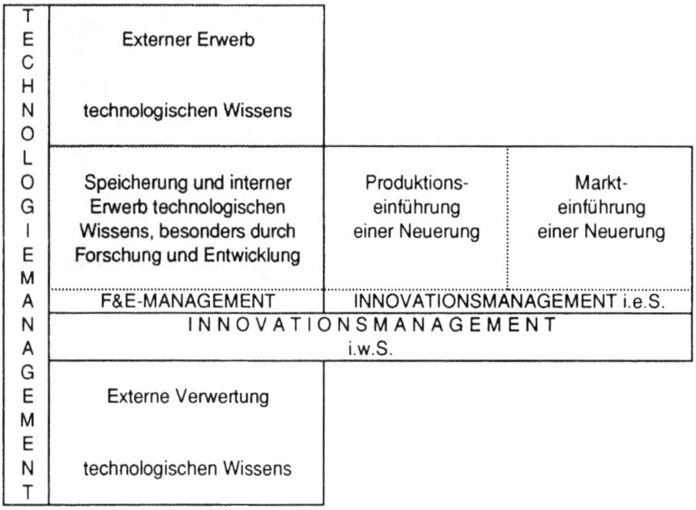

T E C H N O L O G I E M A N A G E M E N T			
	Externer Erwerb technologischen Wissens		
	Speicherung und interner Erwerb technologischen Wissens, besonders durch Forschung und Entwicklung	Produktions- einführung einer Neuerung	Markt- einführung einer Neuerung
	F&E-MANAGEMENT	INNOVATIONSMANAGEMENT i.e.S.	
	INNOVATIONSMANAGEMENT i.w.S.		
	Externe Verwertung technologischen Wissens		

Abb. 3: Abgrenzung von Technologie-, Innovationsmanagement und
F&E-Management

Quelle: in Anlehnung an Brockhoff (1992), S. 51.

Die vorliegende Arbeit beschäftigt sich, da sie den Problemkreis der externen und/oder internen Beschaffung technologischen Wissens zum Untersuchungsgegenstand macht, ausschließlich mit der in o.a. Abbildung schraffierten Schnittmenge zwischen F&E-Management und Technologiemanagement, die im folgenden der Vereinfachung halber nur noch als **Technologiemanagement** bezeichnet werden soll, obwohl die Bezeichnung Technologiemanagement i.e.S. eigentlich zutreffender wäre.

---

74) Vgl. Hauschildt (1993), S. 25; Brockhoff (1992), S. 50. Beruhend auf dem Innovationsbegriff i.w.S. umfaßt das Innovationsmanagement die Planung, Organisation, Führung und Kontrolle der internen F&E-Aktivitäten sowie der Produktions- und Markteinführung von Neuerungen. Vgl. Brockhoff (1992), S. 51.

2.2.2.2 Charakterisierung industrieller Forschung und Entwicklung

Vor allem aufgrund des breiten Spektrums der unter industrieller Forschung und Entwicklung subsumierten Aktivitäten sowie ihrer Heterogenität finden sich in der betriebswirtschaftlichen Literatur sehr unterschiedliche Definitionen der Begriffe Forschung und Entwicklung[75]. Als erster Anhaltspunkt für eine Begriffsbestimmung kann 'Forschung und Entwicklung' - als einheitlicher Begriff verwendet - als "[...] die systematische Suche nach neuem oder erweitertem Wissen"[76] bestimmt werden.

2.2.2.2.1 Merkmale von F&E-Aktivitäten

Trotz der o.a. Heterogenität der Begriffsauslegungen besteht in der Literatur ein Grundkonsens über die wesentlichen Attribute, die F&E-Aktivitäten kennzeichnen[77]. Ein konstitutives Attribut von F&E-Aktivitäten ist, daß sie durch **planvolles** und **systematisches Vorgehen** unter Zuhilfenahme wissenschaftlicher Methoden zu charakterisieren sind[78]. Dabei wird der Erwerb und/oder die Anwendung neuer Kenntnisse angestrebt[79], was als zweites konstitutives Attribut zu identifizieren ist. Weitere Kennzeichen sind die mit F&E-Aktivitäten verbundene **Unsicherheit** interner und externer Art[80] sowie die **sich ständig wandelnden informationellen Grundlagen**, die den F&E-Prozeß als heterogenen und hochgradig dynamischen Prozeß charakterisieren. Schließlich ist das **Kreativitätserfordernis**, welches F&E-Aktivitäten an die hiermit befaßten Mitarbeiter stellen, als Kennzeichen von F&E-Aktivitäten zu nennen.

---

75) Vgl. Kern/Schröder (1977), S. 14; Reichardt/Wimmers/Kayser (1992), S. 1; Brockhoff (1992), S. 35; Dietz (1989), S. 81; Corsten (1994), S. 114. Neben der für diese Arbeit relevanten industriellen F&E gibt es auch noch Forschung in anderen Bereichen, so z.B. im akademischen Bereich. Vgl. Dumbleton (1986), S. 7.

76) Reichardt/Wimmers/Kayser (1992), S. 2.

77) Vgl. Kern/Schröder (1977), S. 15.

78) Vgl. hierzu und zum folgenden Kern/Schröder (1977), S. 15 ff.; Schröder (1973), S. 33 ff.; Staudt (1993), Sp. 1185 ff.

79) "Neu" ist hier im Sinne des schon erläuterten subjektiven Neuheitskonzeptes zu interpretieren. Folge des Neuheitsgrades ist, daß jedes F&E-Ergebnis als singulär zu bezeichnen ist. Vgl. Schröder (1973), S. 52; Kern (1976 b), S. 279.

80) (Prozeß-)interne Unsicherheit bezeichnet die generelle Ergebnisunsicherheit, die Zeit- und die Aufwandsunsicherheit. (Prozeß-)externe Unsicherheit bezieht sich auf die ökonomische Verwertbarkeit der hervorgebrachten Ergebnisse. Vgl. Kern/Schröder (1977), S. 16 f. In der Kategorie der externen Unsicherheit ist zusätzlich die Unsicherheit bezüglich des Erhalts eventuell erforderlicher staatlicher Genehmigungen einzuordnen.

2.2.2.2.2 F&E-Phasen

Wird der F&E-Begriff analytisch und nach dem Kriterium des Anwendungsbezugs betrachtet, so ergibt sich die 'klassische' phasenbezogene Einteilung mit den Teilphasen Grundlagenforschung, angewandte Forschung und Entwicklung[81].

Nach dem sog. FRASCATI-Handbuch der OECD wird *Grundlagenforschung* als Tätigkeit definiert, welche vor allem das Ziel der Erweiterung wissenschaftlicher Kenntnisse verfolgt, und dies ohne eine spezifische praktische Anwendung zu verfolgen[82]. Zu unterscheiden ist die Grundlagenforschung von der reinen oder zweckfreien Forschung, die "[...] Wissen um seiner selbst willen anstrebt [...]"[83]. Reine oder zweckfreie Forschung kann als ein Teil der umfassenderen Grundlagenforschung angesehen werden[84].

Auch die *angewandte Forschung* strebt nach der Erweiterung wissenschaftlicher Kenntnisse, ist aber schon auf eine spezifische praktische Anwendung hin ausgerichtet[85]. Ziel angewandter Forschung sind Inventionen[86].

Während Grundlagenforschung und angewandte Forschung auf die Gewinnung neuen Wissens gerichtet sind, zielt die *Entwicklung* auf die Anwendung neuartiger Kenntnisse[87]. Entwicklungsaktivitäten sind dabei in Neuentwicklung, Weiterentwicklung und Erprobung zu differenzieren[88]. Da diese Differenzierung z.B. bezüglich der Abgrenzung zwischen den Teilaktivitäten problembe-

---

81) Zu dieser Einteilung nach Phasen vgl. z.B. Kern/Schröder (1977), S. 21 ff.; Staudt (1993), Sp. 1186 f. Diese Phaseneinteilung ist allerdings nicht unproblematisch, da z.B. die Begriffsverwendung uneinheitlich erfolgt und die Teilphasen nicht trennscharf voneinander abzugrenzen sind. Vgl. Brockhoff (1992), S. 37 ff. und Kern/Schröder (1977), S. 25. Der Zweck der Phasenbetrachtung besteht in der **Illustration** des idealtypischen Ablaufs eines F&E-Prozesses von der Invention bis hin zur Schaffung eines marktreifen Produktes oder einsetzbaren Prozesses, wobei die suggerierte zeitlich-logische Abfolge mitnichten zwingend ist. Vgl. Engelke (1991), S. 17 ff.

82) Vgl. BMFT (1982), S. 70. "Allerdings wird der Nutzungsaspekt nicht ausgeschlossen; er wird nur nicht a priori spezifiziert." Kern (1992 a), S. 104.

83) Kern/Schröder (1977), S. 22.

84) Vgl. Kern/Schröder (1977), S. 22 f., die auch darauf hinweisen, daß aufgrund der ihm anhaftenden Problematik der Begriff der reinen oder zweckfreien Forschung vermieden werden sollte.

85) Vgl. Kern/Schröder (1992), Sp. 627.

86) Vgl. Kern (1992 a), S. 104.

87) Vgl. Kern/Schröder (1977), S. 23.

88) Eine andere in der Literatur vorzufindende Einteilung der Arten von Entwicklungsaufgaben ist z.B. die Differenzierung in Vorfeldentwicklung, Neuentwicklung, Anpassungsentwicklung und Variantenentwicklung. Vgl. z.B. Schmelzer (1992), S. 18 ff.

haftet ist[89], soll die Heterogenität der Entwicklungsaktivitäten durch eine bei-spielhafte Aufzählung von Teilaktivitäten verdeutlicht werden[90]. Entwicklungs-aktivitäten sind Test- und Versuchsdurchführung, Prototypenentwurf und -herstellung, Musterfertigung, Errichtung und Unterhaltung von Pilot-Anlagen, Erprobung u.a.m.[91]. Die oft im Zusammenhang mit der Entwicklung erwähnte **Konstruktion** wird als spezielle und besonders in den Betrieben der verarbei-tenden Industrie, z.B. im Maschinenbau, bedeutsame Form der Entwicklung gedeutet[92].

Die folgenden Ausführungen beziehen sich, sofern nicht ein ausdrücklicher Hinweis auf die Grundlagenforschung erfolgt, auf die angewandte Forschung und die Enwicklung.

Die innerhalb dieser F&E-Phasen zu erfüllenden Aufgaben lassen sich formal anhand der Aufgabenmerkmale Komplexität, Neuigkeit, Variabilität und Struktu-riertheit kennzeichnen[93]. So nehmen von der Entwicklung hin zurück zur Grundlagenforschung die Komplexität, Neuigkeit und Variabilität der in diesen Phasen zu erfüllenden Aufgaben tendenziell zu, wohingegen die Strukturiertheit tendenziell abnimmt.

2.2.2.3 Produktionswirtschaftliche Interpretation des F&E-Prozesses

Ist neues technologisches Wissen das angestrebte **Ergebnis** von F&E-Aktivi-täten, so soll dieses Wissen durch geeignete Kombination von Produktionsfak-toren im Rahmen des F&E-Prozesses 'produziert' werden[94]. "Forschung und

---

89) Vgl. hierzu Kern/Schröder (1977), S. 24.

90) Die Zuordnung einzelner Tätigkeiten zum Bereich der Entwicklung ist allerdings um-stritten. Siehe dazu Kern/Schröder (1977), S. 24.

91) Vgl. Kern/Schröder (1977), S, 24; Engelke (1991), S. 21.

92) Vgl. Kern (1992 a), S. 105; Kupsch/Marr/Picot (1991), S. 1075. Zur Konstruktion vgl. z.B. Pahl (1979), Sp. 918 ff. In Branchen wie z.B. der Chemischen Industrie sind Re-zepturen als Ergebnisse von F&E-Aktivitäten vorherrschend. Vgl. dazu Fallaschinski (1979), Sp. 1812 ff.

93) Vgl. zu diesen formalen Aufgabenmerkmalen und ihrer Erläuterung z.B. Picot/Reich-wald/Nippa (1988), S. 119 ff.

94) Produktion soll dabei in einem weiten Sinne verstanden werden als "[...] die sich in be-trieblichen Systemen oder Subsystemen vollziehende, auf Wiederholung angelegte, sy-stematische **Bildung von Faktorkombinationen**" Kern (1992 a), S. 12 (Hervorhebung im Original). Eine derart offene Interpretation von Produktion als Kombination von Pro-duktionsfaktoren ermöglicht auch die produktionswirtschaftliche Erklärung immaterieller Sachverhalte.

Entwicklung ist eine Kombination von Produktionsfaktoren, die die Gewinnung neuen Wissens ermöglichen soll"[95]. Der F&E-Prozeß kann somit als ein Produktionsprozeß sui generis[96], ein spezieller Produktionsprozeß im Sinne eines Problemlösungsprozesses gedeutet werden, der die Gewinnung immaterieller Ergebnisse zum Ziel hat[97]. "Damit kann die Forschung und Entwicklung auch als eine Dienstleistungsfunktion innerhalb des Unternehmens interpretiert werden, die [...] Wissen für das gesamte Unternehmen liefert."[98]

Einsatzfaktoren, die im Rahmen des F&E-Prozesses kombiniert werden, sind die schon erwähnten Träger technologischen Wissens. Es dominieren quasi-materialisierte und vor allem nicht-materialisierte Träger den F&E-Prozeß[99]. Wichtigstes Spezifikum der Einsatzfaktoren ist die Arbeitsintensität von F&E-Aktivitäten, wobei die "[...] eigentliche Problematik [...] in der qualitativen Sphäre des Arbeitseinsatzes"[100] liegt[101]. Kennzeichen des F&E-Outputs sind seine Immaterialität und Singularität[102]. Konsequenz dieser Charakteristika der Input- und Output-Güter ist der zufallsabhängige Charakter der Input-Output-Relation[103].

Dementsprechend sind auch spezielle F&E-Produktionsfunktionen entwickelt worden, in denen versucht wird, den Spezifika des F&E-Prozesses, vor allem seinem stochastischen Charakter, gerecht zu werden[104]. Wissen ist dabei sowohl ein in diesem Prozeß einzusetzender **Produktionsfaktor**, der sich u.a. im Kreativitätspotential der Ressource menschliche Arbeit niederschlägt, als auch als neues technologisches Wissen das **Produkt** oder Ergebnis des F&E-Produktionsprozesses.

---

95)   Brockhoff (1992), S. 35.

96)   Vgl. Schröder (1979 a), Sp. 631.

97)   Vgl. hierzu z.B. Kern (1992 a), S. 103; Corsten (1994), S. 114.

98)   Albrecht (1993), S. 71 f.

99)   Vgl. z.B. Tanski (1984), S. 54.

100) Schröder (1973), S. 33.

101) Vgl. Schröder (1973), S. 33 ff. Ein weiteres Kennzeichen der Inputseite ist der Einsatz von Patenten, Vorergebnissen und Know how allgemein als Vorleistungen. Vgl. Tanski (1984), S. 54 f.

102) Vgl. Tanski (1984), S. 56 f.; Schröder (1973), S. 51 ff.

103) Vgl. Schröder (1973), S. 75.

104) Vgl. Schröder (1979 a), Sp. 631 ff. und die dort angegebenen Literaturhinweise.

2.3 Grundlagen der Beschaffung technologischen Wissens

2.3.1 F&E-bezogene Make-or-Buy-Entscheidung

2.3.1.1 Begriff der F&E-bezogenen Make-or-Buy-Entscheidung

Grundsätzlich stellt sich für eine Industrieunternehmung laufend die Frage, ob sie das für die langfristige Erhaltung ihrer Wettbewerbsfähigkeit notwendige technologische Wissen durch unternehmungsinterne F&E-Aktivitäten zu gewinnen versucht oder ob sie es von anderen Institutionen bezieht. Dieses Entscheidungsproblem wird in seiner allgemeinen Ausprägung in der Literatur unter der Bezeichnung 'Make-or-Buy-Entscheidung' thematisiert[105]. Die speziell auf F&E-Leistungen bezogene Make-or-Buy-Entscheidung wird in der Literatur unter Rückgriff auf verschiedene Termini behandelt, die zum einen als Synonyma zu identifizieren sind, zum anderen aber lediglich verwandte Begriffe repräsentieren. Als Synonyma für den Terminus 'F&E-bezogene Make-or-Buy-Entscheidung' werden im folgenden die Begriffe Entscheidung über Organisationsformen für die F&E-Bereitstellung[106], Technologiequellenentscheidung[107], Entscheidung über Eigen- und/oder Fremd-F&E, Entscheidung über Bereitstellungswege von F&E-Leistungen verwendet.

Der Terminus 'F&E-bezogene Make-or-Buy-Entscheidung' ist nicht dichotomisch zu verstehen, sondern als Entscheidung über verschiedenste Bereitstellungswege technologischen Wissens, die sich nicht gegenseitig ausschließen müssen[108]. So wird einerseits trotz einer möglichen Konzentration auf unternehmungseigene F&E in der Praxis meist auch gleichzeitig auf externe Quellen technologischen Wissens zurückgegriffen[109]. Andererseits wird auch bei überwiegendem Fremdbezug technologischen Wissens realistischerweise ein gewisses Maß an eigenen F&E-Aktivitäten notwendig sein, um die mit übermä-

---

105) Vgl. z.B. Dichtl (1993), Sp. 3519; Picot (1991 b), S. 338. Dieses Entscheidungsproblem wird u.a. auch mit Begriffen wie Eigen-/Fremd-Entscheidung, Entscheidung über die Leistungstiefe, Bezugsartenentscheidung oder Outsourcing-Entscheidung belegt. Vgl. Picot (1991 b), S. 338.

106) Vgl. zu dieser Bezeichnung Schneider/Zieringer (1991 a), S. 25.

107) Vgl. z.B. Wolfrum (1991), S. 293 f.

108) Vgl. dazu Baur (1990), S. 1; Stock (1991), S. 643. Das Entscheidungsproblem des 'make or buy' ist demnach treffender mit der Formulierung 'make and buy' umschrieben.

109) Vgl. z.B. Wolfrum (1991), S. 293 und Corsten (1982), S. 456. Die vollständige Eigenforschung und -entwicklung ist zwar theoretisch möglich, aber praktisch kaum zweckmäßig. Vgl. Kern/Schröder (1977), S. 53.

ßigen technologischen Abhängigkeiten und time lags verbundenen Gefahren zu vermeiden, um die unternehmungsspezifische Aufbereitung und Anpassung des fremdbezogenen Wissens zu gewährleisten und um überhaupt ausreichende technologische Kompetenz zur Beurteilung der Qualität und des Potentials fremdzubeziehenden technologischen Wissens aufzubauen[110]. "The issues facing the company can be seen as the establishment of a certain balance between its own R&D resources and those of external units, such as customers, suppliers, or research units. This balance will in turn determine both the efficiency of its use of its own R&D resources and the control of them and of external R&D resources"[111].

2.3.1.2 Abgrenzung von verwandten Sachverhalten

Der Begriff der F&E-bezogenen Make-or-Buy-Entscheidung ist gegenüber den Begriffen F&E-Tiefe und vertikale Integration abzugrenzen, die lediglich verwandte Sachverhalte umschreiben. Diese Abgrenzung wird notwendig, da sie in der Literatur uneinheitlich erfolgt oder die Unterschiede gar nicht erkannt werden[112].

Der Begriff der F&E-Tiefe findet in der Literatur wenig Verwendung[113]. Dies bedingt, daß die folgenden Aussagen auf Plausibilitätsüberlegungen gestützt und über Analogieschlüsse aus den in der Literatur intensiver bearbeiteten Gebieten der vertikalen Integration und der Produktionstiefe hergeleitet werden müssen[114].

---

110) Vgl. z.B. Corsten (1982), S. 455; Frisch (1993), S. 260 f.; Männel (1981), S. 23; Wolfrum (1991), S. 293, Fn. 264.

111) Hakansson/Laage-Hellmann (1984), S. 227.

112) Gleiches konstatiert Weiß für Make-or-Buy-Entscheidungen in bezug auf den Fertigungsbereich von Unternehmungen. Vgl. Weiß (1993), S. 16.

113) Zu Ausnahmen hierzu vgl. z.B. Stock (1990), S. 146 f.; Brecht (1991), S. 78 sowie Gerpott/Wittkemper (1991), S. 132, die aber lediglich die Entwicklungstiefe thematisieren.

114) Zur vertikalen Integration allgemein vgl. z.B. Picot/Franck (1993), S. 179 ff.; Harrigan (1983), S. 30 ff. Zur Produktions- bzw. Fertigungstiefe vgl. z.B. Dichtl (1993), Sp. 3519 ff.; Weiß (1993), S. 8 ff. Es existiert allerdings auch für den Begriff der Produktionstiefe keine allgemein akzeptierte Definition. Vgl. Weiß (1993), S. 8.

2.3.1.2.1 F&E-Tiefe

Da F&E als Produktion neuen technologischen Wissens durch Kombination von Produktionsfaktoren charakterisiert wurde, bietet sich die Übertragung produktionswirtschaftlicher Begriffe auf F&E-Aktivitäten an[115].
Produktionsprozesse sind i.d.R. vielstufig[116]. Die Produktionstiefe bringt zum Ausdruck, bis zu welcher Produktionsstufe eine Unternehmung die Teilleistungen unterschiedlicher Ordnung selber produziert oder unternehmungsextern bezieht[117]. Analog existieren auch bei F&E mehrere 'Produktionsstufen'[118], die nach dem Kriterium des Anwendungsbezugs als Grundlagenforschung, angewandte Forschung und Entwicklung charakterisiert werden können[119]. Dementsprechend wird die F&E-Tiefe dadurch determiniert, welche und wieviele dieser Stufen die Unternehmung durch F&E-Aktivitäten selbst beherrscht. Eine niedrige F&E-Tiefe kann dabei theoretisch auf mehrere Arten zustandekommen. Sie kann sowohl daraus resultieren, daß eine Unternehmung nur Grundlagenforschung betreibt, als auch daraus, daß sie lediglich entwickelt. Das bedeutet, daß sich mit dem Begriff der F&E-Tiefe keine notwendigerweise sukzessive Abschichtung von der anwendungsnächsten F&E-Phase bis hin zur anwendungsfernen Grundlagenforschung verbinden muß.

Entscheidungen über die F&E-Tiefe bestimmen somit das Ausmaß zwischenbetrieblicher Arbeitsteilung auf dem F&E-Gebiet. Demnach ist die F&E-Tiefe als Ergebnis der Entscheidungen über Art und Gestaltung der unterschiedlichen Bereitstellungswege zur Erlangung neuen technologischen Wissens oder m.a.W. als Resultat einer F&E-bezogenen Make-or-Buy-Entscheidung zu charakterisieren[120].

---

115) Siehe Kapitel 2.2.2.3. Vgl. auch Arbeitskreis Hax (1968), S. 565.

116) Vgl. z.B. Picot (1991 b), S. 337; Welker (1993), S. 10; Kern (1992 a), S. 90.

117) Vgl. Welker (1993), S. 11; Zäpfel (1979), Sp. 1706.

118) Vgl. Arbeitskreis Hax (1968), S. 565; Männel (1981), S. 22.

119) Siehe dazu Kap. 2.2.2.2.2.

120) Vgl. Picot (1991 b), S. 338. Vgl. in Übertragung der entsprechenden Ausführungen zur Fertigungstiefe Weiß (1993), S. 19 ff.

2.3.1.2.2 F&E-Tiefe und vertikale Integration

Die F&E-Tiefe repräsentiert einen Zustand[121]. Vertikale Integration beschreibt eine Vorgehensweise, in deren Rahmen unternehmungsextern durchgeführte Aktivitäten mittels Integration vor- oder nachgelagerter Produktionsstufen durch unternehmungsintern durchgeführte Aktivitäten ersetzt werden[122]. Die F&E-Tiefe ist eine Teilmenge des sich auf sämtliche Unternehmungsfunktionen beziehenden und daher umfassenderen vertikalen Integrationsgrades, der seinerseits Ergebnis einer vertikalen Integration oder auch Desintegration ist[123]. Durch Veränderungen der F&E-Tiefe verändert sich gleichzeitig immer auch der Grad der vertikalen Integration, was allerdings umgekehrt nicht immer zutrifft[124].

Im folgenden wird der Begriff der F&E-orientierten vertikalen Integration zugunsten des Begriffs der F&E-Tiefe vermieden, da Rückwärtsintegration die vollständige oder partielle Übernahme von nachgelagerten Leistungsstufen und damit speziell der Leistungen von Lieferanten impliziert[125]. Dies ist für die vorliegende Arbeit aber insofern zu eng, als daß das Beschaffungsobjekt technologisches Wissen nicht nur über Zulieferer als Technologiequellen, sondern auch über Konkurrenten, unabhängige Forschungsinstitute etc. bezogen werden kann. Somit kommen Technologiequellen in Betracht, die sowohl aus der gleichen Branche und Wertschöpfungsstufe als auch aus der gleichen Branche und einer anderen Wertschöpfungsstufe oder aus einer nicht verwandten Branche stammen können, sofern sie über das gewünschte neue technologische Wissen verfügen. Die Leistungstiefe im allgemeinen und die F&E-Tiefe im speziellen haben also sowohl eine vertikale als auch eine horizontale Dimension[126].

---

121)   Vgl. Weiß (1993), S. 19.

122)   Vgl. Weiß (1993), S. 17 und Adam (1993), S. 92.

123)   Vgl. Weiß (1993), S. 17 ff. Damit wird von dem in der Literatur weitverbreiteten Vorgehen abgewichen, vertikale Integration mit Produktions-, Fertigungs-, Betriebs- oder Leistungstiefe synonym zu verwenden. Vgl. zum synonymen Gebrauch z.B. Dichtl (1993), Sp. 3519; Reichwald/Dietel (1991), S. 422.

124)   Vgl. Weiß (1993), S. 19.

125)   Vgl. Picot/Franck (1993), S. 181.

126)   Vgl. Wildemann (1992 b), S. 82.

2.3.2 Beschaffung technologischen Wissens als Technologietransfer-prozeß

Jede Form der unternehmungsexternen oder kooperativen Beschaffung technologischen Wissens erfordert Transferprozesse, wobei das technologische Wissen das Transferobjekt darstellt. Das Wahlproblem zwischen Eigen- und Fremd-F&E kann demnach mit dem begrifflichen Instrumentarium der Literatur zum Technologietransfer behandelt werden[127], da eine formale Übereinstimmung der Problemstellungen zu konstatieren ist[128].

Der Prozeß der Übertragung technologischen Wissens von einem Ausgangsbereich in einen Zielbereich mit dem Ziel der Anwendung und ökonomischen Nutzung des technologischen Wissens durch den Empfänger oder aber durch Sender und Empfänger gemeinsam wird als Technologietransfer i.w.S. bezeichnet[129]. Da im folgenden nur der zwischenbetriebliche Technologietransfer zwischen privatwirtschaftlichen Institutionen betrachtet wird, sind demnach als potentielle Akteure bei der Übertragung technologischen Wissens der oder die Sender- und Empfängerunternehmung(en) zu identifizieren[130]. Die potentiellen Senderunternehmungen werden im folgenden als Technologiequellen bezeichnet.

Wird das Transferobjekt technologisches Wissen im Transferprozeß i.w.S. einer Phasenbetrachtung nach dem Kriterium der zeitlichen und sachlichen Aufeinanderfolge unterzogen, so sind grob die drei Phasen **Gewinnung**, **Übertragung** und **Verwertung** zu unterscheiden[131].

---

127) Vgl. Rotering (1990), S. 42. Die Forschung zum Technologietransfer beschäftigt sich allerdings meist nur mit anwendungsreifen F&E-Ergebnissen als Transferobjekten. Viel seltener finden sich hier Überlegungen, die als Transferobjekt noch zu erforschende Technologien thematisieren. Vgl. Renkel (1985), S. 44. Im Rahmen der vorliegenden Arbeit wird aber vorrangig dieser letztgenannte Problemkomplex analysiert.

128) Vgl. Corsten (1982), S. 457 f. In die folgenden Überlegungen werden nur die Unternehmungen einbezogen, bei denen ein Technologietransfer nicht das Sachziel ihrer unternehmerischen Tätigkeit bildet, sondern bei denen Überlegungen zum Technologietransfer eine Folge der Entscheidung zwischen Eigen-F&E und Fremdbezug darstellen.

129) Vgl. Geschka (1979), Sp. 1917. Zu weiten und engen Auslegungen des Technologietransfer-Begriffs vgl. Renkel (1985), S. 23. Technologietransfer kann auf verschiedenen Ebenen betrachtet werden, so z.B. auf der Ebene von Individuen, von Organisationen und von Volkswirtschaften. Vgl. Chakrabarti (1973), S. 113 ff.

130) Außerdem können weitere Akteure in Form von Vermittlerpersonen oder -institutionen auftreten.

131) Mit dieser idealtypischen Phaseneinteilung wird lediglich eine Ordnungs- und Systematisierungsfunktion bezweckt. Vgl. Kern/Schröder (1977), S. 304. In praxi sind die Über-

Probleme der *Gewinnung* technologischen Wissens sind für das Thema nur insofern relevant, als sie sich auf den Ort bzw. die Institution der Entstehung beziehen.

Die eigentliche *Übertragungs-* oder *Transferphase* technologischen Wissens läßt sich weiter in eine Such-, eine Verhandlungs-, eine Abwicklungs- und eine Nutzungsphase differenzieren[132]. Die Suchphase, d.h. die Phase des Aufspürens und der Sondierung potentieller Technologiequellen bzw. Partner bei der Generierung technologischen Wissens wird der Übertragungsphase zugeordnet, da durch sie ein Transfer im engen Sinne erst initiiert wird[133]. Die Ergebnisse der Verhandlungsphase bilden durch die hierbei geschlossenen Vertragsvereinbarungen den Rahmen, in dem sich die Abwicklungsphase im engeren Sinne zu bewegen hat. In der Nutzungsphase schließlich wird das durch Transferprozesse gewonnene Wissen, eventuell nach Rückkopplungen und Anpassung an die spezifischen Nutzungsbedingungen des Empfängers, in der Empfängerunternehmung eingesetzt[134].

Die abschließende *Verwertungs-* oder *Marktphase*, welche "[...] durch den Absatz des Transferobjekts oder der mit ihm hergestellten Produkte gekennzeichnet"[135] ist, ist nur themenrelevant, wo sie sich nicht von der Übertragungsphase trennen läßt.

Es bleibt festzuhalten, daß in bezug auf die vorliegende Problemstellung einer F&E-bezogenen Make-or-Buy-Entscheidung v.a. die eigentliche Transferphase des Technologietransferprozesses i.w.S. relevant ist. Die einzelnen Teilphasen

---

gänge zwischen den Phasen unscharf, einzelne Phasen können zusammen- oder ganz wegfallen. Unscharfe Übergänge zwischen Übertragung und Verwertung entstehen z.B. bei der Lizenznahme. Der Wegfall z.B. der Verwertungsphase ist denkbar, wenn bei der Übertragung noch neues technologisches Wissen durch eine überraschend anderenorts getätigte Invention hinfällig wird. Zu den Vor- und Nachteilen von Phasenmodellen allgemein z.B. vgl. Renkel (1985), S. 43 und Corsten (1982), S. 180 ff.

132) Vgl. zum folgenden Kern/Schröder (1977), S. 298 ff.; Corsten (1982), S. 191 ff.

133) Die Suchphase kann dabei im Einzelfall der Gewinnung technologischen Wissens zeitlich vor-, gleich- oder nachgelagert sein oder sie kann auch ganz entfallen, wenn z.B. zwischen Unternehmungen langfristige Verträge über Lizenzaustausch bestehen. Vgl. hierzu Kern/Schröder (1977), S. 299. In seinen Publikationen von 1972 und 1973 äußerte sich Kern allerdings noch dahingehend, daß die Suchphase **nicht** als integraler Bestandteil der Transferphase gesehen wurde, sondern ihr zeitlich vorgelagert ist. Vgl. Kern (1972 b), S. 3 und Kern (1973), S. 87. Diese Aussage könnte aber nach Corsten (1982), S. 183 ff. auch so zu deuten sein, daß in den frühen Veröffentlichungen die Transferphase mit der Abwicklungsphase im späteren Sinne gleichgesetzt wurde.

134) Vgl. Kern/Schröder (1977), S. 302 f.

135) Kern (1972 b), S. 3.

der Transferphase finden im Verlauf der Arbeit insbesondere im Rahmen der Transaktionskostenüberlegungen ihren Niederschlag.

3 Gestaltungsbedingungen der F&E-bezogenen Make-or-Buy-Entscheidung

Zur Konkretisierung des aufgezeigten Bezugsrahmens ist eine Systematisierung der Gestaltungsbedingungen notwendig, die beim mehrdimensionalen Entscheidungsproblem der zwischenbetrieblichen Beschaffung technologischen Wissens zu berücksichtigen sind[1]. Diese Gestaltungsbedingungen spiegeln die Vielzahl situativer Einflußfaktoren der F&E-bezogenen Make-or-Buy-Entscheidung wider, die zum Teil Determinanten für die Unternehmung darstellen und zum Teil zumindest in längerer Sicht zu beeinflussen sind.

Zur Strukturierung der Gestaltungsbedingungen wird in Anlehnung an Grochla eine Dreiteilung der Bedingungen in unternehmungsexterne (Kontext-) und unternehmungsinterne Bedingungen sowie strategieinduzierte Bedingungen gewählt[2], die einen tendenziell ansteigenden Grad der Beeinflußbarkeit durch Aktivitäten der einzelnen Unternehmung wiedergibt. Zur weiteren Strukturierung der Gestaltungsbedingungen wird auf die systemtheoretisch basierte Unterteilung in Einflußgrößen aus dem globalen Umsystem, aus dem aufgabenspezifischen Umsystem und unternehmungsinterne Einflußgrößen zurückgegriffen, wobei aus dem Zusammenspiel dieser Einflußgrößen die strategieinduzierten Gestaltungsbedingungen resultieren[3].

Diese situativen Größen werden im folgenden in konzentrierter und auf die wesentlichen Gruppen von Einflußgrößen reduzierter Form aufgezeigt.

---

1) Die Kennzeichnung zwischenbetrieblicher Beschaffung technologischen Wissens als mehrdimensionales Entscheidungsproblem deutet darauf hin, daß aufgrund der im folgenden zu charakterisierenden Komplexität dieses Entscheidungsproblems viele verschiedenartige Faktoren diese Entscheidung beeinflussen und somit in einer Analyse zu berücksichtigen sind. Zur Mehrdimensionalität als Charakteristikum der F&E-bezogenen Make-or-Buy-Entscheidung vgl. Corsten (1982), S. 461.

2) Vgl. Grochla (1982), S. 16. Zu einer allgemeinen Typisierung von Rahmenbedingungen unternehmerischen Handelns vgl. Kern (1986), S. 559 ff.

3) Zur Unterteilung des betrieblichen Umsystems in ein globales und ein aufgabenspezifisches Umsystem vgl. Kubicek/Thom (1976), Sp. 3988 ff. Das gewählte Vorgehen entspricht auch der in der Literatur zur strategischen Planung üblichen Differenzierung in Unternehmungs- und Umweltanalyse, aus denen dann die strategische Ausgangsposition einer Unternehmung herauskristallisiert werden soll, welche wiederum notwendige Voraussetzung für die Strategieentwicklung ist. Vgl. Wolfrum (1991), S. 41. Zur Umwelt- und Unternehmungsanalyse im Rahmen der strategischen Planung vgl. z.B. Kreilkamp (1987), S. 70 ff. und Hinterhuber (1992), S. 76 ff.

3.1 Kontextbedingungen

Die Kontextbedingungen, auch als unternehmungsexterne Gestaltungsbedingungen zu bezeichnen, resultieren aus dem Umsystem einer Unternehmung[4]. Das Umsystem einer Unternehmung bezeichnet "[...] die aufgrund eines Identitätsprinzips bestimmte endliche Menge von externen Elementen [...], die für die Aktivitäten einer Unternehmung relevant sind, während der Terminus 'Umwelt' die grundsätzlich unendliche Menge unternehmungsexterner Elemente bezeichnet."[5] Das Umsystem kann weiter in das globale Umsystem oder Makro-Umsystem und das aufgabenspezifische Umsystem oder Mikro-Umsystem einer Unternehmung unterteilt werden[6]. Die aus dem Umsystem resultierenden Kontextbedingungen können demnach weiter in Rahmenbedingungen oder generelle Bedingungen einerseits und in aufgabenspezifische Bedingungen andererseits differenziert werden[7].

3.1.1 Rahmenbedingungen

Die Komponenten des globalen Umsystems bilden die Rahmenbedingungen für eine Reihe von Unternehmungen, z.B. einer Branche, eines Landes oder Wirtschaftssystems[8]. Diese Rahmenbedingungen haben einen mittelbaren Einfluß auf unternehmerische Entscheidungen und entziehen sich selbst oftmals der Beeinflussung durch die einzelne Unternehmung[9]. Sie können in rechtlich-poli-

---

4)   Zur Bezeichnung 'Kontextbedingungen' vgl. Thom (1980), S. 140.

5)   Kubicek/Thom (1976), Sp. 3987. Die Abgrenzung zwischen intern und extern und damit die Festlegung des Umsystems einer Unternehmung ist aufgrund des Grenz- und des Relevanzproblems grundsätzlich problembehaftet. Vgl. hierzu und zu den Schwierigkeiten einer derartigen Trennung Kubicek/Thom (1976), Sp. 3983 f. sowie das dort angeführte Beispiel. Unternehmungen sind als offene Systeme zu erkennen, deren Grenzen diffus sind. Deshalb beruht systemtheoretisch gesehen die Problematik der Trennung zwischen intern und extern auf den engen Interdependenzen zwischen Umwelt und Organisation, die bewirken, daß die Frage nach der Grenzziehung zwischen Organisation und Umwelt nach wie vor systemtheoretisch nicht befriedigend gelöst ist. Vgl. Sydow (1992 a), S. 96. Unternehmungsgrenzen sind deshalb auch als ständiges Optimierungsproblem aufzufassen. Vgl. Schreyögg (1993), Sp. 4233. Ausführlich zur Problematik der Systemgrenzen aus systemtheoretischer Sicht vgl. von Bülow (1989), insbesondere S. 49 ff.

6)   Vgl. Kubicek/Thom (1976), Sp. 3988 ff.

7)   Vgl. Thom (1980), S. 141 f.

8)   Vgl. Kubicek/Thom (1976), Sp. 3988.

9)   Vgl. Macharzina (1993), S. 18; Brecht (1993), S. 133.

tische, ökonomische, technologische, sozio-kulturelle und ökologische Komponenten differenziert werden[10].

Im folgenden werden ohne Anspruch auf Vollständigkeit und nur in bezug auf spezifische Teilaspekte, die sich im konkreten Zusammenhang mit der Entscheidung zwischen verschiedenen Bereitstellungswegen technologischen Wissens ergeben, die rechtlich-politischen und die technologischen Komponenten exemplarisch charakterisiert, da sie die Infrastruktur bilden, "[...] in der sowohl im internen als auch im externen und kooperativen Rahmen Transaktionsbeziehungen ablaufen."[11] Auf die Erläuterung der anderen Komponenten wird verzichtet, da sie keine direkt erkennbaren Auswirkungen auf Technologiequellenentscheidungen nach sich ziehen, sondern nur globale und mittelbare Einflußfaktoren darstellen[12].

Wesentliche **rechtlich-politische Rahmenbedingungen** für Technologiequellenentscheidungen bilden z.B. das deutsche, europäische oder internationale Kartellrecht, das Gesellschaftsrecht sowie die staatliche Forschungspolitik[13]. So ist u.a. zu prüfen, ob z.B. technologieorientierte Unternehmungsakquisitionen oder die Gründung von F&E-Gemeinschaftsunternehmungen als mögliche Formen der Zusammenarbeit bei der Beschaffung technologischen Wissens nicht eventuell gegen das Kartellverbot des § 1 GWB verstoßen[14]. Andererseits können bestimmte Formen der Zusammenarbeit zwischen Unternehmungen auf technologischem Gebiet aber auch z.B. durch die staatliche Forschungspolitik begünstigt werden[15].

---

10) Vgl. z.B. Kubicek/Thom (1976), Sp. 3988 f.; Kreilkamp (1987), S. 73. Zu einer leicht modifizierten Unterteilung vgl. Macharzina (1993), S. 18 ff.

11) Schneider/Zieringer (1991 b), S. 72.

12) Zur Erläuterung der ökonomischen, ökologischen und sozio-kulturellen Komponenten vgl. Kreilkamp (1987), S. 78 f. und die dort aufgeführten Literaturhinweise. Zum Zusammenhang zwischen Innovation und sozio-kulturellen Gegebenheiten vgl. z.B. Kupsch/Marr/Picot (1991), S. 1085 f.

13) Zu den das Technologiemanagement betreffenden rechtlichen Rahmenbedingungen auf europäischer Ebene vgl. von Boehmer/Stoll (1993), S. 193 ff.

14) Speziell zu kartell- und wettbewerbsrechtlichen Aspekten von F&E-Kooperationen vgl. Rotering (1990), S. 56 ff. sowie Machunsky (1985), S. 127 ff. Vgl. zu den wettbewerblichen Aspekten von F&E-Kooperationen aus der Sicht von Unternehmungen die empirisch gestützten Aussagen von Täger (1988), S. 82 ff. Vgl. auch allgemeiner zu den wettbewerbsrechtlichen Rahmenbedingungen von Kooperationen Rotering (1993), S. 20 ff.

15) So werden z.B. im nationalen Bereich F&E-Kooperationen im Rahmen der Gemeinschaftsforschung über die AiF-Institute z.T. staatlich über finanzielle Zuschüsse gefördert. Vgl. Täger (1988), S. 119 ff. Zu anderen als finanziellen Arten staatlichen Einflusses und deren Bedeutung vgl. Täger (1988), S. 126 ff. Speziell zu Fördermaßnahmen

Auf nationaler wie auf internationaler Ebene können des weiteren die allgemeine Rechts(un)sicherheit, im Hinblick auf Schutz- und Geheimhaltungsbe-
dürfnisse das Patentrecht und Arbeitnehmererfindungsgesetze Technologiequellenentscheidungen ebenso beeinflussen wie länderspezifisch unterschiedlich restriktive Schutzvorschriften, die Forschung auf Gebieten wie z.B. der
Biotechnologie erschweren[16].

Im Kontext der internationalen rechtlich-politischen Rahmenbedingungen ist
z.B. auch an staatliche Eingriffe in Form von Local Content-Vorschriften zu denken, die die Option der vollständigen Eigenerstellung einer Leistung a priori
ausschließen[17].

Technologische Rahmenbedingungen bezeichnen Entwicklungen im technologischen Bereich, die für das Tätigkeitsgebiet der Unternehmung relevant
sind[18]. Diese Relevanz ist z.B. dann gegeben, wenn völlig neuartige Technologien die bisher angewandten Technologien in bezug auf die Erzeugung von
Produkten oder Prozessen entweder ganz verdrängen oder aber unwirtschaft-
lich werden lassen. Solche Technologiesprünge ziehen Diskontinuitäten nach
sich[19]. Dies wird die Bereitschaft einer Unternehmung erhöhen, sich aus Zeit-
gründen dieses technologische Wissen über Lizenzen oder über F&E-Koopera-

---

des BMFT hinsichtlich F&E-Kooperationen von kleinen und mittleren Unternehmungen
vgl. BMFT (1991 a), S. 4 ff. Im europäischen Bereich sind Forschungskooperationen
wie beispielsweise JESSI zu nennen. Vgl. hierzu BMFT (1991 b), S. 33 ff. Zu einem
Überblick über weitere supranationale Forschungskooperationen vgl. Rotering (1990),
S. 52 ff.

16)   Vgl. Schneider/Zieringer (1991 a), S. 88 ff.

17)   Local Content-Auflagen sind wirtschaftspolitische Maßnahmen, welche - i.d.R. in Kombination mit weiteren wirtschaftspolitischen Instrumenten - die Förderung des Aufbaus
der Wirtschaft und hier insbesondere der lokalen Zulieferindustrie in Entwicklungslän-
dern zum Ziel haben. Dies wird über die Festsetzung eines im Gastland zu erbringenden Wertschöpfungsanteils durchgesetzt. Vgl. zu diesem Themenkomplex z.B. Halbach
(1985), S. 38 ff.

18)   Vgl. Kubicek/Thom (1976), Sp. 3988. Technologie hat somit eine Doppelfunktion: Technologische Entwicklungen sind zum einen zentrale Ursachen oft gravierender Veränderungen und somit eine Rahmenbedingung für Unternehmungen. Zum anderen kann
ihre Entwicklung aber auch von der Unternehmung selbst gesteuert werden. Vgl. Pfeif-
fer/Dögl (1992), S. 255.

19)   Vgl. Stirnemann (1989), S. 66 f. Zum Begriff der Diskontinuität vgl. z.B. Lehmann
(1994), S. 8 ff. Ein Beispiel für eine durch einen Technologiesprung ausgelöste Diskontinuität ist der Übergang von Schallplatten zu Compact Discs. Vgl. Stirnemann (1989),
S. 67. Auch in der Mikroskoptechnologie haben sich nach anfänglichen schnellen Entwicklungen lange Zeit nur noch inkrementale Verbesserungen erzielen lassen. Ein
technologischer Sprung wurde dann durch die völlig neue Rasterelektronentechnologie
erreicht. Vgl. Kreilkamp (1987), S. 81.

tionen und nicht hauptsächlich über unternehmungsinterne F&E zu beschaffen, um mit der allgemeinen technologischen Entwicklung Schritt halten zu können. Weiterhin sind der Rubrik der technologischen Rahmenbedingungen aufgrund ihres Charakters als Querschnittstechnologien die Entwicklungen im Bereich der Informations- und Kommunikationstechnologien zuzuordnen[20], denn für eine arbeitsteilige Organisation von F&E-Aktivitäten stellen Information und Kommunikation grundlegende Voraussetzungen dar[21]. Moderne Informations- und Kommunikationstechnologien können allgemein die Herausbildung marktlicher und dezentraler Bereitstellungswege von Transaktionsbeziehungen fördern[22], indem sie die Kommunikation erleichtern, die Markttransparenz erhöhen und bei bestehenden vertraglichen Beziehungen den gegenseitigen Informationsaustausch beherrschbarer und schneller in der Abwicklung gestalten[23]. Aufgrund der Entwicklungen in den Informations- und Kommunikationstechnologien wird deshalb tendenziell die Entscheidung z.B. für eine Form der F&E-Kooperation zur Beschaffung technologischen Wissens gegenüber einer Eigen-F&E attraktiver als früher[24], da die neuen Informations- und Kommunikationstechnologien u.a. die Bedeutung von Entfernungen und Zeit erheblich zu relativieren imstande sind[25].

---

20) Vgl. Macharzina (1993), S. 23. Zu einem Überblick über ausgewählte moderne Informations- und Kommunikationstechnologien wie z.B. Electronic Mail und Datenbanken sowie deren konkretes Unterstützungspotential für den Produktentstehungsprozeß vgl. Kern/Antweiler (1992), S. 196 ff.

21) Vgl. Schneider/Zieringer (1991 b), S. 73.

22) Vgl. Baur (1990), S. 87; Picot (1989), S. 368; Schneider/Zieringer (1991 b), S. 74.

23) Dies zieht eine Senkung des Transaktionskostenniveaus nach sich. Vgl. Baur (1990), S. 86 f.; Ciborra (1987), S. 28; Picot (1989), S. 366 f.; Schneider/Zieringer (1991 a), S. 101 ff. Allerdings ist zu beachten, daß Kompatibilitätsprobleme, Probleme des Datenschutzes und der Datensicherheit diese Aussagen stark relativieren können. Vgl. Schneider/Zieringer (1991 b), S. 73 f. Ausführlich zu den Wechselwirkungen zwischen informationstechnologischen Entwicklungen und Transaktionskosten vgl. Hanker (1990), S. 332 ff.

24) Vgl. Schneider/Zieringer (1991 a), S. 100 ff. Relativierend kann dem entgegengehalten werden, daß neue Informations- und Kommunikationstechnologien auch rein unternehmungsintern zeitverkürzende Wirkungen haben. Vgl. Schneider/Zieringer (1991 a), S. 97. So ist z.B. an die Zeitvorteile des CAD- und CASE-Einsatzes zu denken. Vgl. dazu Schmelzer/Buttermilch (1988), S. 65 ff. und Schmelzer (1990), S. 49 ff. Konkret zur Bedeutung von Information und Kommunikation für Entwicklungsarbeit sowie zu Möglichkeiten ihrer technologischen Unterstützung in Abhängigkeit verschiedener Typen von Entwicklungsaufgaben vgl. Picot/Reichwald/Nippa (1988), S. 125 ff. Zur Möglichkeit der Computerunterstützung kooperativen Arbeitens im F&E-Bereich durch Groupware-Systeme vgl. Fischer/Möcklinghoff (1994), S. 46 ff.

25) Vgl. Frese/von Werder (1989), S. 10; Kaufmann (1993), S. 121.

3.1.2 Aufgabenspezifische Bedingungen

"Das aufgabenspezifische Umsystem beinhaltet die Menge derjenigen Elemente der Umwelt, mit denen eine Unternehmung zur Erreichung ihrer Sachziele interagiert, interagieren kann oder aufgrund verbindlicher Vorschriften interagieren muß."[26] Demnach ist ein im Vergleich zu den Komponenten des globalen Umsystems stärkeres und direkteres wechselseitiges Einflußpotential zum einen der Elemente auf das unternehmerische Handeln sowie zum anderen der Beeinflussung der Elemente durch einzelne unternehmerische Aktivitäten zu konstatieren. Die wesentlichsten Komponenten des aufgabenspezifischen Umsystems sind zum einen regulative Gruppen und zum anderen Kunden, Lieferanten und Konkurrenten[27].

In die Rubrik der **regulativen Gruppen** fallen Gewerkschaften, Verbände, Kapitalgeber und staatliche Institutionen[28]. Regulative Gruppen sind dem weiteren Umfeld der Unternehmung zuzuordnen, da sie zwar direkt mit der Unternehmung interagieren, aber keinen direkten Einfluß auf die Produkt-Markt-Beziehungen haben[29]. Exemplarisch wird im folgenden der Einfluß der Kapitalgeber auf Technologiequellen skizziert.

Kapitalgeber haben Einfluß auf Technologiequellenentscheidungen, wenn diese das Aufbringen zusätzlichen Kapitals erfordern. Dies ist z.B. bei einer Entscheidung gegen Fremd-F&E und für den verstärkten Aufbau der unternehmungseigenen F&E der Fall, wenn diese Entscheidung hohe zusätzliche Investitionen in F&E-Personal und in die F&E-Sachmittelausstattung bedingt. Ebenso wird tendenziell der Einfluß der Kapitalgeber wirksam, wenn als Bereitstellungsweg für die Beschaffung technologischen Wissens technologieorientierte Unternehmungsakquisitionen erwogen werden, da hier in der Regel Finanzierungsprobleme eine wichtige Rolle spielen[30].

Kunden, Lieferanten sowie bestehende und potentielle Konkurrenten sind die wesentlichen Elemente, die in ihrem Zusammenspiel die spezifische Branchen-

---

26)   Kubicek/Thom (1976), Sp. 3992.

27)   Diese Unterscheidung geht auf Dill (1958), S. 424 zurück. Vgl. Kreilkamp (1987), S. 74; Kubicek/Thom (1976), Sp. 3992.

28)   Vgl. Kreilkamp (1987), S. 74.

29)   Vgl. Kreilkamp (1987), S. 75.

30)   Vgl. Wolfrum (1991), S. 315. Der Einfluß der Kapitalgeber variiert des weiteren in Abhängigkeit von der Rechtsform der Unternehmung.

struktur prägen sowie die Wettbewerbsintensität innerhalb der Branche determinieren[31].

Lieferanten stellen bei Technologiequellenentscheidungen v.a. dann einen wesentlichen Einflußfaktor dar, wenn sie bei vertikalen oder horizontalen F&E-Kooperationen potentielle Kooperationspartner sind[32]. So ist die Verlagerung von großen Teilen der Entwicklung auf vertraglich langfristig an die Unternehmung gebundene, ausgewählte Zulieferer und deren Unterstützung im Rahmen von unternehmungsübergreifenden Entwicklungsteams - auch als unternehmungsübergreifendes Simultaneous Engineering bezeichnet[33] - ein wesentlicher Bestandteil des Lean Production-Konzeptes[34].

Kunden oder Abnehmer können in zwei denkbaren Konstellationen Einfluß auf Technologiequellenentscheidungen ausüben.

Zum einen können von Abnehmern insbesondere in der Investitionsgüterindustrie Anstöße für Weiterentwicklungen von Produkten ausgehen[35]. Dieses technologische Wissen kann dann wiederum von dem eigentlichen Hersteller fremdbezogen werden.

Zum anderen ist eine Einflußnahme einer starken Abnehmergruppe[36] dann denkbar, wenn diese Gruppe ein Interesse daran hat, daß die Unternehmung bestimmte Technologiequellen anderen vorzieht. Dies ist z.B. dann der Fall, wenn die Abnehmergruppe aufgrund kapitalmäßiger Verflechtungen wirtschaft-

---

31) Vgl. Porter (1992 a), S. 25 ff. Als zusätzliches Element der Branchenstruktur identifiziert Porter die Bedrohung durch Substitutionsprodukte, die in anderen Branchen hergestellt werden und die Produkte der betrachteten Branche verdrängen können. Vgl. Porter (1992 a), S. 49 f.
Dabei ist unter zeitlichen Aspekten zu beachten, daß technologisches Wissen einem Wandel während der Branchenentwicklung unterliegt. Das klassische Modell, welches Einflußfaktoren der Technologie- und Branchenentwicklung auf strategische Entscheidungen darzustellen versucht, stammt von Abernathy und Utterback. Vgl. Abernathy/Utterback (1978), S. 41 ff.

32) Wie aus zahlreichen Veröffentlichungen hervorgeht, gewinnen Formen der vertikalen F&E-Zusammenarbeit, insbesondere in der Automobilindustrie, immer mehr an Bedeutung. Vgl. z.B. Baur (1991), S. 92 ff.; Dögl/Piechota/Schneider (1992), S. 140 ff.; Fieten (1991), S. 134 ff.; Koch (1992), S. 159 ff.; Müller (1993), S. 238 ff.; Wildemann (1992 a), S. 400 ff.; Rutsch/Lischke/Kuhlmann (1992), S. 221 ff.

33) Vgl. Wildemann (1992 a), S. 400.

34) Vgl. Womack/Jones/Roos (1991), S. 153 ff. Die Anwendung des Lean Production-Konzeptes wird vielfach als Grund für die relative Überlegenheit japanischer Automobilhersteller angeführt. Vgl. z.B. Daum/Piepel (1992), S. 40.

35) Von Hippel hat im Rahmen einer empirischen Untersuchung die Bedeutung von Abnehmern und insbesondere sog. 'Lead User' als Innovationsquellen bei der Erfindung und Weiterentwicklung herausgestellt. Vgl. dazu von Hippel (1988), S. 11 ff. und S. 102 ff. Vgl. auch Herden (1992), S. 100 f.

36) Zu den Kriterien, die die Stärke einer Abnehmergruppe bestimmen, vgl. Porter (1992 a), S. 50 ff.

liche Interessen an einer F&E-Kooperation zwischen der Unternehmung und einer bestimmten Zulieferunternehmung hat, weil sie bspw. Anteile an der Zulieferunternehmung hält und eine solche Verbindung für günstig erachtet.

Bei **Konkurrenten** ist das Einflußpotential in zweierlei Hinsicht evident. Zum einen können sie z.B. als potentielle Kooperationspartner bei horizontalen F&E-Kooperationen in Frage kommen, als Partner bei einem Lizenztausch[37] oder als mögliche Übernahme- oder Beteiligungskandidaten[38]. Für den Fall der horizontalen F&E-Kooperationen mit Konkurrenten gibt es prägnante Beispiele aus den Bereichen der Halbleiterindustrie, der Datentechnik und Telekommunikation sowie der Softwareentwicklung[39].

Zum anderen können die Wettbewerber mit der betrachteten Unternehmung um Technologiequellen konkurrieren. Letzteres ist z.B. denkbar, wenn um eine F&E-Kooperation mit einem bestimmten Zulieferer, der über das gesuchte technologische Wissen verfügt, oder auch die technologieorientierte Unternehmungsakquisition dieser Zulieferunternehmung konkurriert wird. In diesem Fall können Konkurrenten durch ihre Entscheidungen Restriktionen für Technologiequellenentscheidungen der betrachteten Unternehmung setzen.

3.2 Unternehmungsinterne Gestaltungsbedingungen

Die unternehmungsinternen Gestaltungsbedingungen sind von den Entscheidungsträgern in der Unternehmung frei wählbar[40] und in gewissen Grenzen di-

---

37) So schlossen Siemens und Toshiba 1985 einen Patentlizenztausch mit gegenseitigen weltweiten Rechten für das ganze Gebiet der Halbleiterbauelemente ab. Vgl. Bieber/Möll (1993), S. 307.

38) Zu Beispielen für die F&E-orientierte Beteiligung an oder Akquisition von Unternehmungen vgl. Bieber/Möll (1993), S. 328 ff.

39) Vgl. Bieber/Möll (1993), S. 308 ff. "In Europa kooperiert Philips mit Siemens bei der Entwicklung des 1-Mbit- und 4-Mbit-Chips. Die Serienfertigung des 4-Mbit-Chip konnte termingerecht 1989 beginnen. Die Prozeßtechnik wurde gemeinsam entwickelt, der Vertrieb läuft getrennt, d.h., trotz gemeinsamer Entwicklung treten die Unternehmen auf dem Markt als Konkurrenten auf." Bieber/Möll (1993), S. 309. Ein anderes Beispiel ist die Kooperation zwischen IBM, Siemens und Toshiba mit dem Ziel der Entwicklung höchstintegrierter 256-MByte-Speicherchips. Vgl. Bühlmann/Moning/von Waldkirch (1993), S. 30.

40) Die freie Wählbarkeit ist dahingehend zu relativieren, daß die Existenz von Interdependenzen zwischen den einzelnen Komponenten der internen Rahmenbedingungen möglich ist. Diese Interdependenzen können die freie Wahl einzelner Komponenten aufgrund der vorhandenen Beziehungszusammenhänge beschränken. Vgl. hierzu Brecht (1993), S. 140.

rekt beeinflußbar[41]. Für die Auswahl und Strukturierung der einzelnen Komponenten der unternehmungsinternen Gestaltungsbedingungen lassen sich keine
allgemeingültigen und vollständigen Systematisierungen aufstellen[42], weshalb
die einzelnen Komponenten in Abhängigkeit von der konkreten Problemstellung
zu eruieren sind. Aufgrund ihrer Bedeutung für die F&E-bezogene Make-or-Buy-
Entscheidung werden im folgenden die unternehmungsinternen Ressourcen als
Gestaltungsbedingungen und unternehmungspolitisch begründete Gestaltungsbedingungen unterschieden[43].

3.2.1 Ressourcen als Gestaltungsbedingungen

"Jede Durchsetzung neuer Kombinationen erfordert [...] gezielte Aktivitäten, und
Aktivitäten beanspruchen Zeit und Ressourcen."[44]

3.2.1.1. Ressourcen im F&E-Bereich

Unternehmungsinterne Leistungspotentiale im Sinne von Vorkombinationen,
"[...] d.h. Faktorkombinationen, die im Hinblick auf eine intendierte Endkombination [...] i.S. der Prozeßdurchführung zunächst nur eine Leistungsbereitschaft
begründen"[45], können F&E-bezogene Make-or-Buy-Entscheidungen beeinflussen[46]. Da F&E als Wissensproduktion durch Kombination von Produkti-

---

41)   Vgl. Wollnik (1980), Sp. 595.

42)   Vgl. Frese (1992), S. 115. Zu einer Auflistung möglicher Komponenten vgl. z.B. Wollnik
       (1980), Sp. 595.

43)   Aus Analysezwecken werden die Gestaltungsbedingungen im folgenden isoliert aufge-
       führt. De facto sind aber auch ihre Verbundwirkungen zu beachten, da beim Zusam-
       menwirken je nach Ausprägungen der Einflußfaktoren konfliktäre oder verstärkende
       Auswirkungen auf Technologiequellenentscheidungen entstehen können. Diese Aus-
       wirkungen können wiederum im Zeitablauf durch Verschiebungen bei der Konstellation
       der Einflußfaktoren ihre Wirkungsrichtungen ändern.

44)   Kern (1976 b), S. 278. Zum Ressourcenbegriff vgl. Gerpott (1993), S. 85. Überlegungen
       zur relativen Ressourcenstärke finden auch in Technologie-Portfolios Berücksichtigung.
       Sie werden z.B. durch die Einzelindikatoren Potentiale, Reaktionsgeschwindigkeit sowie
       technisch-qualitativer Beherrschungsgrad konkretisiert. Vgl. hierzu Pfeiffer/Dögl (1992),
       S. 259 f.

45)   Kern (1992 a), S. 21. Zu Vor- und Endkombination vgl. Kern (1992 a), S. 149.

46)   Leistungspotentiale können auch als Kapazitäten interpretiert werden. Vgl.
       Kern (1993 a), Sp. 1055. "Kapazität ist das Leistungsvermögen einer wirtschaftlichen
       oder technischen Einheit - beliebiger Art, Größe und Struktur - in einem Zeitabschnitt."

onsfaktoren im Rahmen des F&E-Prozesses gedeutet wurde, sind die vorzu-
haltenden Kapazitäten der hierin eingehenden Potentialfaktoren und ihre Auslastung für die Entscheidung von Bedeutung, Wissen unternehmungsintern zu
produzieren oder externe Beschaffung in ihren verschiedenen möglichen Ausprägungsformen zu erwägen. Konkret sind hier Potentiale der F&E-Humanres-
sourcen sowie F&E-Sachressourcen als materielle Ressourcen näher zu analysieren[47]. Die Beziehungen zwischen kapazitätsbezogenen Überlegungen und
Technologiequellenentscheidungen werden im folgenden exemplarisch anhand
der für den F&E-Bereich besonders wichtigen Humanressourcen aufgezeigt[48],
wobei eine Übertragung der Ausführungen auf die sachlichen materiellen F&E-
Ressourcen im Prinzip analog zu entwickeln wäre[49].

Da F&E-Prozesse in hohem Maße kreative Prozesse sind[50], ist das **F&E-Per-
sonal** als Träger des F&E-Prozesses die wichtigste Ressource. Dabei ist die
quantitative und die qualitative Kapazität des unternehmungsinternen F&E-Per-
sonals von Bedeutung[51]. Ist die quantitative Kapazität der F&E-Humanres-
sourcen auf längere Sicht z.B. durch interne F&E-Projekte unterausgelastet, so
wird cet. par. bei einer Entscheidung über die Form der Beschaffung technologischen Wissens der unternehmungsinternen F&E der Vorzug gegeben werden[52], um den Teil der fixen F&E-Personalkosten, der ansonsten Leerkosten

---

Kern (1962), S. 27. Der Begriff des 'Potentials' kann als Leistungsvermögen der betrieblichen Ressourcen definiert werden. Vgl. Kern (1992 d), S. 2.

47) Die immateriellen F&E-Ressourcen z.B. in Form von Rechten oder Know how auf bestimmten Technologiegebieten und ihre Auswirkungen auf Technologiequellenentscheidungen werden im Zusammenhang mit den Technologiestrategien diskutiert. Zur Einteilung in Personal-, Sachmittelressourcen und immaterielle Ressourcen vgl. auch
Brockhoff (1992), S. 50 f. sowie Engelke (1991), S. 124 ff.

48) Vgl. z.B. Kern/Schröder (1992), Sp. 628; Kolatek (1989), S. 193; Marr (1993), Sp. 1809;
Schmelzer (1992), S. 90; Schröder (1992), S. 174. Gleichzeitig sind die Personalkosten
bedingt durch die Personalintensität im F&E-Bereich von besonderer Bedeutung, v.a.
da sie zum großen Teil fixe Kosten darstellen. Vgl. Corsten (1982), S. 463 f.

49) Zur Planung der sachlichen F&E-Ressourcen allgemein vgl. Engelke (1991), S. 130 ff.
Sachliche materielle F&E-Ressourcen sind in allgemeiner produktionswirtschaftlicher
Terminologie die Betriebsmittel zur Nutzung und zum Verbrauch sowie Be- und Verar-
beitungsobjekte. Vgl. Kern (1992 a), S. 17. Konkret handelt es sich bei den Betriebsmitteln zur Nutzung im F&E-Bereich z.B. um Forschungsanlagen wie etwa Teilchenbe-
schleuniger, Versuchsanlagen wie etwa Crash-Anlagen, sowie um Großrechenanlagen
zur Versuchsauswertung und -dokumentation etc. Vgl. Engelke (1991), S. 132.

50) Allerdings gibt es im F&E-Prozeß repetitive Tätigkeiten. Vgl. Casson (1991), S. 3;
Kern/Schröder (1977), S. 20.

51) Vgl. allgemein zur quantitativen und qualitativen Kapazität Kern (1993 a), Sp. 1057.

52) Auch Weiß konstatiert bei Überlegungen zur Fertigungstiefe die Tendenz, bei Unter-
auslastung der Kapazitäten die Fertigungstiefe zu steigern. Vgl. Weiß (1993), S. 70.
Vgl. auch Welker (1993), S. 34 für den umgekehrten Fall.

darstellen würde, wenigstens zum Teil in Nutzkosten umwandeln zu können[53]. Die qualitative Kapazität des F&E-Personals zielt auf deren "[...] Flexibilität bezüglich des Erbringens artverschiedener Leistungsergebnisse"[54] ab. Eine für die Bearbeitung neuer Forschungsgebiete nicht ausreichende qualitative Kapazität kann die Entscheidung für Fremdbezug technologischen Wissens forcieren. Sofern das neue technologische Wissen zu einem Kernbereich der eigenen technologischen Kompetenz werden soll, wird langfristig zur Minimierung von Abhängigkeitsgefahren jedoch die Verbesserung der qualitativen Kapazität des F&E-Personals durch Weiterbildung des bestehenden Personals und/oder durch Neueinstellung entsprechend qualifizierter Forscher in die Betrachtungen einbezogen werden müssen[55].

3.2.1.2 Finanzielle Ressourcen

Die Betrachtung finanzieller Ressourcen und ihrer Beziehungen zu Technologiequellenentscheidungen erfolgt aus zwei Gründen gesondert. Zum einen sind finanzielle Ressourcen keine Produktionsfaktoren im betriebswirtschaftlichen Sinne und stehen somit nicht auf einer Stufe mit menschlichen Arbeitsleistungen und Sachmitteln. Zum anderen können mittels der finanziellen Ressourcen die Interdependenzen zwischen dem F&E-Bereich und den übrigen Bereichen innerhalb einer Unternehmung deutlich gemacht werden[56].

Sofern F&E-bezogene Make-or-Buy-Entscheidungen Änderungen in den Ein- und Auszahlungsströmen der Unternehmung bedingen, sind Finanzierungsaspekte und damit verbunden in langfristiger Perspektive investive Aspekte in die Betrachtungen einzubeziehen. In diesem Zusammenhang ist auch die alternativenspezifische Kapitalbindung zu berücksichtigen. Je intensiver eine Unternehmung eigene F&E betreibt, desto höher ist cet. par. der Kapitalbedarf und

---

53) Zu Leer- und Nutzkosten allgemein vgl. Gutenberg (1983), S. 348 ff. Langfristig kann eine Kapazitätsschrumpfung durch Abbau eigenen Personals erwogen werden, was allerdings unter Umständen Know how-Abfluß nach sich zieht, die eigene technologische Kompetenz erheblich schmälern kann und Probleme bei der eventuellen erneuten Suche nach hochqualifiziertem F&E-Personal hervorruft. Zur Problematik der Personalakquisition und -qualifikation für den F&E-Bereich vgl. z.B. Herden (1992), S. 139 ff.

54) Kern (1993 a), Sp. 1057.

55) Vgl. dazu auch Engelke (1991), S. 128 f.

56) Vgl. auch Kern/Schröder (1977), S. 103.

damit auch die Kapitalbindung im Anlagevermögen[57]. Im F&E-Bereich selbst bewirken die o.a. kapazitativen Überlegungen in langfristiger Sicht Investitionen oder Desinvestitionen in F&E-Personal oder -Betriebsmittel[58]. Da Technologiequellenentscheidungen, die mit Investitionen verbunden sind, mit alternativen Investitionsprojekten in anderen Unternehmungsbereichen um knappe finanzielle Ressourcen konkurrieren[59], sind sie nicht isoliert für den F&E-Bereich zu treffen, sondern im Kontext der gesamtunternehmerischen Investitions- und Finanzplanung zu sehen[60].

3.2.2 Unternehmungspolitisch begründete Gestaltungsbedingungen

Unternehmungspolitisch für notwendig erachtete **Geheimhaltung** ist eine wesentliche Determinante der F&E-bezogenen Make-or-Buy-Entscheidung[61]. Geheimhaltung kann zum einen mittels normierter Schutzverfahren wie z.B. Patent- oder Gebrauchsmusterschutz und zum anderen über unternehmungsinterne Schutzmaßnahmen z.B. in Form von vertraglich vereinbarter Schweigepflicht und Konkurrenzklauseln durchgesetzt werden[62]. "Je wichtiger ein Unternehmen [...] das Kriterium des Schutzes und der Geheimhaltung der F&E-Ergebnisse beurteilt und je geringer es die Wirkung von rechtlichen Schutzmechanismen einschätzt, desto eher wird es die Koordinationsform der internen F&E anderen marktlichen Koordinationsformen vorziehen."[63] Dem liegt die Annahme zugrunde, daß bei Eigen-F&E tendenziell aufgrund der relativ starken Einfluß- und Kontrollmöglichkeiten innerhalb der eigenen Unternehmung Geheimhaltung neuen technologischen Wissens leichter zu bewerkstelligen ist als

---

57) Vgl. dazu Weiß (1993), S. 70 f. Welker ist allerdings der Meinung, daß keine eindeutigen Aussagen über Unterschiede des Grades der Kapitalbindung bei verschiedenen Bereitstellungsformen möglich sind. Vgl. Welker (1993), S. 35.

58) "Investitionen sind für längere Zeiten beabsichtigte Bindungen finanzieller Mittel in materiellen oder immateriellen Objekten mit der Absicht, diese Objekte in Verfolgung individueller Zielsetzungen zu nutzen." Kern (1976 a), S. 9. Zum Investitionscharakter von Innovationen vgl. Kern (1976 b), S. 278 ff. In kurzfristiger Sicht sind im Rahmen gegebener Kapazitäten z.B. zeitliche und intensitätsmäßige Anpassungen im F&E-Bereich zu erwägen. Vgl. allgemein hierzu Kern (1992 a), S. 42 ff.

59) Vgl. Kern/Schröder (1977), S. 103; Seeser (1990), S. 91.

60) Zur Planung der finanziellen Ressourcen vgl. Engelke (1991), S. 135 ff.

61) Vgl. Corsten (1982), S. 497 ff.

62) Vgl. Picot/Laub/Schneider (1989), S. 123.

63) Schneider/Zieringer (1991 a), S. 89.

bei alternativen Bereitstellungsformen[64]. Bei den letztgenannten unternehmungsexternen Formen der Beschaffung technologischen Wissens sind zum
Zwecke der Sicherung der Geheimhaltung umfangreiche vertragliche Vereinbarungen zu treffen, deren Einhaltung laufend zu kontrollieren ist[65].

Ist unternehmungspolitisch ein starkes **Maß an unternehmerischer Autonomie** angestrebt[66], so impliziert dies, daß die Unternehmung u.a. die Gefahr
technologischer Abhängigkeiten zu minimieren sucht[67]. Dies kann restriktiv auf
eine Entscheidung für externe Beschaffung technologischen Wissens wirken.

Ein weiterer potentieller Einflußfaktor auf F&E-bezogene Make-or-Buy-Entscheidungen kann z.B. die Unternehmungsgröße sein[68]. So werden mangelnde finanzielle und personelle Ressourcen insbesondere bei kleinen und
mittleren Unternehmungen als Verstärker für die Tendenz zur externen Wissensbeschaffung angeführt[69]. Des weiteren beeinflussen auch Überlegungen
hinsichtlich der Bezugssicherheit Technologiequellenentscheidungen. Spiegel-
bild der Bezugssicherheit sind Überlegungen zu den einzelnen Arten von Risiken, die mit der externen Beschaffung neuen technologischen Wissens eventuell verbunden sind, sowie zu den Möglichkeiten, diese Risiken zu beherrschen[70]. Auch schwer kalkulierbare Überlegungen z.B. hinsichtlich des Fir-
menimages und des Betriebsklimas können Technologiequellenentscheidungen
mit beeinflussen[71].

---

64) Vgl. z.B. Welker (1993), S. 38; Schneider/Zieringer (1991 a), S. 30; Zweipfennig (1991),
S. 60. Konkret zu Geheimhaltungswirkungen verschiedener Erscheinungsformen der
Beschaffung neuen technologischen Wissens vgl. Corsten (1982), S. 499 ff.

65) Vgl. Schneider/Zieringer (1991 a), S. 89.

66) Hier ist ein Anknüpfungspunkt zur Unternehmungskultur zu sehen, in der ein solches
ausgeprägtes Streben nach unternehmerischer Entscheidungsfreiheit begründet sein
kann.

67) Zu solchen Abhängigkeiten kann es v.a. aufgrund von asymmetrischer Machtverteilung
z.B. bei strukturell ungleichen Partnern kommen. Vgl. Welker (1993), S. 38; Wolfrum
(1991), S. 306.

68) Vgl. zum Zusammenhang zwischen Unternehmungsgröße und F&E-Kooperationen
Rotering (1990), S. 72 ff.

69) Vgl. z.B. Staudt/Bock/Mühlemeyer (1992), S. 990. Dagegen stellt Täger als Ergebnis
einer empirischen Untersuchung fest, daß eher größere Unternehmungen (gemessen
an der Beschäftigtenzahl) zu externer und insbesondere kooperativer Wissensbeschaffung neigen. Vgl. Täger (1988), S. 19 ff. Zu einem ähnlichen Ergebnis kommt auch
Herden als Resultat einer empirischen Untersuchung. Vgl. Herden (1992), S. 197 ff.

70) Vgl. hierzu Welker (1993), S. 35 ff.

71) Vgl. Semlinger (1989), S. 518.

In der nachfolgenden Abbildung 4 wird der Bedingungsrahmen der F&E-bezo-genen Make-or-Buy-Entscheidung im Überblick dargestellt.

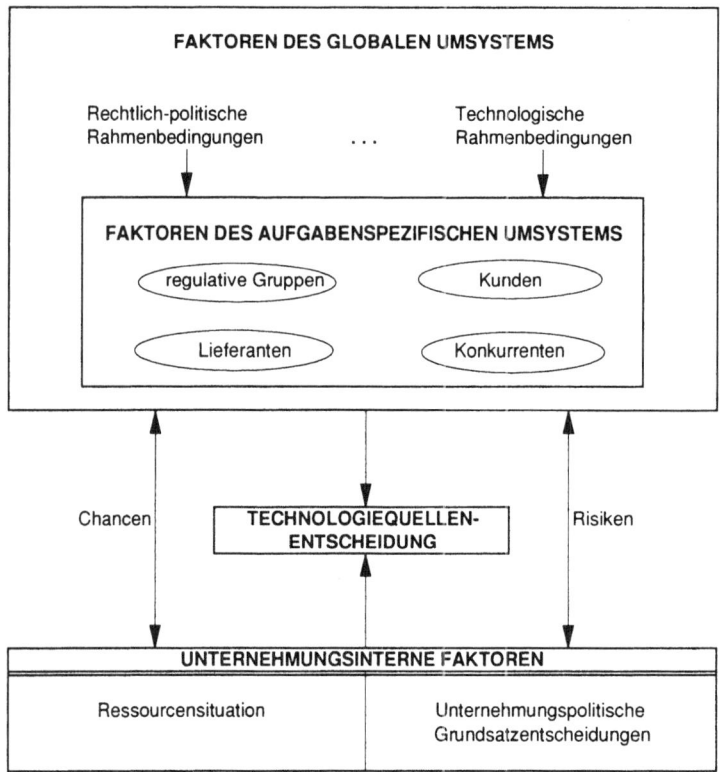

Abb. 4: Bedingungsrahmen der F&E-bezogenen Make-or-Buy-Entscheidung

Durch den Abgleich von Unternehmungs- und Umsystemfaktoren werden die Chancen und Risiken der unternehmerischen Betätigung evident. Diese bieten damit gleichzeitig die Grundlage für Gestaltungshinweise in bezug auf die im folgenden aufzuzeigenden Technologie- und F&E-Strategien, in deren Rahmen F&E-bezogene Make-or-Buy-Entscheidungen im weiteren einzuordnen sind.

3.3 Strategieinduzierte Gestaltungsbedingungen

Der "Structure-follows-Strategy"-These[72] folgend ist es Ziel der folgenden Ausführungen, die strategische Dimension der Technologiequellenentscheidung aufzuzeigen, damit diese im weiteren Verlauf der Arbeit bei der aus Gründen der Komplexitätsreduktion isoliert erfolgenden Darstellung der effizienzorientierten Auswahl alternativer Bereitstellungsformen technologischen Wissens zusammen mit den o.a. Kontextbedingungen sowie den unternehmungsinternen Bedingungen den notwendigen gedanklichen Rahmen bilden kann.

3.3.1 Technologiequellenentscheidung als strategische Entscheidung

Als Entscheidung wird eine bewußte und zumindest intendiert oder subjektiv rationale Wahl zwischen mehreren Alternativen bezeichnet[73], welche die Existenz einer Leitmaxime in Form von Zielen voraussetzt[74]. Strategische Entscheidungen, auch als echte Führungsentscheidungen bezeichnet[75], sind längerfristig gültige Grundsatzentscheidungen, die dem Aufbau und Erhalt von Potentialen dienen und somit den Rahmen für zukünftige detailliertere Entscheidungen bilden[76]. Gegenstand strategischer Entscheidungen ist die Festlegung der obersten Unternehmungsziele, die Wahl von Produkt/Markt-Bereichen, die Bestimmung der Wettbewerbsstrategie sowie die Gestaltung unternehmungsinterner Potentiale[77]. Entscheidungen über Bereitstellungswege zur

---

72) Diese auf Chandler zurückgehende These besagt, daß Organisationsstrukturen als Mittel zur Implementierung von zuvor getroffenen Strategieentscheidungen aufgefaßt werden. Vgl. Chandler (1962), S. 14. Auch F&E-bezogene Make-or-Buy-Entscheidungen sind als Strukturentscheidungen zu interpretieren, da das Ergebnis dieser Entscheidungen die F&E-Tiefe determiniert. Sie formen demnach die Makrostruktur der Unternehmung und beeinflussen dadurch gleichzeitig die als Mikrostruktur zu charakterisierende eigentliche Organisationsstruktur der Unternehmung. Deshalb sind auch F&E-bezogenen Make-or-Buy-Entscheidungen Strategieüberlegungen voranzustellen.

73) Vgl. z.B. Gäfgen (1974), S. 22; Witte (1993), Sp. 910. Zum Rationalitätsproblem menschlichen Handelns vgl. z.B. Gäfgen (1974), S. 26 ff. Intendierte Rationalität ist eine Konsequenz der Annahme beschränkter Rationalität, die auf Simon zurückgeht. Vgl. Simon (1957), S. 198 f.

74) Vgl. Kern (1972 a), S. 310.

75) Vgl. Gutenberg (1983), S. 134.

76) Vgl. Frese (1987), S. 117. Ausführlicher zu den wesensbestimmenden Merkmalen strategischer Entscheidungen vgl. z.B. Nuhn (1987), S. 7 und die dort angegebene Literatur.

77) Vgl. stellvertretend für andere Frese (1987), S. 117 f. Zwischen strategischen Entscheidungen und den internen Gestaltungsbedingungen bestehen also Wechselwirkungen.

Gewinnung technologischen Wissens sind insofern als strategische Entscheidungen zu charakterisieren[78], als daß sie die langfristige Technologieposition,
die Gestaltungsmöglichkeiten für die internen Potentiale und damit auch die
Wettbewerbsfähigkeit der Unternehmung nachhaltig und mit langfristiger Bin-
dungswirkung beeinflussen[79]. Solche Entscheidungen werden im Rahmen der
Strategischen Technologieplanung getroffen[80]. Somit ist die Rahmenentschei-
dung zwischen verschiedenen Technologiequellen im Gesamtkontext von Un-
ternehmungs-, Wettbewerbs-, Technologiestrategien und funktionsbereichsori-
entierten F&E-Strategien zu betrachten.

3.3.2 Wettbewerbs-, Technologie- und F&E-Strategien im Planungssystem der Unternehmung

Die Formulierung von Strategien vollzieht sich im Rahmen der strategischen
Planung als Kernstück der strategischen Unternehmungsführung, welche die
systematische Gestaltung der Zukunft der Unternehmung im Hinblick auf die
Schaffung und Erhaltung von Ertragspotentialen zum Ziel hat[81]. Diese Er-
tragspotentiale können auch als relative Wettbewerbsvorteile interpretiert wer-

---

Strategische Entscheidungen beeinflussen die zukünftigen internen Gestaltungsbedingungen und werden ihrerseits von den aktuellen internen Gestaltungsbedingungen beeinflußt.

78) Ausgeklammert aus der Betrachtung werden im folgenden sporadisch und kurzfristig
auftretende Entscheidungen über Technologiequellen, wie sie z.B. im Rahmen von
konkreten Projekten auftreten.

79) Zur Charakterisierung von Entscheidungen über Technologiequellen als strategische
Entscheidungen vgl. u.a. Berlien (1993), S. 75; Hauschildt (1989), S. 256;
Kupsch/Marr/Picot (1991), S. 1096; Rommel u.a. (1993), S. 95; Schmelzer (1992),
S. 85; Stock (1991), S. 642; Welker (1993), S. 42; Wolfrum (1991), S. 245 f.
Entscheidungen über die Leistungstiefe allgemein sind aufgrund ihrer langfristigen und
umfassenden Auswirkungen als strategische Entscheidungen zu kennzeichnen. Vgl.
Fischer (1993), S. 3; Picot (1992), S. 106; Porter (1992 a), S. 376. Vgl. auch Baur
(1990), S. 2 und die dort aufgeführte Literatur.

80) Vgl. Peiffer (1992), S. 54. Dabei wird im folgenden die Existenz externer Quellen und
auch ihre grundsätzliche Bereitschaft zum Technologietransfer vorausgesetzt. Wenn
keine Alternativen zur Wissensgewinnung durch interne F&E vorliegen würden, könnte
nach der oben angeführten Entscheidungsdefinition auch nicht von einer Entschei-
dungssituation ausgegangen werden.
Zu möglichen Anlässen für eine Entscheidung zwischen verschiedenen Technologiequellen vgl. z.B. Männel (1981), S. 29 ff.; Nuhn (1987), S. 53 ff.

81) Vgl. z.B. Hahn (1992), S. 3; Kreikebaum (1993), S. 26. Strategien sind als bewußt gewählte Ziel-Mittel-Kombinationen zu kennzeichnen. Zum Strategiebegriff, der in der Literatur uneinheitlich definiert ist, sowie seinen inhaltlichen Komponenten vgl. z.B. Ansoff
(1990), S. 43 f.; Hinterhuber (1992), S. 7 ff.; Hofer/Schendel (1978), S. 16 ff.; Kreikebaum (1993), S. 24 f.

den[82]. Als Teil der strategischen Planung ist die generelle Ziel- und Grundsatzplanung zu kennzeichnen[83], welche die obersten Sach-, Formal- und Sozialziele sowie die Unternehmungsgrundsätze festlegt[84]. In diesem Zusammenhang ist auch auf die Verwobenheit von Ziel- und Grundsatzplanung mit Unternehmungsphilosophie und -kultur zu verweisen[85].

3.3.2.1 Charakterisierung der Strategiearten

Nach dem Kriterium des organisatorischen Geltungsbereichs werden verschiedene Arten von Strategien unterschieden[86], die sich auf die unterschiedlichen

---

82)   "Relative Wettbewerbsvorteile sind Tätigkeiten, mit denen die Unternehmung ihren Produkten und/oder Dienstleistungen herausragende und auf Dauer haltbare Eigenschaften verleiht, die für die Abnehmer von größerem Wert sind als diejenigen der Konkurrenzprodukte." Hinterhuber (1992), S. 149 f. Porter identifiziert mit der Kostenführerschaft und der Differenzierung zwei Grundtypen von Wettbewerbsvorteilen. Vgl. Porter (1992 b), S. 21.

83)   Es ist umstritten, ob die Festlegung von obersten Unternehmungszielen Bestandteil der Strategieformulierung ist oder ob dies als der strategischen Planung vorgelagertes und damit separat zu thematisierendes Problem zu begreifen ist. Vgl. Frese (1987), S. 117. Zur Charakterisierung der generellen Zielplanung als eigenständiger Problembereich vgl. z.B. Hahn (1992), S. 5 sowie Arbeitskreis "Integrierte Unternehmungsplanung" (1986), S. 356. Als Teil der strategischen Planung wird die generelle Zielplanung z.B. von Frese aufgefaßt. Vgl. Frese (1987), S. 117. Den Befunden Hauschildts folgend, daß ein enger inhaltlicher und zeitlicher Zusammenhang zwischen Zielbildungsprozeß und Problemlösungsaktivitäten festzustellen ist, begleiten Zielbildungsaktivitäten den gesamten Prozeß der strategischen Planung und stehen nicht lediglich nur am Anfang der Planungen. Vgl. Hauschildt (1977), 153 ff. Deshalb wird im Rahmen dieser Arbeit die generelle Ziel- und Grundsatzplanung als Teil der strategischen Planung interpretiert.

84)   Vgl. Hahn (1992), S. 5; Hinterhuber (1992), S. 29. Der strategischen Planung nachgelagert ist die operative Planung. Vgl. Hahn (1992), S. 5. Zum Teil wird in der Literatur auch noch die taktische Planung als in der Hierarchie zwischen strategischer und operativer Planung angesiedelte Planungsebene thematisiert. Vgl. z.B. Kern (1992 a), S. 74.

85)   Die generelle Ziel- und Grundsatzplanung wird maßgeblich von der Unternehmungsphilosophie und -kultur geprägt. Vgl. u.a. Arbeitskreis "Integrierte Unternehmungsplanung" (1986), S. 355; Hinterhuber (1992), S. 33; Nuhn (1987), S. 82. Die strategische Entscheidung zwischen alternativen Bereitstellungswegen neuen technologischen Wissens ist "[...] in engem Zusammenhang mit den strategischen Grundpositionen und den verfolgten Unternehmensstrategien sowie dem Philosophien von Unternehmen zu sehen [...]" Hauschildt (1989), S. 256. So identifizieren Miles und Snow mit dem Defender-, dem Prospector-, dem Analyzer- und dem Reactortyp vier idealtypische strategische Grundhaltungen von Unternehmungen. Vgl. dazu im einzelnen Miles/Snow (1986), S. 38 ff.

86)   Vgl. hierzu und zu anderen Einteilungsmöglichkeiten von Strategien in Abhängigkeit von unterschiedlichen Kriterien Kreikebaum (1993), S. 52.

hierarchischen Ebenen der strategischen Unternehmungsplanung beziehen und die von der Ergebnis- und Finanzplanung überlagert werden[87].

Die **Gesamtunternehmungsstrategie** bestimmt Art und Richtung der Unternehmungsentwicklung und legt die grundsätzlichen Betätigungsfelder in Form von Märkten, Marktsegmenten oder Marktnischen sowie die Gesamtheit der strategischen Geschäftsfelder fest[88]. Außerdem werden im Rahmen der Gesamtunternehmungsstrategie u.a. die Koordination der hierarchisch niedriger angesiedelten Strategiearten unter Aspekten der Synergienutzung und Ressourcenbeschaffung sowie -allokation gewährleistet sowie die technologische Grundausrichtung festgelegt[89].

Auf der Ebene der einzelnen strategischen Geschäftsfelder[90] werden die eigentlichen **Wettbewerbsstrategien** formuliert, d.h. hier erfolgt die Auswahl der Zielgruppen und der Art des anzustrebenden Wettbewerbsvorteils[91]. Dabei zielt die Wettbewerbsstrategie darauf ab, die Position der Unternehmung im Branchenwettbewerb zu schützen oder auszubauen[92].

Funktionalstrategien beziehen sich schließlich auf die Ebene der Funktionsbereiche. Eine F&E-Strategie ist demnach eine auf den F&E-Bereich in der Unternehmung ausgerichtete Strategie, die die spezifischen Wettbewerbsstrategien durch gezielte F&E-Aktivitäten ausgestalten und umsetzen soll[93].

---

87) Vgl. Hahn (1992), S. 5 f. Zu den Ebenen der strategischen Unternehmungsplanung vgl. z.B. Wolfrum (1991), S. 34 ff. Diese idealtypisch nach Ebenen abgeschichtete Darstellung darf nicht über die de facto existierenden Interdependenzen zwischen den Ebenen und die daraus resultierenden vertikalen und horizontalen Abstimmungsbedarfe hinwegtäuschen.

88) Vgl. Hinterhuber (1992), S. 162.

89) Vgl. Wolfrum (1991), S. 35.

90) Zum Begriff des Geschäfts- oder Produktfeldes vgl. z.B. Kern (1992 a), S. 125. Organisatorischen Niederschlag finden strategische Geschäftsfelder in strategischen Geschäftseinheiten. Vgl. Wolfrum (1991), S. 21.

91) Vgl. z.B. Wolfrum (1991), S. 35; Simon (1993), Sp. 4696. Zum Begriff der Wettbewerbsstrategie und den entsprechenden drei Strategietypen Kostenführerschaft, Differenzierung und Konzentration auf Schwerpunkte vgl. Porter (1992 a), S. 62 ff.

92) Vgl. Porter (1992 a), S. 26. Der Branchenwettbewerb wird nach Porter wesentlich durch die Verhandlungsstärke der Lieferanten, die Bedrohung durch Ersatzprodukte und -dienste, die Verhandlungsmacht der Abnehmer, die Bedrohung durch neue Konkurrenten sowie die Rivalität zwischen den schon bestehenden Unternehmungen determiniert. Vgl. Porter (1992 a), S. 26.

93) Vgl. Wolfrum (1991), S. 36. Je nach der unternehmungsspezifischen Bedeutung ist F&E unterschiedlich intensiv in die strategische Planung zu integrieren. Vgl. dazu die vier Idealtypen bei Stock (1990), S. 105.

Technologiestrategien überlagern dieses Raster in zweierlei Hinsicht. Zum einen sind sie bei Unternehmungen, in deren Branche technologisches Wissen ein wichtiger Wettbewerbsfaktor ist[94], wesentlicher Teil der geschäftsfeldbezogenen Wettbewerbsstrategien[95]. Zum anderen bewirken sie "[...] die adäquate Koordination von Funktionsbereichsstrategien auf Geschäftsfeldebene und zwischen Geschäftsfeldern [...]"[96].

3.3.2.2 Zum Verhältnis von Technologie- und F&E-Strategie

Resultierend aus den vorstehenden Ausführungen und analog zur Abgrenzung von F&E- und Technologiemanagement wird die F&E-Strategie im Rahmen dieser Arbeit als der Teil der umfassenderen Technologiestrategie verstanden[97], der speziell auf den unternehmungsinternen Funktionsbereich F&E ausgerichtet ist[98]. "Forschung und Entwicklung sind die Grundlage und die operative Ausgestaltung der Technologiestrategie."[99] Die Technologiestrategie kann somit

---

94) Zum Zusammenhang zwischen Technologie und Branchenstruktur vgl. z.B. Porter (1992 b), S. 229 ff.; Wolfrum (1991), S. 46 ff.; Stock (1990), S. 109 ff.

95) Vgl. z.B. Wolfrum (1991), S. 68; Porter (1992 b), S. 234. Neues technologisches Wissen bildet die Basis von Wettbewerbsvorteilen, falls es die relative Kostenposition einer Unternehmung verbessert oder neuartige Differenzierungsmöglichkeiten schafft. Vgl. Porter (1992 b), S. 225. Zu weiteren möglichen Wettbewerbsdimensionen, die die Wettbewerbsstrategie entscheidend prägen können, vgl. z.B. Zörgiebel (1983), S. 83 f.; Perillieux (1987), S. 19.

96) Wolfrum (1991), S. 49.

97) In der Literatur erfolgen die Verwendung der Begriffe Technologiestrategie und F&E-Strategie sowie ihre Abgrenzung gegeneinander entweder überhaupt nicht oder aber sehr uneinheitlich. In der 'klassischen' F&E-orientierten Literatur wird unter Rückgriff auf Unternehmungs-, Geschäftsfeld- und Funktionsbereichsplanung als traditionellen Ebenen der strategischen Planung nicht auf Wettbewerbs- und Technologiestrategien rekurriert, sondern es werden ausschließlich F&E-Strategien thematisiert. Vgl. z.B. Brockhoff (1992), S. 128 ff. Der andere Teil der Literatur, der meist stark vom wettbewerbsstrategischen Gedankengut Porters geprägt ist, operiert dagegen fast ausschließlich mit Technologiestrategien und ihrer wettbewerbsstrategischen Relevanz, oft ohne die Aussagen in bezug auf F&E zu konkretisieren. Diese Feststellung trifft auch Stock. Vgl. Stock (1990), S. 88. Vgl. stellvertretend für andere Arbeiten zum Technologiemanagement Wolfrum (1991).

98) Technologisches Wissen tritt innerhalb einer Unternehmung nicht nur im F&E-Bereich auf, sondern beeinflußt fast jede Wertaktivität in der Wertkette. Vgl. Porter (1992 b), S. 221 f.

99) Saad/Roussel/Tiby (1993), S. 31.

als Bindeglied zwischen der Wettbewerbsstrategie und der F&E-Strategie interpretiert werden[100].

Aufgabe der F&E-Strategie als dem auf den Funktionsbereich F&E abge-
stimmten Teil der Technologiestrategie ist es, die langfristigen strategischen
Unternehmungsziele durch strategiekonforme F&E-Aktivitäten zu unterstützen[101]. Die F&E-Strategie determiniert die Grundstruktur der F&E-Funk-
tion[102].

Isoliert betrachtet sind speziell im Hinblick auf die Frage der F&E-bezogenen
Make-or-Buy-Entscheidung im Zusammenspiel von F&E-Strategie und Technologiestrategie simultan Entscheidungen über folgende Sachverhalte zu treffen[103].

Die **Gebiete** (wo?), auf denen Eigen-F&E oder Fremd-F&E erwogen wird, sind
festzulegen. Der **Umfang** oder die Intensität (wieviel?) von Eigen-F&E und/oder
Fremd-F&E ist zu bestimmen. Damit einhergehend muß über die **Form der
Einbindung** (wie?) externer F&E-Potentiale entschieden werden. Die F&E-
Strategie muß also zum einen die F&E-Breite, was der Frage nach den Gebie-
ten entspricht, und zum anderen die F&E-Tiefe festlegen, was die Frage nach
dem Umfang beinhaltet[104]. Die Frage nach der Form der Einbindung externer
F&E-Potentiale resultiert direkt aus diesen Entscheidungsfeldern.

Zusammenfassend zeigt die folgende Abbildung 5 vereinfacht die Einordnung
von Technologie- und F&E-Strategie in das strategische Planungssystem auf.

---

100) Von manchen Autoren werden Technologiestrategien als Teil der Wettbewerbsstrategie
auch als technologieorientierte Wettbewerbsstrategien oder technologiebezogene Innovationsstrategien bezeichnet. Vgl. zum Erstgenannten z.B. Link/Bauer (1989), S. 57;
Perillieux (1987), S. 20; Zörgiebel (1983), S. 94. Vgl. zum Letztgenannten u.a. Stock
(1990), S. 98 ff.

101) Vgl. Brecht (1991), S. 78 f. F&E-Strategien sind geordnete "[...] Gesamtheiten zielorien-
tierter Verhaltensregeln für die Forschungs- und Entwicklungtätigkeit [...]"
Kern/Schröder (1977), S. 39.

102) Vgl. Brecht (1991), S. 78. Entscheidungsfelder im Rahmen der F&E-Strategie sind z.B.
die Frage nach der organisatorischen Zentralisierung oder Dezentralisierung von F&E-
Aktivitäten und in Verbindung damit Fragen der nationalen und insbesondere globalen
F&E-Standortwahl. Vgl. dazu Brecht (1991), S. 79. Des weiteren ist auch das Verhältnis
zwischen permanenten und temporären F&E-Strukturen zu bestimmen. Vgl. z.B. Hauschildt (1989), S. 259. Vgl. zu einzelnen Komponenten von programmbezogenen F&E-
Strategien auch die Übersicht bei Kern/Schröder (1977), S. 88 f. Zu einer pragmati-
schen Auflistung der Kennzeichen der F&E-Strategie vgl. EIRMA (1986), S. 10.

103) Vgl. ähnlich Corsten (1982), S. 458.

104) Vgl. Stock (1990), S. 146.

55

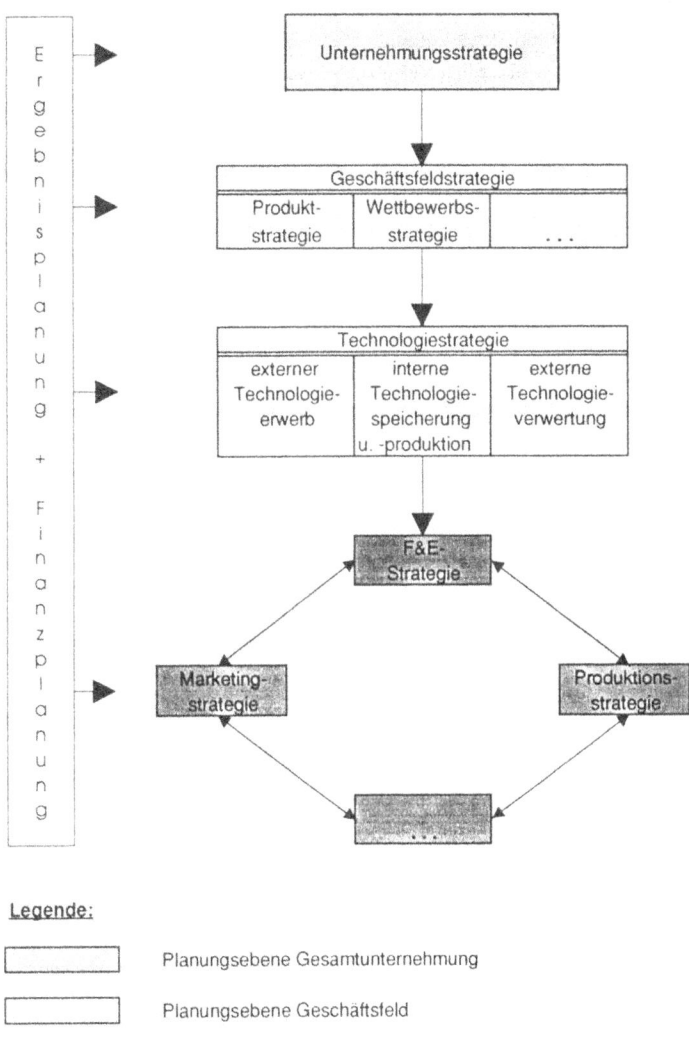

Abb. 5: Technologie- und F&E-Strategie im strategischen Planungssystem

3.3.3 Technologiestrategien und Technologiequellenentscheidung

Explizit formulierte Technologiestrategien zielen auf die Ausnutzung der technologischen Fähigkeiten der Unternehmung bzw. des strategischen Geschäftsfeldes ab, um so das Erreichen technologiebedingter strategischer Wettbewerbsvorteile sicherzustellen[105]. Technologiestrategien treffen Aussagen darüber, welche Technologie aus welcher Quelle wann auf welchem Leistungsniveau und zu welchem Zweck genutzt werden soll[106]. Sie umfassen demnach neben Entscheidungen über Technologiequellen diverse andere Entscheidungsfelder wie z.B. die Verwertung des technologischen Wissens, die Zeitpunkte der marktlichen Verwertung von Innovationen sowie die Generierung des erforderlichen technologischen Wissens[107]. Im folgenden wird aber lediglich der Zusammenhang zwischen der F&E-bezogenen Make-or-Buy-Entscheidung und Technologiestrategien betrachtet.

3.3.3.1 Transferobjektspezifische Merkmale als Basis der Formulierung von Technologiestrategien

Ausgangspunkt der Formulierung von Technologiestrategien sind Merkmale des potentiellen Transferobjektes technologisches Wissen, wobei im folgenden ohne Anspruch auf Vollständigkeit die am häufigsten genannten Merkmale vorgestellt werden[108].

Ein unternehmungsspezifisch zu bestimmendes Merkmal von Technologien ist deren **Bedeutung für die eigene Wettbewerbsfähigkeit**[109]. Die Bedeutung

---

105) Vgl. Wolfrum (1991), S. 73. Die Technologiestrategie kann dabei für die ganze Unternehmung einheitlich oder aber unterschiedlich für die einzelnen strategischen Geschäftsfelder formuliert werden. Vgl. Wolfrum (1991), S. 25.

106) Vgl. Wolfrum (1991), S. 72. Zeitlich vor der Formulierung von Technologiestrategien erfolgt die "[...] Identifikation der potentiellen Auswirkungen des technologischen Wandels auf die Branchenstruktur, die gesamte Umweltsituation eines Unternehmens oder auf das betreffende Unternehmen bzw. dessen Geschäftsfelder selbst." Wolfrum (1991), S. 69.

107) Vgl. Wolfrum (1991), S. 245 f.

108) Zu einer etwas modifizierten Einteilung dieser sog. technologischen Variablen vgl. Deschoolmeester/Moenaert (1993), S. 58 f. sowie Moenaert et al. (1990), S. 300 f.

109) Vgl. Kreilkamp (1987), S. 80. Dabei sind Entwicklungsaspekte von Technologien zu beachten, weil Technologien dynamisch sind und ihre wettbewerbsstrategische Bedeutung im Zeitablauf veränderlich ist. Vgl. Kreilkamp (1987), S. 80; Perillieux (1987), S. 46; Wolfrum (1991), S. 97 ff.

einer Technologie für eine Unternehmung ist als hoch einzustufen, wenn diese Technologie Auswirkungen auf kritische Leistungsmerkmale der durch ihren Einsatz zu erzeugenden Produkte und/oder auf Kostenstrukturen hat, und sie somit aktueller oder zukünftiger 'Kernbereich' der eigenen technologischen Kompetenz ist[110]. Je 'kritischer' die Technologie für die eigene Wettbewerbsfähigkeit ist, "[...] desto wichtiger ist es für das betroffene Unternehmen, sich den Zugang zu dieser Technologie zu sichern [...], die Weiterentwicklung dieser Technologie (auch gegen den Willen anderer) selbst beeinflussen und steuern zu können, desto wichtiger aber auch schwieriger und damit kostenintensiver ist es, Zugang zur - und Kontrolle über - diese Technologie außerhalb der eigenen Unternehmung sicherzustellen und auf Dauer zu gewährleisten."[111] F&E-bezogene Make-or-Buy-Entscheidungen werden durch solche Überlegungen insofern direkt beeinflußt, als daß bevorzugt solche Technologiequellen ausgewählt werden, die eine ausgeprägte Kontrolle und Steuerung der Wissensbeschaffung und ihre Geheimhaltung durch die Unternehmung ermöglichen[112].

Weiteres technologieinhärentes Merkmal ist der **Diffusions- oder Verbreitungsgrad** des technologischen Wissens. Je verbreiteter das technologische Wissen ist, um so wahrscheinlicher ist bei dessen Beschaffung der Rückgriff auf unternehmungsexterne Quellen. Dies ist damit zu begründen, daß zahlreiche potentielle Quellen verfügbar sind, die Abhängigkeitsgefahr von einer einzelnen Quelle aufgrund der Ausweichmöglichkeiten relativ gering ist sowie die Wahrscheinlichkeit einer Abschöpfung von Monopolrenten bei Eigen-F&E mit zunehmendem Diffusionsgrad sinkt[113].

Auch der **Reifegrad** des gesuchten technologischen Wissens beeinflußt Technologiequellenentscheidungen. Der Reifegrad ist dann hoch, wenn die Weiterentwicklungen und Verbesserungen im Verlauf des Diffusionsprozesses ge-

---

110) Vgl. Kreilkamp (1987), S. 80. Ein Beispiel für eine 'kritische' Technologie ist etwa die Quarzsteuerung für die Uhrenindustrie. Vgl. Herden (1992), S. 66, Fn. 128. Zur Identifizierung und Bewertung von Kerntechnologien vgl. Jaensch (1992), S. 526 f.
Diese Überlegung spiegelt die aus der Diskussion um Technologie-Portfolios bekannte Dimension der 'Technologieattraktivität' wider, die u.a. durch die Indikatoren Weiterentwicklungspotential, Anwendungsbreite und Kompatibilität zu konkretisieren versucht wird. Vgl. Pfeiffer/Dögl (1992), S. 260.

111) Herden (1992), S. 66.

112) Eigene F&E, aber auch technologieorientierte Unternehmungsakquisitionen sind z.B. Institutionalisierungsformen solcher Technologiequellen.

113) Vgl. Herden (1992), S. 64 f.

ring sind[114]. Bei geringem Reifegrad der Technologie ist ein Anreiz zur Eigen-F&E gegeben, da die Anzahl der zur Verfügung stehenden Bezugsquellen tendenziell gering ist und erfolgreiche Eigen-F&E die Schaffung von Monopolsituationen mit den daraus entstehenden Vorteilen ermöglichen kann[115].

Der **Grad der Vertrautheit** mit der Technologie ist ein weiteres Merkmal, welches auf F&E-bezogene Make-or-Buy-Entscheidungen einwirken kann[116]. Der Grad der Vertrautheit mit den in ein Produkt eingehenden Technologien ist entgegengesetzt zum Grad des technologischen Risikos[117]. Die Wirkung auf Technologiequellenentscheidungen erscheint allerdings offen. Zum einen ist anzunehmen, daß bei hohem Grad an Vertrautheit mit der Technologie, der ein hohes Maß an unternehmungsspezifischem Know how auf diesem Gebiet impliziert, einer internen Weiterentwicklung der Vorzug vor externer Wissensbeschaffung gegeben ist. Dies könnte dann zutreffen, wenn die betrachtete Unternehmung eine Monopolsituation bezüglich dieses Wissens innehat und diese zukünftig weiter ausbauen und ausnutzen will. Zum anderen aber kommen auch externe Formen technologischer Wissensbeschaffung in Betracht, wenn z.B. mehrere Unternehmungen der Branche mit der Technologie in hohem Maße vertraut sind. Begründet werden kann dies damit, daß bei hohem Vertrautheitsgrad die Kontrolle und Steuerung der externen Technologiequellen und damit das Verhindern opportunistischen Verhaltens der Partner tendenziell leicht fallen dürfte.

Die konkreten Ausprägungen dieser Merkmale des potentiellen Transferobjekts prägen zusammen mit der aktuellen Ressourcensituation die Technologieposition der Unternehmung[118]. Die Ist-Technologieposition ist Abbild der realisierten oder umgesetzten technologischen Kompetenz einer Unternehmung, wobei die technologische Kompetenz die Fähigkeiten sowie das Know how der

---

114) Vgl. Herden (1992), S. 65 und Rotering (1990), S. 134. Der Reifegrad zielt als Ergebnis der Analyse der Entwicklung von Technologien im Zeitablauf auf ihre Stellung im Technologielebenszyklus ab. Einen kritischen Überblick über Technologielebenszyklus-Konzepte bietet z.B. Perillieux (1987), S. 30 ff.

115) Vgl. Herden (1992), S. 65. Zur Bedeutung des Reifegrades speziell bei F&E-Kooperationen in Abhängigkeit von Branchen und Unternehmungsgrößen vgl. die Ergebnisse der empirischen Untersuchung von Rotering (1990), S. 134 ff.

116) Vgl. Roberts/Berry (1985), S. 3 ff. und Brockhoff (1992), S. 119 ff.

117) Vgl. Brockhoff (1992), S. 119.

118) Allgemein zur Technologieposition und den sie kennzeichnenden Merkmalen vgl. Saad/Roussel/Tiby (1993), 87 ff. Schritte und Instrumente zur Ermittlung der technologischen Position der Unternehmung zeigt z.B. Nuhn auf. Vgl. Nuhn (1987), S. 94 ff.

Entwicklung neuer Technologien und die Fähigkeit zu deren Umsetzung in neue Produkte umfaßt[119]. Der Ist-Technologieposition ist die Soll-Technologieposition gegenüberzustellen. Diese wird durch das Technologie**potential** determiniert, welches auch als technologische Leistungsfähigkeit bezeichnet werden kann[120]. Die Ist- und Soll-Technologieposition wird anhand zwei- oder mehrdimensionaler Technologie-Portfolios mit Kriterien wie Technologie-Attraktivität, Ressourcenstärke u.a. bestimmt, die sich wiederum aus mehreren unterschiedlichen Einzelkriterien zusammensetzen[121].

3.3.3.2 Ansätze zur Ableitung von Technologiestrategien

Es existiert eine Vielfalt möglicher Ansätze zur Ableitung von Technologiestrategien[122]. Im folgenden wird exemplarisch der Ansatz von Perillieux[123] in Verbindung mit dem Ansatz von Porter[124] herausgegriffen, da hier die weitverbreitete idealtypische Unterscheidung zwischen Führer- und Folgerstrate-

---

119) Vgl. Zörgiebel (1983), S. 117. "Wichtiges Kriterium für die Höhe der technologischen Kompetenz eines Unternehmens ist die Differenz der technologischen Know-how-Basis zu der von Wettbewerbern, sowie vor allem die Geübtheit der Technologieentwicklung und Anwendung in Produkten. Die Höhe technologischer Kompetenz determiniert den Grad der Verpflichtung eines Unternehmens zu Aktivitäten in Forschung, Entwicklung oder Konstruktion. [...]" Zörgiebel (1983), S. 117.

120) Zum Begriff des technischen Potentials vgl. z.B. Schumann (1985), S. 50, Fn. 18. Maßstab für die technologische Leistungsfähigkeit einer Unternehmung bezüglich einer Technologie kann die Distanz zum augenblicklichen Stand der Technik im untersuchten Technologiebereich sein. Demnach sind dann Technologieführerschaft und -folgerschaft oder -präsenz zu unterscheiden. Vgl. Wolfrum (1991), S. 252. Zur Bestimmung des Technologiepotentials vgl. z.B. auch Seeser (1990), S. 76 ff.

121) Zu Technologie-Portfolios vgl. stellvertretend für viele andere Pfeiffer u.a. (1991), S. 77 ff.

122) Ansätze zur Ableitung von Technologiestrategien, die zum Teil aufeinander aufbauen, bieten z.B. Ansoff/Stewart (1967), S. 71 ff.; Maidique/Patch (1982), S. 273 ff.; Perillieux (1987), S. 168; Porter (1992 b), S. 234 ff.; Sommerlatte/Deschamps (1985), S. 62 f.; Zahn (1986), S. 35 ff.; Zörgiebel (1983), S. 109 ff. Einen Überblick über ausgewählte Ansätze geben z.B. Perillieux (1987), S. 120 ff. und Wolfrum (1991), S. 225 ff. Die Ansätze unterscheiden sich im einzelnen v.a. durch die Inhalte und Anzahl der Dimensionen, aus deren Kombination dann konkrete Technologiestrategien abgeleitet werden. So leiten z.B. Specht und Zörgiebel acht unterschiedliche Technologiestrategien aus der Kombination der jeweils zweidimensionalen Ausprägungen der drei Merkmale 'Timing des Markteintritts', 'Grad der Markterfassung' und 'Standardisierungsgrad' ab. Vgl. Specht/Zörgiebel (1985), S. 162 ff.

123) Vgl. Perillieux (1987), insbesondere S. 20 f. und 168. Die Überlegungen von Perillieux stützen sich außerdem wesentlich auf die Gedanken von Porter. Vgl. Porter (1983), S. 1 ff.

124) Vgl. Porter (1983), S. 12 ff.

gien[125] differenziert behandelt wird und über den Ansatz von Porter eine Einbindung in wettbewerbsstrategisches Denken erfolgt.

Beruhend auf einem prozeßbezogenen Innovationsverständnis i.w.S. führt Perillieux die idealtypischen technologiestrategischen Optionen auf die beiden Dimensionen 'Zeitpunkt des Markteintritts' und 'Zeitpunkt der Invention' zurück[126]. Porter wählt ebenfalls die Dimension 'Zeitpunkt des Markteintritts'. Die zweite von ihm gewählte Dimension ist die 'Technologieposition' der betrachteten Unternehmung, wobei er als Bezugspunkt für die Technologieposition den vom Führer auf dem Markt etablierten technischen Standard wählt[127]. Die Inventionsdimension, die Perillieux unter Dominanz zeitlicher Aspekte als ein Hauptkriterium für die Ableitung von Technologiestrategien betrachtet, korreliert bei einer über Zeitaspekte hinausgehenden Betrachtung positiv mit der von Porter als zweite Dimension gewählten Technologieposition einer Unternehmung. Dies ist dahingehend zu begründen, daß neben zeitlichen Aspekten wie etwa dem Zeitraum bis zur Markteinführung auch z.B. die Stabilität des Know how-Schutzes des technologischen Wissens das Technologiepotential einer Unternehmung entscheidend prägt[128].

Die nachstehende Abbildung 6 gibt die aus der Kombination der genannten Dimensionen sowie ihren Ausprägungen resultierende Systematisierung von Technologiestrategien wider[129].

---

125) So thematisieren z.B. auch Ansoff und Stewart verschiedene Ausprägungen von Führer- und Folgerstrategien. Vgl. Ansoff/Stewart (1967), S. 81 ff.

126) Vgl. zu diesem und zu folgendem Perillieux (1987), S. 20 f., 120 ff. und 168 f. In der Literatur finden sich für die beiden Dimensionen auch die Bezeichnungen 'Innovationstiming' bzw. 'Inventionstiming'. Vgl. z.B. Wolfrum (1991), S. 245. In bezug auf die Innovationsdimension differenziert Perillieux weiterhin den Folger noch in einen frühen und einen späten Folger. Vgl. Perillieux (1987), S. 168.

127) Vgl. Porter (1983), S. 27; Perillieux (1987), S. 153.

128) Vgl. z.B. Servatius (1988), S. 222 f.

129) Zu Häufigkeiten und Erfolgsquoten der einzelnen Strategien vgl. die Ergebnisse einer empirischen Untersuchung in der Maschinenbauindustrie bei Perillieux (1991), S. 37 f.

INVENTION (F&E) / INNOVATION (MARKTEINTRITT)	FÜHRER	FOLGER
FÜHRER	Führerstrategie (Inventions- und Innovationsführer)	Mischstrategie II
FOLGER	Mischstrategie I	Folgerstrategie (Inventions- und Innovationsfolger)

Abb. 6: Technologiestrategien

Quelle: in Anlehnung an Perillieux (1987), S. 21.

Der Inventionsführer beendet als erster "[...] die Inventionsphase mit der Erstellung eines technisch funktionsfähigen Prototyps [...]"[130], d.h. der Zeitpunkt der Realisierung der Anwendungsreife einer Technologie wird als Kriterium herangezogen[131]. Der Inventionsführer hat somit gegenüber dem Inventionsfolger den generellen Vorteil, daß ihm hinsichtlich des Markteintrittszeitpunktes noch beide Optionen offenstehen[132].

Der Innovationsführer kommt als erster mit einer Neuheit auf den Markt. Hier ist der Zeitpunkt der Verwertung einer Technologie das Klassifizierungskriterium[133].

Eine Technologieführerstrategie wird also verfolgt, wenn die Unternehmung Inventions- und zugleich Innovationsführerschaft anstrebt. Entsprechendes gilt mit umgekehrten Vorzeichen für die Technologiefolgerstrategie.

Die Mischstrategie I ist in der Form denkbar, daß der Inventionsführer andere Unternehmungen die entsprechenden Märkte aufbauen läßt, in denen das neue

---

130) Perillieux (1987), S. 20.
131) Vgl. Wolfrum (1991), S. 269.
132) Vgl. Perillieux (1989), S. 26.
133) Vgl. Wolfrum (1991), S. 269.

technologische Wissen Anwendung finden kann[134]. Der Inventionsführer nutzt dann diese Strukturen mit verringerten und leichter abschätzbaren Risiken und kann den eventuell doch noch vorhandenen technologischen Vorsprung dergestalt umsetzen, daß er an den Schwachstellen der Innovationsführer ansetzt, indem er diese über "die Errichtung eines 'Brückenkopfes'"[135] auszuschalten versucht[136].

Die theoretisch denkbare Kombination aus Inventionsfolger und Innovationsführer (Mischstrategie II) erscheint wenig realistisch, da eine Unternehmung erst dann mit in Produkten verkörpertem neuem technologischem Wissen auf den Markt kommen kann, wenn sie - durch eigene F&E oder über externe Quellen - in den Besitz dieses Wissens gelangt ist. Nur für den Fall, daß eine andere Unternehmung auf einem Randgebiet ihrer eigentlichen Tätigkeit eine 'Zufallserfindung' macht, an deren eigener Verwertung sie kein Interesse hat[137], kann der Inventionsfolger die Rechte daran erwerben und dann als Innovationsführer auf den Markt gehen.

Jede dieser Technologiestrategien kann die unterschiedlichen Wettbewerbsstrategien der Differenzierung, Kostenführerschaft oder Fokussierung unterstützen[138].

Da Untersuchungen ergeben haben, daß Inventionsführer meist zugleich auch als Innovationsführer und Inventionsfolger überwiegend auch gleichzeitig als Innovationsfolger auftreten[139], werden im folgenden aufgrund ihrer Relevanz nur diese 'reinen' Strategietypen Führer- und Folgerstrategie als Haupttypen

---

134) Mögliche Gründe für ein solches Verhalten können in verringerten oder entfallenden Markterschließungskosten liegen oder in dem Bestreben, seinen eigenen, auf dem Markt etablierten Produkten noch keine Konkurrenz machen zu wollen und somit den sog. 'Kannibalisierungseffekt' zu vermeiden. Vgl. Perillieux (1989), S. 25.

135) Drucker (1985), S. 323.

136) Drucker bezeichnet dies als 'Strategie des unternehmerischen Judo'. Vgl. Drucker (1985), S. 324. Hier versucht der Innovationsfolger also, die für den Innovationsführer z.B. in Form von Unsicherheit über die Akzeptanz von neuen Produkten auftretenden Probleme für sich auszunutzen. Vgl. Porter (1983), S. 28 und Drucker (1985), S. 322 ff. Als Ergebnis einer empirischen Untersuchung hat sich sogar gezeigt, daß Unternehmungen, die diese Mischstrategie verfolgten, die höchste Innovationserfolgsquote aufwiesen. Vgl. Perillieux (1989), S. 26.

137) In diesem Zusammenhang ist der sog. Serendipitäts-Effekt zu nennen. Dieser bezeichnet den Sachverhalt, "[...] daß Erfindungen durch das Zusammentreffen bestimmter Faktoren zufällig gemacht werden." Kupsch/Marr/Picot (1991), S. 1073.

138) Vgl. Porter (1983), S. 13.

139) Vgl. Perillieux (1989), S. 25.

von Technologiestrategien betrachtet und in Beziehung zu den Technologie-quellen gesetzt[140].

3.3.3.3 Beziehung zwischen Technologiestrategien und Technologie-quellen

Entscheidet sich eine Unternehmung für eine Führerstrategie, so ist damit ten-denziell eine Entscheidung für eine ausgeprägte unternehmungsinterne F&E gefallen[141]. Die Gründe dafür liegen vor allem in der Kontrollierbarkeit des F&E-Prozesses, in der Ausrichtung auf unternehmungsspezifische Bedürfnisse und in der hierdurch begünstigten Geheimhaltungsmöglichkeit, die mit der ex-klusiven Verfügungsgewalt über die erzielten Ergebnisse einhergeht[142]. Die Führerstrategie kann dabei sowohl mit einer auf Kostenführerschaft als auch mit einer auf Differenzierung ausgerichteten Wettbewerbsstrategie vereinbart wer-den[143].

Die Entscheidung für die Verfolgung einer Folgerstrategie impliziert tendenziell die verstärkte Inanspruchnahme externer Technologiequellen[144], wenn auch ein gewisses Maß an interner F&E unverzichtbar bleibt, um die notwendigen unternehmungsindividuellen Anpassungen und die Kontrolle über die Qualität der fremdbezogenen F&E-Leistungen zu gewährleisten[145]. Allerdings kann eine Folgerstrategie auch über verstärkte interne F&E mit dem Ziel der Imitation

---

140) Dies entspricht auch der in der Literatur oft anzutreffenden Einteilung von Technologie-strategien nach dem Kriterium des Zeitpunktes der Einführung neuer Produkte in den Markt in Technologiefolger- und -führerstrategien, wobei meist allerdings noch ein zwei-tes Kriterium wie z.B. strategische Marktorientierung (segmentspezifisch vs. bran-chenweit) hinzukommt. Vgl. z.B. Perillieux (1987), S. 120 ff.; Zörgiebel (1983), S. 109 ff.; Stock (1991), S. 617.

141) Vgl. z.B. Perillieux (1987), S. 130; Schneider/Zieringer (1991 a), S. 139 f.; Wolfrum (1991), S. 338 f. Die Kombination mit einer Kooperationsstrategie z.B. in Form von Auf-tragsforschung auf Randgebieten ist dennoch denkbar, v.a. um die Zeitspanne bis zum Erzielen eigener verwertbarer Ergebnisse zu verkürzen. Vgl. dazu auch Perillieux (1987), S. 132; Schneider/Zieringer (1991 a), S. 141.

142) Vgl. z.B. Michel (1987), S. 96; Perillieux (1987), S. 131; Stock (1990), S. 148.

143) Vgl. Wolfrum (1991), S. 272. Der Fall der segmentspezifischen Differenzierung oder auch Kostenführerschaft im Sinne Porters entspräche dann einer Kombination aus Füh-rer- und Nischenstrategie.

144) Vgl. u.a. Perillieux (1987), S. 130; Schneider/Zieringer (1991 a), S. 146.

145) Vgl. z.B. Schneider/Zieringer (1991 a), S. 145; Wolfrum (1991), S. 340.

oder Modifikation schon vorhandener technologischer Realisierungsmöglich-
keiten durchgesetzt werden[146].

Die hier kurz und in ihren extremen Ausprägungen angedeuteten tendenziellen
Zusammenhänge zwischen Technologiestrategien und -quellen sollen dafür
sensibilisieren, daß die im folgenden isoliert betrachtete Technologiequellenentscheidung nur ein Teilbereich der Technologiestrategie ist, welche wiederum im
schon aufgezeigten gesamtstrategischen Kontext eingebettet zu betrachten ist.
Dieser Teilbereich setzt dann im Zusammenspiel mit den anderen technologiestrategischen Entscheidungsfeldern die Rahmenbedingungen für die internen
funktionsbereichsbezogenen F&E-Aktivitäten, die sich in der F&E-Strategie als
Teilbereich der Technologiestrategie manifestieren. Außerdem ist an dieser
Stelle nochmals der Einfluß der Kontextbedingungen sowie der unternehmungsinternen Gestaltungsbedingungen auf Technologiequellenentscheidun-
gen hervorzuheben, wobei sich aus dem Abgleich der externen und internen
Bedingungen Optionen und Restriktionen für die Ausgestaltung der Technolo-
gie- und F&E-Strategien ergeben (siehe dazu Abb. 4, S. 48).
Diese Verwobenheit der F&E-Strategie mit den anderen Problemkreisen im
Rahmen der Technologiestrategie und darüber hinaus mit den oben aufgezeig-
ten anderen Entscheidungen strategischer Art sowie den externen und internen
Gestaltungsbedingungen ist immer zu bedenken, wenn auch im folgenden aus
Gründen der Komplexitätsreduktion eine isolierte Analyse der F&E-bezogenen
Make-or-Buy-Entscheidung vorgenommen wird.

---

146)   Vgl. Stock (1990), S. 148.

4 Gestaltungsalternativen für die F&E-bezogene Make-or-Buy-Entscheidung

Grundlegend für die folgenden Ausführungen ist die Ausgangsannahme, daß die betrachtete Unternehmung beabsichtigt, ihre zur Erstellung von neuem technologischem Wissen erforderlichen Aktivitäten in ökonomisch effizienter Weise zu koordinieren[1]. Koordinationsaktivitäten sind als organisatorische Aktivitäten zu charakterisieren, weshalb im folgenden die organisatorische Dimension der F&E-bezogenen Make-or-Buy-Entscheidung aufgezeigt wird. Grundlage einer Effizienzanalyse zur Vorbereitung der F&E-bezogenen Make-or-Buy-Entscheidung ist des weiteren die Identifikation möglicher Gestaltungsalternativen der Beschaffung technologischen Wissens[2]. Dies erfolgt in Kapitel 4.2.

4.1 Gestaltung zwischenbetrieblicher Arbeitsteilung als organisatorisches Problem

Die Notwendigkeit der Organisation, verstanden im Sinne des instrumentellen Organisationsbegriffs als System von Regeln, welches die Aufgabenerfüllung der Unternehmung zielgerichtet und dauerhaft ordnet[3], resultiert aus den Phänomen der Arbeitsteilung und Koordination zur Bewältigung ökonomischer Aktivitäten[4]. Bei der Erfüllung von Aufgaben ist Arbeitsteiligkeit erforderlich, um die Aufgabenkomplexität durch die Ausnutzung von Spezialisierungsvorteilen zu bewältigen und somit die Kapazitätsgrenzen, die im einzelnen Menschen und in den verfügbaren Ressourcen liegen, zu umgehen[5]. Gleichzeitig entsteht als Folge der Arbeitsteilung ein Koordinationsbedarf, d.h. die Einzelaktivitäten in einem arbeitsteiligen System müssen wieder auf ein übergeordnetes Gesamtziel

---

1) Vgl. Richter (1992), S. 48, der diese Annahme als 'Effizienzhypothese' bezeichnet.

2) Zum Terminus der Effizienzanalyse vgl. z.B. Fessmann (1980), S. 153; Bohr (1993), Sp. 865. Die Gestaltungsalternativen bilden das Spektrum der potentiell verfügbaren und effektiven Alternativen ab. Zur Abgrenzung von Effektivität und Effizienz siehe Kapitel 5.1.1.

3) Vgl. Grochla (1978 a), S. 14. Zum instrumentellen in Abgrenzung zum institutionellen Organisationsbegriff vgl. z.B. Grochla (1982), S. 1; Laux/Liermann (1993), S. 3. Des weiteren wird auch noch ein funktionaler Organisationsbegriff identifiziert. Vgl. z.B. Abels (1980), S. 73 f.; Gomez/Zimmermann (1992), S. 16 ff.; Wohlgemuth (1991), S. 32 ff.

4) Neben Güterknappheit, Tausch und Information sind dies die grundlegenden ökonomischen Theorieelemente. Vgl. Schneider (1991), S. 344.

5) Vgl. dazu Picot (1993 a), S. 103. Zu den einzelnen Aspekten der kapazitativen geistigen Begrenztheit des Individuums vgl. z.B. Sandler (1991), S. 87.

ausgerichtet werden[6]. "Das Organisationsproblem besteht demnach darin, [...] für jeden (Teil-)Aufgabentyp ein Koordinationsmuster zu finden, das eine möglichst reibungslose Abwicklung der aufgabenbezogenen Beziehungen zwischen den Beteiligten ermöglicht."[7]

Die Koordination individueller Aktivitäten erfolgt nicht nur innerhalb des arbeitsteiligen Systems Unternehmung. Auch die Arbeitsteilung zwischen verschiedenen Systemen bedarf der Koordination, d.h. eine Unternehmung muß intern ihre F&E-Aktivitäten organisatorisch gestalten und ebenso auch unternehmungsübergreifend organisatorisch tätig werden[8]. Der Grund für die Forderung nach unternehmungsübergreifender organisatorischer Gestaltung der unternehmerischen F&E-Aktivitäten und speziell der Beschaffung neuen technologischen Wissens ist darin zu sehen, daß die Unternehmung durch die Realisation effizienter Transaktionsbeziehungen mit anderen Institutionen den Grad ihrer Zielerreichung sowie ihre strategische Wettbewerbsposition verbessern kann[9]. Auch die Gestaltung interorganisatorischer Beziehungen ist demnach als Organisationsproblem zu interpretieren[10], wobei "Bestimmung und Koordination arbeitsteiliger Aufgaben [...] den Kern des Organisationsproblems"[11] bilden.

Die unternehmungsinterne Koordination vollzieht sich mittels Anweisungen als Ausdruck hierarchischer Strukturen[12]. Der Preismechanismus als Ausdruck

---

6) Zum Koordinationsbegriff vgl. z.B. Frese (1993), S. 39; Grochla (1982), S. 25. Koordinationsmaßnahmen als Mittel der organisatorischen Gestaltung werden durch Motivationsmaßnahmen ergänzt, die in der Gestaltung von Anreiz- und Identifikationsmechanismen bestehen. Vgl. dazu Frese (1987), S. 221 f.

7) Picot (1982), S. 269.

8) Vgl. Schneider/Zieringer (1991 b), S. 55. Zur Thematik der internen F&E-Organisation vgl. z.B. Dumbleton (1986), S. 94 ff.; Eto (1991), S. 146 ff.; Kern/Schröder (1977), S. 308 ff.; Warschkow (1993), S. 26 ff.

9) Vgl. Schneider/Zieringer (1991 a), S. 2.

10) Vgl. Schmidt (1992), Sp. 1858; Welker (1993), S. 73 ff. Der größte Teil der organisationstheoretischen Literatur befaßt sich allerdings nur mit unternehmungsinternen organisatorischen Problemstellungen, die den eigentlichen Untersuchungsgegenstand der betriebswirtschaftlichen Organisationstheorie darstellen. Vgl. Laux/Liermann (1993), S. 11; Michaelis (1985), S. 25 f.; Picot (1982), S. 267 f. Diese Zentrierung auf unternehmungsinterne Problemstellungen kennzeichnet die meisten Abhandlungen zur unternehmerischen Forschung und Entwicklung. Vgl. Schneider/Zieringer (1991 b), S. 55.

11) Picot (1991 a), S. 144.

12) Vgl. Laux (1993), Sp. 2313 ff., der als weitere unternehmungsinterne Koordinationsinstrumente noch Selbstabstimmung und Gruppenabstimmung ausweist. Zu einer anderen Systematisierung von Koordinationsprinzipien vgl. z.B. Lassmann (1992), S. 285 ff. Nach Frese vollzieht sich Koordination unternehmungsintern durch Formulierung von Entscheidungskompetenzen sowie durch Kommunikation. Vgl. Frese (1993), S. 40 ff.

marktlicher Strukturen ist Instrument zur Koordination der Aktivitäten zwischen Institutionen[13]. Diese beiden Koordinationsmechanismen spiegeln die klassische Diskussion über 'Markt' und 'Hierarchie' als Transaktionsalternativen wider[14]. Zwischen diesen polaren Koordinationsmechanismen existiert ein weites Spektrum von Koordinationsmechanismen, welches sowohl marktliche wie auch hierarchische Elemente enthält[15].

Jede Organisation ökonomischer Aktivitäten wirkt nicht nur nutzenstiftend, sondern verursacht gleichzeitig auch Kosten. Sowohl der Gebrauch des Preismechanismus als auch der Einsatz der unternehmungsinternen Koordinationsinstrumente haben Kostenwirkungen[16]. Aus diesen Gründen existiert für die Unternehmung das statisch und dynamisch zu betrachtende Entscheidungsproblem der effizienten Auswahl zwischen den verschiedenen möglichen Gestaltungsalternativen, die bei der F&E-bezogenen Make-or-Buy-Entscheidung zur Wahl stehen. Da die Gestaltungsalternativen die Entscheidung für verschiedenartige Kombinationen von Koordinationsmechanismen beim Rückgriff auf potentielle Technologiequellen widerspiegeln, die jeweils mit spezifischen Kosten und Nutzen behaftet sind, werden die konkreten Ausprägungsformen der Gestaltungsalternativen der Beschaffung und Allokation der Ressource neues technologisches Wissen im folgenden als Koordinationsmuster oder -formen bezeichnet.

Der Fokus der weiteren Betrachtungen liegt auf institutionellen Ausgestaltungsmöglichkeiten der verschiedenen zwischenbetrieblichen Koordinationsmu-

---

13) Der Preismechanismus als Koordinationsinstrument greift in der neoklassischen Welt mit ihren restriktiven Annahmen, wie vollkommene Information und vollkommene Märkte. Zur Neoklassischen Theorie der Unternehmung vgl. Richter (1991), S. 398 ff.

14) Zu einem Überblick über diese Diskussion vgl. Niebuer (1992), S. 4 ff. Michaelis lehnt diese Unterscheidung aufgrund der ihr inhärenten gedanklichen wie sprachlichen Unklarheiten ab und schlägt unterschiedliche Vertragsarten als Transaktionsalternativen vor, die jeweils bestimmte institutionelle Arrangements begründen. Vgl. Michaelis (1985), S. 190 und ebenso Picot (1993 b), Sp. 4197.

15) Vgl. Laux/Liermann (1993), S. 10; Kappich (1989), S. 98.

16) Diese Überlegung erklärt auch, warum arbeitsteilig zu erfüllende ökonomische Aktivitäten nicht ausschließlich über marktliche Regelungen koordiniert werden und warum Unternehmungen existieren. Da alle Organisationsformen spezifische Kosten verursachen und theoretisch jeweils die kostengünstigste Organisationsform gewählt wird, existieren Märkte und Unternehmungen sowie die verschiedenen dazwischenliegenden Koordinationsformen nebeneinander. Als erster Autor hat sich Coase um eine Erklärung des Nebeneinanders von marktlicher und hierarchischer Koordination bemüht und dies mit der Existenz von Transaktionskosten begründet. Vgl. Coase (1937), S. 386 ff. Auf transaktionskostentheoretisches Gedankengut wird in Kapitel 5 ausführlich rekurriert.

ster. Dies bedeutet, daß nur solche Koordinationsmuster betrachtet werden, die Ergebnis eines Institutionalisierungsprozesses sind[17]. Der Institutionenbegriff ist aufgrund der Vielschichtigkeit der hierunter erfaßten Phänomene nicht eindeutig definiert[18].

Im folgenden wird Institution verstanden als "[...] eine Menge sanktionierter Verhaltensregeln, die in mehrpersonellen, häufig längerfristigen Entscheidungs- oder Handlungssituationen soweit allg. Anerkennung erlangt hat, daß die Individuen daraufhin bestimmte wechselseitige Verhaltenserwartungen besitzen, weil von den Institutionen vorhersehbare Anreize zum Handeln oder Unterlassen ausgehen."[19] Institutionen sind in einem Geflecht von Verträgen verankert[20], die jeweils die interne Struktur der Institution bestimmen und die Beziehungen zwischen Institutionen charakterisieren[21].

---

17) "Unter Institutionalisierung versteht man einen Prozess, in dessen Verlauf Handlungen sowie die Handelnden selbst (in ihrem Verhalten) typisiert und damit auf längere Zeit festgeschrieben werden." Staehle (1989), S. 13.

18) Vgl. dazu Dietl (1993), S. 35 ff.

19) Ordelheide (1993) Sp. 1839. Dietl charakterisiert Institutionen als "[...] sozial sanktionierbare Erwartungen, die sich auf die Handlungs- und Verhaltensweisen eines oder mehrerer Individuen beziehen." Dietl (1993), S. 37. Institutionen haben aus ökonomischer Sicht unsicherheitsverringernde und flexibilitätserhöhende Funktionen. Vgl. dazu Dietl (1993), S. 85 ff. Eine Einengung soll der Institutionenbegriff im Rahmen der Arbeit dahingehend erfahren, daß nur Institutionen betrachtet werden, in denen erwerbswirtschaftliche Ziele verfolgt werden. Zum erwerbswirtschaftlichen Prinzip vgl. Gutenberg (1983), S. 464 ff.

20) Vgl. Braun (1987), S. 13; Dietl (1993), S., 37. Der Vertrag wird als 'Elementarinstitution' betrachtet. Vgl. Ordelheide (1993), Sp. 1841. Wesentliche Vertragsarten sind Kaufverträge, Arbeitsverträge, Gesellschaftsverträge, Lieferverträge, Lizenzverträge etc. Institutionelle Arrangements betreffen also die Ausgestaltung der Eigentumsrechte und der Entscheidungsregeln. Vgl. Sauter (1985), S. 94.

21) Vgl. Ordelheide (1993), Sp. 1841. Dies spiegelt die Sichtweise der Neuen Institutionenökonomik wider. Vgl. dazu z.B. Richter (1991), S. 396 ff. sowie den Sammelband von Furubotn und Richter mit den wesentlichen Aufsätzen der letzten zehn Jahre zur Neuen Institutionenökonomik. Vgl. Furubotn/Richter (1991).

4.2 Spektrum der Koordinationsmuster der Beschaffung technologischen Wissens

Prinzipiell existiert ein breites Spektrum von Koordinationsmustern, in dessen Rahmen eine Unternehmung zur Sicherung ihrer Versorgung mit technologischem Wissen auf konkrete Technologiequellen zurückgreifen kann.

Es ist aus mehreren Gründen schwierig, alle potentiellen Koordinationsformen systematisch zu erfassen und zu strukturieren. Zum einen werden den einzelnen Koordinationsformen in der Literatur unterschiedlich weite oder enge und oft sehr vage gehaltene Begriffsinhalte zugeordnet. Zum anderen ist die Terminologie auf diesem Gebiet sehr unübersichtlich, was nicht zuletzt daher rührt, daß insbesondere aus der Wirtschaftspraxis heraus immer vermeintlich neue Wortschöpfungen kreiert werden, wobei nicht herausgestellt wird, in welchem Verhältnis sie zu schon bestehenden Begriffen stehen oder ob sie gar inhaltlich als identisch zu sehen sind[22]. Begriffe sind aber "[...] Bausteine für theoretische Aussagen [...]"[23], und unklare und unzweckmäßige Begriffsbildungen fördern Kommunikationsprobleme und begünstigen Mißverständnisse[24]. Deshalb und da die ökonomisch fundierte Wahl bestimmter institutioneller Koordinationsmuster einen Überblick über die verfügbaren Alternativen und einen Grundkonsens über deren Inhalte und Umfang verlangt, wird im folgenden versucht, mit Hilfe verschiedener Kriterien eine Typisierung und Systematisierung der theoretisch thematisierten und praktisch vorzufindenden Koordinationsformen zu entwickeln, um so den theoretischen Grundbaustein für die weiteren Ausführungen zu legen.

4.2.1 Koordinationsmuster im Überblick: Ein Systematisierungsversuch

Aus Gründen der Vollständigkeit und der Übersichtlichkeit wird im folgenden zunächst anhand mehrerer Merkmale und Merkmalsausprägungen eine abstrakte Klassifizierung aller verschiedenen Koordinationsformen, die einer Unternehmung zur Beschaffung technologischen Wissens prinzipiell zur Verfügung

---

22)   Vgl. Pausenberger (1989), S. 621; Bea (1988), S. 2524.

23)   Chmielewicz (1994), S. 9.

24)   Vgl. Chmielewicz (1994), S. 53. Zur Bedeutung der Begriffsbildung allgemein und insbesondere zur Freiheit in der Begriffsbenennung und in der Wahl der Betrachtungsweise eines Objektes vgl. Grochla (1993), Sp. 375 f.

stehen, vorgenommen, um innerhalb dieses Rahmens dann den Untersuchungsraum weiter systematisch einzuengen[25]. Dies ist v.a. deshalb notwendig, weil Unternehmungen bei der Wahl zwischen verschiedenen institutionellen Koordinationsformen der Beschaffung technologischen Wissens u.a. zur Erhöhung ihres diesbezüglichen Informationsstandes unterstützend auch auf nichtinstitutionalisierte Koordinationsformen zurückgreifen.

Erstes Klassifizierungsmerkmal ist der **Ursprung** des zu beschaffenden technologischen Wissens. Demnach kann Wissen grundsätzlich aus unternehmungsinternen oder aus unternehmungsexternen Quellen gewonnen werden[26].

Zweites Merkmal ist der **Träger** des zu beschaffenden Wissens[27]. Eine Unternehmung kann die Verfügungsgewalt über technologisches Wissen erlangen, indem sie sich institutionalisierter oder nicht-institutionalisierter Trägermedien bedient[28]. Aufgrund der aufgezeigten engen Verbindung zwischen Institutionen und Verträgen kann das Merkmal der vertraglichen Bindungsform, welche verschiedenen Koordinationsmustern zugrundeliegt, als unter dem Merkmal des Trägers subsumiert gelten[29].

---

25) Zu möglichen Typologisierungskriterien vgl. z.B. Kappich (1989), S. 101 ff. und die dort angegebenen Literaturverweise. Vernachlässigt werden im folgenden die in der Realität anzutreffenden Kombinationen aus mehreren Grundformen, die z.B. aus einer Kopplung von Beteiligungserwerb in seinen verschiedenen Ausprägungsformen mit Lizenznahme bestehen können.

26) Auf die Problematik der strikten definitorischen Unterscheidung zwischen Unternehmung und Umwelt wurde schon in Kapitel 3.1 hingewiesen. Für die Zwecke der vorliegenden Arbeit soll eine pragmatische Abgrenzung genügen, nach der 'intern' nur unternehmungseigene F&E-Abteilungen und F&E-Laboratorien umfaßt. Unternehmungsextern ist demnach jede Quelle, die einen Fremdanteil hat. Es wird also ein sehr enges intuitives Verständnis von 'intern' und ein sehr weites intuitives Verstädnis von 'extern' zugrundegelegt. Zu ähnlichen Meinungen bezüglich dieser Problematik vgl. z.B. Nuhn (1987), S. 27 ff. sowie Warschkow (1993), S. 89.

27) Vgl. Kern/Schröder (1977), S. 25 f.

28) Oft findet sich hier eine Gegenüberstellung von Institutionen einerseits und Personen andererseits als möglichen Trägermedien. Bei einer solchen künstlichen Trennung in Personen und Institutionen darf allerdings nicht übersehen werden, "[...] dass auch Institutionen lediglich von Menschen geschaffene Organisationen darstellen [...]" Staehle (1989), S. 13. Da es, wie später aufgezeigt wird, außer personellen auch noch andere Möglichkeiten nicht-institutionalisierten Wissenserwerbs gibt, wird hier der Gegenüberstellung institutionalisiert - nicht-institutionalisiert der Vorzug gegeben.

29) Nach der vertraglichen Bindungsform sind z.B. explizite oder implizite Verträge, Arbeits- und Lizenzverträge zu unterscheiden. Vgl. Grandstrand u.a. (1992), S. 112 ff. Zur ökonomischen Analyse von Verträgen vgl. z.B. Hart/Holmström (1987), S. 71 ff.

Drittes Merkmal ist die **Verfügbarkeit** des gewünschten neuen technologischen Wissens[30]. Es ist also danach zu differenzieren, ob das technologische Wissen bereits existiert und ggf. anzupassen ist und somit nur für die Unternehmung subjektiven Neuheitscharakter verkörpert oder ob es generell noch generiert werden muß[31].

In Abbildung 7 wird die Kombination dieser drei Merkmale und ihrer Ausprägungen anhand eines Würfels plastisch dargestellt.

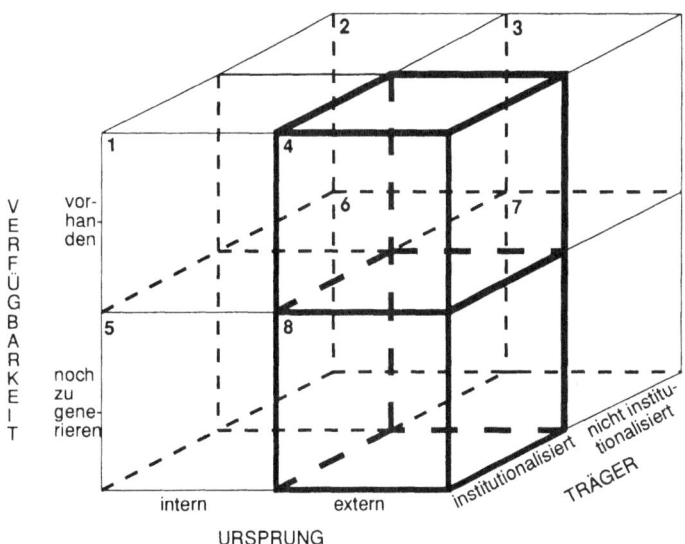

Abb. 7: Dimensionen von Koordinationsformen

---

30) Zu der Differenzierung in bereits existente Technologien und noch zu erforschende Technologien vgl. Corsten (1982), S. 150 ff.

31) Die Unterscheidung in bereits vorhandenes vs. noch zu generierendes Wissen ist deshalb relevant, weil die dem Transferobjekt immanente Unsicherheit im letzten Fall tendenziell viel größer ist und dies Einfluß auf die grundsätzlich in Frage kommenden und des weiteren auch auf die effizienten institutionellen Koordinationsmuster hat. Diese aus analytischen Zwecken vorgenommene dichotomische Differenzierung in vorhandenes vs. noch zu generierendes Wissen ist in der Realität in diesen reinen Extrema nicht anzutreffen. Es besteht vielmehr ein Kontinuum zwischen den aufgeführten Extrema, innerhalb dessen die Übergänge gradueller Art sind.

Die folgende Abbildung 8 konkretisiert die durch die Kombination der Merkmale und ihrer Ausprägungen gekennzeichneten Dimensionen von Koordinations-formen, indem die prägnantesten Koordinationsmuster exemplarisch und ohne Anspruch auf Vollständigkeit aufgezeigt werden. Des weiteren ist zu beachten, daß die Grenzen zwischen den einzelnen Koordinatonsformen innerhalb einer Kategorie wie auch zwischen den Kategorien im Einzelfall fließend sein können.

FÄLLE	KOORDINATIONSFORMEN
1	X
2	X
3	Personalabwerbung, Spionage, systematische Prüfung von Konkurrenzprodukten, Literaturanalyse, informelle Kontakte
4	Technologiekauf, Lizenzerwerb, Beteiligungserwerb, Unternehmungsakquisition
5	Eigenforschung und -entwicklung, interne Venture Teams
6	Personalschulung, Personalentwicklung, Gestaltung von Anreizsystemen
7	Personalabwerbung, Literaturanalyse, informelle Kontakte, Spionage
8	Vertragsforschung, F&E-Kooperationen i.w.S., Beteiligungs-erwerb, Unternehmungsakquisition, Gemeinschaftsforschung

Abb. 8: Koordinationsformen der Beschaffung technologischen Wissens

Die im Würfel mit 1 und 2 bezeichneten Fälle, die verkürzt besagen, daß das gewünschte technologische Wissen in der Unternehmung vorhanden ist, sind für die weitere Analyse insofern uninteressant, als daß bei rein statischer Be-trachtung für die Unternehmung dann kein Entscheidungsproblem hinsichtlich eines zu erwägenden Fremdbezugs mehr besteht.

Die Fälle 3 und 7 sprechen die Möglichkeit der externen und nicht-institutionali-sierten Wissensbeschaffung an. Fall 3 repräsentiert vorrangig den Technologietransfer in Form des Personaltransfers[32], der sich z.B. in der Abwerbung des F&E-Personals von anderen Unternehmungen äußern kann. Ansonsten sind hier Instrumente wie Betriebsspionage, systematische Prüfung von Konkurrenzprodukten, Analyse von Literaturveröffentlichungen und Vorträgen sowie informelle Kontakte auf Konferenzen etc. zuzuordnen[33]. Für Fall 7 sind mit Ausnahme der Prüfung von Konkurrenzprodukten im Prinzip dieselben Maßnahmen wie für Fall 3 denkbar. Die Fälle 3 und 7 unterscheiden sich lediglich durch den ihnen innewohnenden Unsicherheitsfaktor. So ist es im Fall 3 der Unternehmung z.B. auf der Grundlage von Kontakten bei Fachkongressen u.a. definitiv bekannt, daß ein bestimmter Forscher über das zu beschaffende technologische Wissen verfügt, während in Fall 7 bei einem Forscher z.B. aufgrund zahlreicher Auszeichnungen lediglich vermutet wird, daß er das Potential zur Generierung neuen technologischen Wissens hat. Diese beiden Fälle, die nicht-institutionalisierte Koordinationsformen der Beschaffung technologischen Wissens darstellen, werden im folgenden nur dann thematisiert, wenn ihnen ein mittelbarer Charakter bei der Auswahl zwischen den institutionalisierten Koordinationsmustern der Beschaffung technologischen Wissens zukommt, da letztere im Mittelpunkt der vorliegenden Arbeit stehen. Dies ist z.B. dann der Fall, wenn Unternehmungen im Rahmen der Informationssammlung über die Vor- und Nachteile der institutionalisierten Gestaltungsalternativen auf nicht-institutionalisierte Koordinationsmuster wie z.B. Literaturanalyse oder informelle Kontakte zurückgreifen, um so ihren Informationsstand zu erhöhen.

Die Fälle 5 und 6 repräsentieren Koordinationsformen der unternehmungsinternen Generierung neuen technologischen Wissens. In institutionalisierter Form (Fall 5) sind hier zum einen Eigenforschung und -entwicklung in F&E-Abteilungen und -Laboratorien zu nennen. Deren Ausprägungsformen sind einmal die

---

32) Vgl. Corsten (1982), S. 130. Einem Technologietransfer in Form des Personaltransfers können aber Konkurrenzklauseln entgegenstehen.

33) Vgl. hierzu u.a. Kern/Schröder (1977), S. 52 f.; Rotering (1990), S. 18. In der Literatur wird z.T. die Imitation von Innovationen als Strategie zur Erlangung technologischen Wissens aufgeführt. Vgl. z.B. Hauschildt (1993), S. 46 ff. Da diese aber mittels Konkurrenzbeobachtung, Marktforschung, Patentrecherche etc. durchgeführt wird, kann sie als unter den Koordinationsformen des Falles 3 erfaßt gelten. Es ließe sich darüber streiten, ob Imitationen nicht unter Fall 4 als institutionalisierte Form externer Wissensbeschaffung zu subsumieren sind. Dies wird hier mit der Begründung abgelehnt, daß Imitationen keine rechtliche Grundlage haben und lediglich nicht gegen bestehendes Recht verstoßen dürfen, wogegen den anderen unter 4 aufgeführten Koordinationsformen regelmäßig verschiedene Arten von Verträgen zugrundeliegen. Vgl. dazu Corsten (1982), S. 25. Zu einem umfassenden Überblick über Imitationen als Optionen des Technologiemanagements vgl. Schewe (1992) und die dort angegebenen Literaturhinweise.

autonome F&E, d.h. Eigenforschung und -entwicklung für eigene Rechnung, sowie Auftragsforschung und -entwicklung, d.h. Eigenforschung und -entwicklung für fremde Rechnung[34]. Zum anderen werden sog. interne Venture Teams und Venture Divisions als Formen interner Wissensgewinnung thematisiert[35]. Fall 6 repräsentiert wiederum die personelle Dimension. Hierunter sind allgemein Instrumente wie Personalschulung, Personalentwicklung und Anreizsystemgestaltung für die F&E-Mitarbeiter zur Erhaltung und Steigerung von deren Leistungswillen und -bereitschaft sowie speziell die gezielte Förderung von sog. Intrapreneuren zu subsumieren[36]. Die Fälle 5 und 6 zusammen bilden im weiteren bei der Frage nach Kriterien einer effizienzorientierten Auswahl zwischen den Koordinationsmustern den Referenzfall und Gegenpol zu den im folgenden aufgrund ihrer Vielfalt ausführlich behandelten externen institutionellen Koordinationsformen der Beschaffung neuen technologischen Wissens, die durch die in Abbildung 7 fett gedruckten Fälle 4 und 8 repräsentiert werden.

4.2.2 Extern orientierte Koordinationsmuster

Fall 4 bezieht sich auf die externe Beschaffung technologischen Wissens im Rahmen institutionalisierter Koordinationsmuster, wobei das technologische Wissen allerdings außerhalb der Unternehmung schon existiert. Hier handelt es sich also um eine bewußte Übernahme der Innovationen Dritter[37]. In diesem Rahmen kann die Unternehmung zwischen verschiedenen institutionalisierten Koordinationsmustern wählen, wobei aufgrund ihrer praktischen Bedeutung Technologiekauf, Lizenzerwerb, Beteiligungserwerb und Unternehmungsakquisition näher zu thematisieren sind. Beteiligungserwerb und Unternehmungs-

---

34) Vgl. Kern/Schröder (1977), S. 26. Bei letzterem sind die Grenzen zu externen Formen der Wissensgewinnung allerdings stark verwischt.

35) Vgl. Rotering (1990), S. 11. Venture Teams und Venture Divisions werden als typische Organisationsformen eines internen Venture Management bezeichnet, welches sich mit der Gründung neuer, innovationsorientierter Einheiten innerhalb von gereiften Unternehmungen beschäftigt. Vgl. hierzu v.a. Servatius (1988), S. 13 und 173 f. Der Unterschied zwischen internen Ventures und autonomer F&E wird in folgender Aussage deutlich: "In this venture strategy, a firm attempts to enter different markets or develop substantially different products from those of its existing base business by setting up a separate entity within the existing corporate body." Roberts/Berry (1985), S. 6. Die zeitliche Befristung und organisatorische Separierung von den übrigen Unternehmungsaktivitäten kennzeichnen demnach Venture Teams. Vgl. de Pay (1989), S. 28.

36) Zur Charakterisierung eines Intrapreneurs vgl. den Überblick bei Servatius (1988), S. 98 ff. sowie die grundlegenden Ausführungen von Pinchot (1985).

37) Vgl. Hauschildt (1993), S. 32.

akquisition stellen gleichzeitig potentielle Koordinationsmuster im Fall 8 dar[38],
weshalb sie zur Vermeidung von Redundanzen erst hierunter ausführlich erörtert werden.

Der Fall 8 repräsentiert die externe Beschaffung noch zu generierenden technologischen Wissens über Rückgriff auf institutionalisierte Koordinationsmuster.
Solche Koordinationsmuster sind z.B. F&E-Kooperationen in ihren unterschiedlichen Ausgestaltungsformen, Vertragsforschung, Gemeinschaftsforschung,
Beteiligungserwerb und technologieorientierte Unternehmungsakquisitionen.
Eine Übersicht über die im folgenden ausführlich zu charakterisierenden institutionalisierten Koordinationsmuster, die durch die Fälle 4 und 8 repräsentiert
werden, findet sich in der folgenden Abbildung 9.

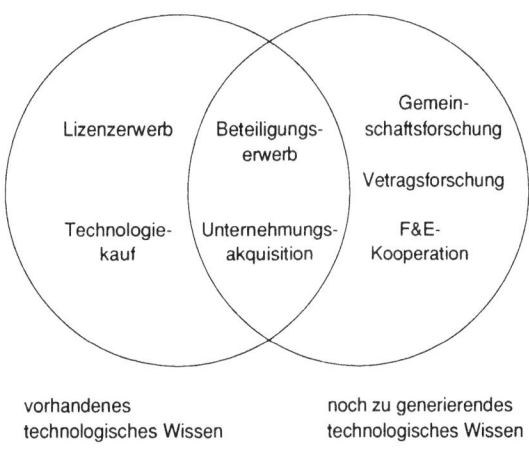

Abb. 9: Extern orientierte institutionelle Koordinationsmuster

---

38) Sie sind demzufolge ihrer grundsätzlichen Form nach unabhängig von der Verfügbarkeit des technologischen Wissens. Über die konkreten komparativen Vor- und Nachteile
einzelner Formen in dem einen oder anderen Fall sind damit allerdings noch keine Aussagen getroffen.

4.2.2.1 Koordinationsmuster bei vorhandenem technologischem Wissen

4.2.2.1.1 Erwerb von Lizenzen

Eine Lizenz ist eine durch einen Rechtstitel in Form eines sog. Lizenzvertrages[39] geschützte Erlaubnis zur zeitlich, sachlich und räumlich eingeschränkten Nutzung eines Rechtsobjekts, die der Lizenzgeber als Inhaber dieses Rechtsobjekts an einen oder mehrere an der Nutzung interessierte Lizenznehmer erteilt[40]. Die Lizenzpolitik als Teilgebiet der betrieblichen Schutzrechtspolitik kann sich sowohl auf gewerbliche Schutzrechte als auch auf nicht geschützte Kenntnisse beziehen[41]. Nach dem Ausmaß des rechtlichen Schutzes von Kenntnissen werden Patentlizenzen, Know how-Lizenzen und gemischte Lizenzen unterschieden[42].

Patentlizenzen sind "[...] alle Genehmigungen [...], die eine gewerbliche Nutzung von rechtlich geschützten Technologien ermöglichen [...]"[43]. Hierunter fallen also "[...] nicht nur Lizenzen auf patentrechtlich geschützte Erfindungen, sondern auch Lizenzen an Gebrauchs- und Geschmacksmustern sowie an Warenzeichen"[44].

Know how-Lizenzen betreffen die Nutzung rechtlich nicht-geschützter Kenntnisse, die entweder z.B. aufgrund der Anforderungen des Patentgesetzes nicht schutzfähig sind, oder die zwar prinzipiell schutzfähig sind, aber aus unternehmungspolitischen Gründen geheimgehalten werden[45]. Somit ist der Lizenzge-

---

39) Bedingt durch das Fehlen spezieller Gesetzesvorschriften können Lizenzverträge im Einzelfall sehr unterschiedlich ausgestaltet sein. Vgl. dazu Kern/Schröder (1977), S. 78 sowie die Systematik der Lizenzarten ebenda auf S. 79.

40) Vgl. Kern (1992 a), S. 110; Rohe (1980), S. 6 f. Im ersten Fall liegt eine ausschließliche, im zweiten Fall eine einfache Lizenz vor. Vgl. Corsten (1982), S. 159.

41) Vgl. Schröder (1979 b), Sp. 1822. Es werden dabei nicht-technische gewerbliche Schutzrechte (Geschmacksmuster und Warenzeichen) von technischen gewerblichen Schutzrechten (Patente und Gebrauchsmuster) unterschieden. Vgl. Schröder (1979 b), Sp. 1821 f.

42) Vgl. Corsten (1982), S. 152 ff.

43) Corsten (1982), S. 153.

44) Kern/Schröder (1977), S. 77.

45) Vgl. Corsten (1982), S. 159. Insbesondere bei Prozeßinnovationen ist eine Nichtanmeldung von Schutzrechten oft zweckmäßig, da mittels Geheimhaltung der faktische Schutz eher zu gewährleisten ist als über eine Schutzrechtsanmeldung, mit der eine Offenlegung des zu schützenden neuartigen Wissens und damit eventuell unerwünschte Informationen für die Wettbewerber verbunden sind. Vgl. dazu Kupsch/Marr/Picot (1991), S. 1103

ber verpflichtet, dem Lizenznehmer, der z.B. ein Zulieferer sein kann, Kenntnisse durch Übergabe von Kalkulationsunterlagen, Spezialmaschinen, Konstruktionsunterlagen etc. zu vermitteln[46].

Gemischte Lizenzen sind Kopplungen von Patentlizenzen mit Know how-Lizenzen[47].

Neben den erwähnten einseitigen existieren auch noch wechselseitige Lizenzverträge, die in **Lizenzaustauschverträgen** ihren Niederschlag finden[48]. Sie können sich sowohl auf bereits vorhandene als auch auf noch zu generierende rechtlich geschützte oder nicht geschützte Kenntnisse beziehen[49]. Je nach der konkreten Ausgestaltung solcher Lizenzaustauschverträge, in denen sich die Partner verpflichten, "[...] alle von ihnen (auf bestimmten Gebieten) erworbenen neuen Kenntnisse untereinander zur Nutzung - entgeltlich oder unentgeltlich - auszutauschen"[50], ähneln sie in ihren Wirkungen kooperativer F&E oder sogar der Fusion selbständiger F&E-Einheiten[51].

Überlegungen über Lizenznahme als Mittel zur Beschaffung des erforderlichen technologischen Wissens setzen Informationsaktivitäten seitens der Empfängerunternehmung über Art und Umfang der potentiell auf dem Beschaffungsmarkt vorhandenen F&E-Leistungen sowie auch über mögliche Senderunternehmungen, deren konkrete Transferbereitschaft und die mit der Lizenznahme verbundenen Bedingungen voraus[52].

---

46) Vgl. Corsten (1982), S. 159 f.

47) Vgl. Kern/Schröder (1977), S. 77.

48) Vgl. Schröder (1979 b), Sp. 1830 f. Lizenzaustauschverträge werden auch als cross-license agreements bezeichnet. Vgl. Rotering (1990), S. 15.

49) Vgl. Corsten (1982), S. 162.

50) Kern/Schröder (1977), S. 81.

51) Vgl. Schröder (1979 b), Sp. 1831. Die Patentgemeinschaft ist dabei die intensivste Form der Zusammenarbeit verschiedener Patentinhaber. Vgl. Corsten (1982), S. 162, Fn. 4.

52) Vgl. Schneider/Zieringer (1991 a), S. 33. So verschafft z.B. Lizenznahme mittels einer ausschließlichen Lizenz, die für einen festgelegten Zeitraum andere Interessenten von der Nutzung ausschließt, der Empfängerunternehmung für diesen Zeitraum eine Dyopolstellung, die es ihr eventuell ermöglicht, leicht abgeschwächte 'first mover advantages' zu realisieren. Diese Konstellation kann auch als Situation des 'frühen Folgers' charakterisiert werden. Vgl. Wolfrum (1991), S. 281. Eine derartige Situation kann auch erreicht werden, wenn zwischen Lizenznehmer und -geber eine strikte geographische Segmentierung durchzusetzen ist. Vgl. Sommerlatte/Deschamps (1985), S. 61. Dagegen ist bei der Lizenznahme durch einfache Lizenzen eine "Breitenwirkung" zu erwarten, die den zumindest zeitweisen Aufbau der o.a. Vorteile sehr erschwert. Vgl. ähnlich Corsten (1982), S. 159.

Als tendenzielle Vorteile einer Wissensbeschaffung mittels Lizenznahme gegenüber einer vollständigen Eigen-F&E werden in der Literatur meist zum einen das stark verminderte Gewinnungsrisiko und zum anderen die schnelle Verfügbarkeit der benötigten Kenntnisse genannt[53]. Somit wird die schon als Merkmal von F&E-Aktivitäten erwähnte prozeßinterne Unsicherheit in ihren Ausprägungen als generelle Ergebnisunsicherheit, Zeit- und Aufwandsunsicherheit erheblich reduziert. Allerdings ist hierbei nicht zu übersehen, daß sich für den Lizenznehmer diese Kosten[54] zwar verringern, er aber dafür die mit den Lizenzgebühren verbundenen Auszahlungen tätigen muß. Sie sind für ihn allerdings dann eine vordergründig vergleichsweise gut einzuschätzende Größe, da sie lediglich den im Vertrag vereinbarten oder marktlichen Preisveränderungen unterliegen[55]. Außerdem entstehen aufgrund der o.a. Informationsaktivitäten in Form von Partnersuche und Verhandlungen Transaktionskosten, die ebenfalls zu berücksichtigen sind[56].

Nachteile der Lizenznahme gegenüber Eigen-F&E für den Lizenznehmer sind v.a. die Gefahr technologischer Abhängigkeit sowie mögliche Transfer- und Anpassungsprobleme[57]. Daraus kann gefolgert werden, daß Lizenznahme als Koordinationsform zur Beschaffung technologischen Wissens bei Technologien mit hoher gegenwärtiger und v.a. zukünftiger Bedeutung für die Empfängerunternehmung eher die Ausnahme sein wird. Langfristig ist wegen der o.a. Abhängigkeitsgefahr Lizenznahme nur auf solchen Gebieten effizient, die für den Fortbestand der Empfängerunternehmung nicht von zentraler Bedeutung sind[58].

---

53) Vgl. z.B. Schneider/Zieringer (1991 a), S. 33; Schröder (1979 b), Sp. 1831. Vgl. zu diesen und weiteren Vorteilen der Lizenznahme Atuahene-Gima/Patterson (1993), S. 328 f. sowie die Ergebnisse einer empirischen Untersuchung ebenda, S. 330 ff.

54) Eine detaillierte Auseinandersetzung mit den Kostenbegriffen erfolgt erst im Rahmen der Effizienzanalyse.

55) Vgl. Schneider/Zieringer (1991 a), S. 33. Diese Aussage relativiert sich allerdings dadurch, daß die Lizenzgebühren i.d.R. umsatzabhängig zu entrichten sind und somit weitgehend variabel sind. Vgl. Arbeitskreis Hax (1968), S. 562.

56) Auf transaktionskostentheoretisches Gedankengut wird erst im Rahmen der Effizienzüberlegungen in Kapitel 5 intensiv rekurriert.

57) Vgl. Schröder (1979 b), Sp. 1831; Schneider/Zieringer (1991 a), S. 33 f.; Atuahene-Gima/Patterson (1993), S. 329 und 332 ff.

58) Vgl. Schröder (1979 b), Sp. 1831.

4.2.2.1.2 Technologiekauf

Eine weitere Alternative für die Beschaffung schon existenten technologischen Wissens ist der sog. Technologiekauf[59], der im Vergleich zum Nutzungsrechtübergang bei der Lizenzierung durch einen Übergang der exklusiven oder nicht exklusiven Eigentumsrechte gekennzeichnet ist.

Technologiekauf kann verschiedene Ausprägungsformen annehmen[60].
Ist der Wissensträger materialisiert, so liegt der **Kauf materieller Technologien** vor. In diesem Fall wird das benötigte Wissen über den Kauf von Betriebsmitteln und Erzeugniskomponenten erworben[61]. Hier ist weiterhin danach zu differenzieren, ob die materiellen Technologien exklusiv zu erwerben sind[62] oder ob dies nicht der Fall ist[63]. Dabei ist beim exklusiven Erwerb allerdings weiter zu beachten, ob in die Anlage auch quasi- oder nicht-materialisiertes Wissen eingeflossen ist und ob dieses geschützt oder nicht geschützt ist[64].
Zum anderen ist der **Kauf immaterieller Technologien** in Form quasi-materialisierten Wissens möglich. Die immateriellen Technologien können durch ein Schutzrecht geschützt sein, was als Schutzrechtskauf in Form von Patentkauf oder -tausch bezeichnet werden kann[65], oder ungeschützt vorliegen[66]. In

---

59) Vgl. Corsten (1982), S. 163 f. Hierfür wird auch der Terminus Innovationseinkauf verwendet. Vgl. hierzu Hauschildt (1993), S. 32 ff. Zum Technologie-Kaufvertrag vgl. Mittag (1985), S. 76 f.

60) Vgl. Corsten (1982), S. 163 f.

61) Vgl. Kern/Schröder (1977), S. 53.

62) Damit wäre der neue Technologieinhaber Monopolist in bezug auf das in der Anlage inkorporierte Wissen. Dieser Fall scheint allerdings nur unter der restriktiven Voraussetzung denkbar, daß der ursprüngliche Technologieinhaber eine eigene Nutzung ausschließen kann. Dies ist aber lediglich dann vorstellbar, wenn das Transferobjekt ein unbeabsichtigtes Nebenprodukt seiner F&E-Aktivitäten ist, das weder gegenwärtig noch zukünftig in das eigene Produktions- oder Absatzprogramm paßt. Vgl. ähnlich Brockhoff (1992), S. 114 f. und Wolfrum (1991), S. 310. Dieser Fall würde in seinen Wirkungen einer exklusiven und zudem noch zeitlich, räumlich und sachlich unbegrenzten Lizenznahme ähneln.

63) Hier ist bezüglich der Wirkungen analog auf die schon aufgeführten Vor- und Nachteile der einfachen Lizenzen zu verweisen.

64) Je nach Konstellation hat dies gravierende Auswirkungen auf die Geheimhaltungsmöglichkeiten. Vgl. Corsten (1982), S. 501.

65) Die Auswirkungen ähneln denen bei Know how-Lizenzen und Lizenzaustauschverträgen, nur daß hier mit einer einmaligen Zahlung oder ggf. auf der Grundlage von Ratenzahlungen alle Pflichten und Rechte auf den Technologienehmer übergehen.

66) Vgl. Brockhoff (1992), S. 114. Der zuletzt erwähnte Fall wird aber nicht weiter berücksichtigt, weil es fraglich scheint, ob in einem solchen Fall überhaupt noch von einem gezielten Kauf die Rede sein kann, da hierunter Sachverhalte wie Wissenserwerb durch

beiden Fällen muß also der Technologienehmer die Technologie auf der Grundlage des erworbenen Wissens noch selbst erstellen.

Die Vor- und Nachteile der im einzelnen sehr unterschiedlichen Formen des Technologiekaufs gegenüber einer Eigen-F&E ähneln im Prinzip den oben grob skizzierten Vor- und Nachteilen der Lizenznahme.

4.2.2.2 Koordinationsmuster bei zu generierendem technologischem Wissen

4.2.2.2.1 Vertragsforschung

Vertragsforschung liegt vor, wenn zwischen einem Auftraggeber und einer externen Stelle eine vertragliche Vereinbarung über die Erforschung eines bestimmten Projekts getroffen wird, dessen Inhalt und voraussichtlicher finanzieller und zeitlicher Umfang determiniert sind, und die dabei gewonnenen Ergebnisse ausschließlich dem Auftraggeber zur Verfügung gestellt werden[67].

Auftraggeber kann grundsätzlich ein Individuum oder eine Organisation sein[68]. Potentielle **Auftragnehmer** können einerseits staatlich-korporative Institutionen wie z.B. Hochschulinstitute, Forschungseinrichtungen des Bundes und der Länder sowie andererseits private Institutionen und andere Unternehmungen wie z.B. Zulieferunternehmungen oder branchenfremde Unternehmungen sein[69].

Vorträge und Vorführungen, informelle Kontakte etc. zu subsumieren sind. Vgl. Brockhoff (1992), S. 114 f. Dies fällt aber unter die vorher von der Untersuchung ausgegrenzten Formen der nicht-institutionalisierten Wissensbeschaffung.

67) Vgl. z.B. Rotering (1990), S. 13; Corsten (1982), S. 165 ff.; Schneider/Zieringer (1991 a), S. 31 ff.; Haour (1992), S. 178 ff. Vertragsforschung ist ein Synonym zu Kontraktforschung und bezeichnet die Sichtweise der beauftragenden Unternehmung. Dieser Sachverhalt wird aus der Sicht des Auftragnehmers als Auftragsforschung bezeichnet. Es ist also eine inhaltliche Identität der Termini zu konstatieren, nur die jeweils eingenommene Betrachtungsperspektive ist unterschiedlich. Vgl. Corsten (1982), S. 169 f. Grundlage der vertraglichen Vereinbarung ist meist ein Dienstvertrag gemäß § 611 BGB Abs. 1, da hier das Erfolgsrisiko beim Auftraggeber verbleibt, wohingegen beim seltener angewandten Werkvertrag gemäß §§ 631 ff. BGB der Auftragnehmer das Risiko trägt. Vgl. z.B. Brockhoff (1992), S. 47.

68) Vgl. Corsten (1982), S. 166. Es ist allerdings auch möglich, daß Verbände oder mehrere Unternehmungen als Auftraggeber fungieren. Hier ist dann die Grenze zur Gemeinschaftsforschung fließend. Vgl. Brockhoff (1992), S. 47.

69) Vgl. Kern/Schröder (1977), S. 61 f.; Zweipfennig (1991), S. 66. Die weltweit größte private Auftragsforschungsorganisation ist die Battelle-Organisation. Vgl. Jessen (1992), S. 426 f.

Als tendenzielle Vorteile einer Wissensbeschaffung mittels Vertragsforschung gegenüber einer Eigen-F&E werden in der Literatur vorrangig die folgenden Aspekte thematisiert[70].

Vertragsforschung wird als ein Instrument zur Überwindung von Engpässen charakterisiert. Zeitlich begrenzt wird sowohl die quantitative als auch die qualitative Ausweitung unternehmungsinterner sachlicher wie auch personeller F&E-Kapazitäten bewirkt, ohne daß der Auftraggeber in der eigenen Unternehmung Investitionen tätigen muß. Damit werden ein Aufbau von Fixkostenblöcken sowie die hierdurch unter Umständen ausgelösten Folgekosten vermieden[71]. Des weiteren wird durch den Einsatz von Spezialisten eine Reduzierung der gesamten Auftragsbearbeitungszeit erwartet[72]. "Vielfach bietet die zeitweise Inanspruchnahme externer F&E-Institute auch die Chance, eingefahrene Strukturen im eigenen Unternehmen zu überwinden."[73]

Tendenzielle Nachteile der Vertragsforschung[74] für den Auftraggeber sind Probleme der faktischen Geheimhaltung, der Verzicht auf den Teil des Wissens, der "[...] von den an der Durchführung des Vorhabens Beteiligten erworben wird, da dieses Wissen nur selten vollständig weitergegeben wird und werden kann"[75], sowie Koordinations- und Abstimmungsprobleme zwischen Auftraggeber und -nehmer[76].

Insgesamt bietet sich die Vergabe von F&E-Aufträgen an externe Institutionen als Ergänzung zur eigenen F&E vor allem dann als Koordinationsalternative an, wenn aus Auftraggebersicht sehr spezielle F&E-Gebiete zu bearbeiten sind, "[...] für die im bestehenden Unternehmen keine finanzielle und/oder know-how-

---

70) Vgl. zum folgenden z.B. Kern/Schröder (1977), S. 59 f.; Schneider/Zieringer (1991 a), S. 31 f.; Corsten (1982), S. 166 f.; Rotering (1990), S. 13; Wolfrum (1991), S. 300.

71) Solche Folgekosten sind z.B. Leerkosten als der Teil der fixen Kosten, der bei Nichtauslastung der F&E-Kapazitäten wegen einer eventuellen Fixkostenremanenz kurzfristig nicht abgebaut werden kann.

72) Das setzt allerdings voraus, daß der Auftragnehmer seinerseits genug freie Kapazitäten hat, um sofort oder zu vereinbarter Zeit mit der Bearbeitung des Projekts zu beginnen.

73) Schneider/Zieringer (1991 a), S. 32.

74) Zu den Nachteilen vgl. z.B. Kern/Schröder (1977), S. 60; Wolfrum (1991), S. 300 f.; Rotering (1990), S. 13; Corsten (1982), S. 168 f.; Schneider/Zieringer (1991 a), S. 32.

75) Kern/Schröder (1977), S. 60. Dies bedeutet, daß Lerneffekte aus dem Forschungsprozeß selbst, die bezüglich möglicher Folgeprojekte nützlich sein könnten, nicht erworben werden. Vgl. Corsten (1982), S. 168.

76) Koordinations- und Abstimmungsprobleme werden u.a. durch eine fehlende Vertrautheit externer Forscher mit den auftraggeberspezifischen Bedingungen hervorgerufen, aber auch durch eventuelle Willensbarrieren hinsichtlich der Bereitschaft der unternehmungseigenen F&E-Mitarbeiter zur Informationsweitergabe an externe Stellen. In diesem Zusammenhang ist auch die Gefahr des sog. "not-invented-here"-Effekts nicht zu unterschätzen. Vgl. Kern/Schröder (1977), S. 303.

orientierte Basis besteht und/oder auch zukünftig nicht beabsichtigt wird, eine solche aufzubauen."[77]

4.2.2.2.2 Gemeinschaftsforschung

Gemeinschaftsforschung charakterisiert den Sachverhalt, daß Unternehmungen gleicher oder verschiedener Branchen gemeinsam und auf Dauer innerhalb von ihnen getragener spezieller Institutionen Forschung und Entwicklung betreiben[78]. Das Merkmal der Gemeinsamkeit bezieht sich dabei sowohl auf die Finanzierung als auch auf die Nutzung des hervorgebrachten Wissens[79]. Aufgaben sind neben der Aus- und Weiterbildung der in den einzelnen Unternehmungen tätigen Wissenschaftler und Ingenieure v.a. die Suche nach Lösungen von solchen Problemen der Grundlagenforschung und der angewandten Forschung, die für alle beteiligten Unternehmungen von Interesse sind und diesen gleichermaßen zugänglich gemacht werden[80]. Diese tendenzielle Anwendungsferne hat zur Konsequenz, daß die Ergebnisse der Gemeinschaftsforschung immer noch einer unternehmungsspezifischen Aufbereitung und Anpassung durch unternehmungsinterne F&E-Aktivitäten bedürfen und somit kein Substitut zur Eigen-F&E darstellen können[81].

Die Grenzen zwischen Gemeinschaftsforschung und den anschließend zu erörternden F&E-Kooperationen sind fließend. Das vielfach verwendete rein formale Abgrenzungskriterium der zeitlichen Unbegrenztheit der Gemeinschaftsforschung als Unterschied zu Formen von F&E-Kooperationen als zeitlich befri-

---

77) Schneider/Zieringer (1991 a), S. 31. Aus diesem Grund wird in der Literatur auch vielfach die Bedeutung dieser Koordinationsform der externen Wissensbeschaffung für kleine und mittlere Unternehmungen herausgestellt. Vgl. z.B. Wolfrum (1991), S. 301.

78) Vgl. Kern/Schröder (1977), S. 26; Corsten (1982), S. 177. Zu einer abweichenden, da auf die gleiche Branche beschränkten Definition vgl. Meier (1961), S. 87. Das wohl bekannteste Beispiel für eine solche Institution ist auf nationaler Ebene die Arbeitsgemeinschaft industrieller Forschungsvereinigungen (AiF) e.V., die als gemeinnützige Selbstverwaltungsorganisation der privaten Wirtschaft zu charakterisieren ist. Ihre Hauptaufgabe ist die Förderung der industriellen Gemeinschaftsforschung für klein- und mittelständische Unternehmungen. Vgl. AiF (1991), S. 23. Unter dieser Dachorganisation sind zur Zeit 102 Forschungsvereinigungen aus den unterschiedlichsten Branchen zusammengeschlossen. Vgl. o.V. (1993), S. 6.

79) Vgl. Corsten (1982), S. 177, Fn. 4.

80) Vgl. Corsten (1982), S. 179 f.

81) Vgl. Rotering (1990), S. 12; Corsten (1982), S. 179.

stete Zusammenarbeit ist materiell nicht aufrechtzuerhalten[82]. Vielmehr ist Gemeinschaftsforschung inhaltlich als spezifische Erscheinungsform von F&E-Kooperationen, und zwar solchen mit höchster Intensität, zu kennzeichnen[83].

4.2.2.2.3 F&E-Kooperationen

Bevor auf die noch zu spezifizierenden Formen kooperativer Zusammenarbeit von Unternehmungen auf dem F&E-Gebiet eingegangen werden kann, ist es aufgrund der Vielschichtigkeit und Interdisziplinarität des Kooperationsphäno-mens notwendig, den Kooperationsbegriff als solchen zu diskutieren[84].

4.2.2.2.3.1 Zum Begriff der Kooperation

Obwohl der Begriff der Kooperation in der kooperationstheoretischen Literatur der sechziger und siebziger Jahre intensiv diskutiert wurde[85], ist er dennoch unscharf und uneinheitlich geblieben[86].

Kooperation leitet sich aus dem Lateinischen ab und bedeutet "[...] Zusam-menarbeit oder auch gemeinschaftliche Erfüllung von Aufgaben"[87] im Sinne eines zielgerichteten, aktiven Zusammenwirkens[88]. Hieraus folgt, daß als Ko-operation in einem weiten, allgemeinen Sinne "[...] jede Art der Zusammenarbeit

---

82) Vgl. Corsten (1982), S. 178.

83) So bezeichnen Kern und Schröder Gemeinschaftsforschung als offene Form kooperati-ver F&E, wobei sich die Offenheit auf den fehlenden Abschließungseffekt bezieht. Vgl. Kern/Schröder (1977), S. 56 f. Ähnlich argumentiert Brockhoff, wenn er Gemeinschafts-forschung i.w.S. in kooperative Gemeinschaftsforschung (partielle Beschränkung des potentiellen Wettbewerbs) und Gemeinschaftsforschung i.e.S. (ohne Wettbewerbs-beschränkung) differenziert. Vgl. Brockhoff (1992), S. 45 f.

84) Zur Vielschichtigkeit als Kennzeichen des Kooperationsphänomens vgl. Reiß (1990), S. 1 ff. Zur Interdisziplinarität als Charakteristikum des Kooperationsphänomens vgl. Tröndle (1987), S. 13.

85) Vgl. etwa Knoblich (1969), S. 501; Straube (1972), S. 65; Schneider (1973), S. 37 ff.; Schwarz (1978), S. 87 ff.

86) Vgl. Pampel (1993), S. 9; Rotering (1993), S. 6 f.; Schwarz (1978), S. 79 f.; Tröndle (1987), S. 13.

87) Tröndle (1987), S. 15.

88) Vgl. Schneider (1973), S. 37.

von Personen und Institutionen im Wirtschaftsleben [...]"[89] bezeichnet werden kann. Auf der Grundlage dieses Minimalkonsenses ist der Begriff für betriebswirtschaftliche Belange weiter zu konkretisieren und zu spezifizieren[90].

Grundsätzlich kann sich der Terminus Kooperation, der als Prozeß wie auch als Institution verstanden wird[91], sowohl auf zwischen-, über- als auch auf innerbetriebliche Zusammenarbeit zwischen Personen und/oder Institutionen beziehen[92]. Im folgenden wird aber ausschließlich die zwischenbetriebliche Kooperation thematisiert.

Des weiteren sind nach dem Kriterium der Kooperationsrichtung horizontale, vertikale und komplementäre Kooperationen zu unterscheiden[93], wobei letztere auch als laterale oder konglomerate Kooperationen bezeichnet werden.

Eine Spezifizierung des betriebswirtschaftlichen Kooperationsbegriffs erfolgt i.d.R. im Rahmen von mehr oder weniger ausführlichen und sich in Teilen widersprechenden Merkmalskatalogen[94]. Die am häufigsten genannten Merkmale werden im folgenden aufgezeigt.

Erstes Merkmal von Kooperationen ist, daß das Streben nach Zusammenarbeit zwischen den mindestens zwei Unternehmungen als bewußte[95] und zielgerichtete Handlung erfolgt. Zur Forderung des Auftretens gemeinsamer Ziele als notwendiges Kooperationsmerkmal ist kritisch anzumerken, daß hierbei idealtypisch Kooperationen, die ein gemeinsames Erreichen gemeinsamer Kooperati-

---

89) Blohm (1980), Sp. 1112. Die reine Definition von Kooperation als Zusammenarbeit ohne weitere Erklärungshinweise ist aber als tautologisch zu erkennen. Vgl. Wurche (1991), S. 9.

90) Vgl. Götzelmann (1992), S. 87.

91) Vgl. Fischer (1983), S. 24 f.

92) Vgl. etwa Götzelmann (1992), S. 87 f. Zur innerbetrieblichen Kooperation vgl. z.B. Braun (1991), S. 55 ff. Zur überbetrieblichen Kooperation vgl. z.B. Naujoks/Pausch (1977), S. 5.

93) Vgl. z.B. Rühle von Lilienstern (1979), Sp. 928 f. Siehe hierzu auch die Anmerkungen zur Diversifikationsrichtung in Kapitel 4.2.2.2.5.

94) Zu einem systematischen Überblick über die häufigsten begriffsbildenden Kooperationsmerkmale als Ergebnis einer Literaturanalyse vgl. Fischer (1983), S. 25 f.

95) Vgl. Boettcher (1974), S. 22. Das Kriterium der bewußten Handlung schließt zum einen Fälle zufälligen Parallelverhaltens von Unternehmungen aus der Analyse aus. Zum anderen wird verhindert, daß jede unbewußte Koordination über den Marktmechanismus als Kooperation betrachtet wird. Vgl. Götzelmann (1992), S. 89. Dagegen hält Schwarz das Kriterium der Bewußtheit für überflüssig. Vgl. Schwarz (1978), S. 110 f.

onsziele anstreben, von Kooperationen zu unterscheiden sind, die ein gemeinsames Erreichen unterschiedlicher Ziele anstreben[96].

Als zweites Merkmal wird genannt, daß die Vereinbarungen zwischen den Unternehmungen sowohl vertraglicher als auch nicht-vertraglicher Art sein können[97].

Drittes Merkmal ist die Freiwilligkeit des Zutritts und des Austritts, verbunden mit einer wirtschaftlichen Selbständigkeit sowie rechtlichen Selbständigkeit der beteiligten Unternehmungen[98]. Das Kriterium der rechtlichen Selbständigkeit bietet aber keine Hilfestellung bei der Differenzierung kooperativer und konzentrativer Gebilde, da z.B. wirtschaftlich unselbständige Tochtergesellschaften von Konzernen rechtlich selbständig sein können[99]. Somit ist es kein konstitutives Kooperationsmerkmal. Eine Kooperation ist durch die konstitutiven Merkmale der Autonomie und der Abhängigkeit gekennzeichnet[100]. Autonomie bedeutet, daß die Kooperationspartner die finale Entscheidung über Bei- und Austritt selbst treffen können, da sie in einem Gleichordnungsverhältnis zueinander stehen. Demgegenüber beziehen sich gegenseitige Abhängigkeiten, auch als komplementäre Interdependenz bezeichnet, auf nachgelagerte Entscheidungen und Maßnahmen, die mit dem konkreten Kooperationsgegenstand in Zusam-

---

96) Im ersten Fall liegt eine redistributive Kooperation vor, die durch das Poolen von Ressourcen gekennzeichnet ist. Im zweiten Fall liegt eine reziproke Kooperation vor, der das sog. Tauschphänomen zugrundeliegt. Vgl. Tröndle (1987), S. 18 ff. Gänzlich gegen die Aufnahme der Zielkomponente in Kooperationsdefinitionen spricht sich z.B. Schwarz (1978), S. 114 f. aus.

97) Es gibt allerdings auch Autoren, die Kooperation ausschließlich als auf vertraglichen Vereinbarungen beruhende Zusammenarbeit definieren. Vgl. etwa Knoblich (1969), S. 500. Da diese Deutung zur Erfassung der praktisch relevanten Kooperationsformen zu eng ist, wird ihr nicht gefolgt.

98) Wirtschaftliche Selbständigkeit ist im Sinne der (relativen) Entscheidungsfreiheit nach Kosiol zu interpretieren. Vgl. Kosiol (1972), S. 29. Bezüglich der in der Literatur, vgl. z.B. Fischer (1983), S. 27, vielfach geforderten rechtlichen und wirtschaftlichen Selbständigkeit der Kooperationspartner als Kooperationsmerkmale sei hier auf die differenziertere Argumentation von Tröndle verwiesen. Vgl. Tröndle (1987), S. 25 ff. Tröndle unterscheidet zwischen vertikaler Autonomie (Außenverhältnis der Kooperation) und horizontaler Autonomie (Innenverhältnis der Kooperation). Die wirtschaftliche Selbständigkeit bleibt bei einer Kooperation nämlich nur im Prinzip erhalten. Sie wird auf Teilgebieten, hier dem F&E-Gebiet, bewußt eingeschränkt. Vgl. Pausenberger (1989), S. 623 f. Aussagefähiger als Maß für das Merkmal der Autonomie sind die formal-rechtliche wie auch die de facto-Reversibilität der Kooperationsentscheidung sowie das Vorliegen nicht-hierarchischer Entscheidungsstrukturen. Vgl. Tröndle (1987), S. 26.

99) Vgl. Schwarz (1978), S. 95.

100) Vgl. hierzu und zum folgenden Tröndle (1987), S. 16 ff.

menhang stehen. Autonomie und Abhängigkeit stehen also in einem Spannungsverhältnis zueinander[101].

Schließlich ist noch als Merkmal von Kooperationen herauszustellen, daß nur einzelne Unternehmungsfunktionen von der Zusammenarbeit berührt werden[102].

Zusammenfassend soll im folgenden also unter Kooperation die bewußte, zielgerichtete zwischenbetriebliche Zusammenarbeit von Unternehmungen auf Teilgebieten verstanden werden. Diese Zusammenarbeit beruht auf Vereinbarungen und genügt den Kriterien der Mindestautonomie und Mindestinterdependenz. "Somit umschreibt der Begriff der Kooperation weder die Form noch den Grad der Zusammenarbeit und läßt sich in jedem Falle durch einen konkretisierten Ausdruck ersetzen."[103] Der Versuch einer solchen Konkretisierung in bezug auf den F&E-Bereich wird im folgenden unternommen.

4.2.2.2.3.2 Formen von F&E-Kooperationen

Kooperationen mit dem Ziel der gemeinsamen Generierung neuen technologischen Wissens treten in verschiedenen Erscheinungsformen auf, wobei die Grenzen zwischen den Formen in der Realität fließend sind. Diese Erscheinungsformen können nach dem Kriterium der Bindungsintensität bzw. der Intensität der Zusammenarbeit[104] in idealtypischer Weise systematisiert werden[105]. Die Bindungsintensität läßt sich z.B. durch den Formalisierungsgrad

---

101) Das bedeutet, "[...] daß bei einer jeden Ausweitung des Handlungsspielraums stets auch eine Einengung des Handlungsspielraums verbucht werden muß." Boettcher (1974), S. 42. Dies bezeichnet Boettcher als **"Paradox der Kooperation"**. Vgl. Boettcher (1974), S. 42. Gemeinsames Auftreten von Interessenkonflikt und -kongruenz sind also Kennzeichen kooperativer Beziehungen. Vgl. Schrader (1993), S. 223.

102) Vgl. etwa Knoblich (1969), S. 500; Fischer (1983), S. 27. Diese Forderung steht in direktem Zusammenhang zu der o.g. Forderung der Freiwilligkeit und der wirtschaftlichen Selbständigkeit.

103) Alvano (1993), S. 100. Der Kooperationsbegriff ist also "[...] indifferent gegenüber der formalen und organisatorischen Gestaltung der jeweiligen Interaktionsbeziehung." Schrader (1993), S. 224.

104) Zu den Begriffen der Intensität und Bindungsintensität vgl. Kappich (1989), S. 115 und Schubert/Küting (1981), S. 8 f.

105) In der Literatur findet sich, meist in Anlehnung an die allgemeine kooperationstheoretische Literatur, eine Vielzahl möglicher Systematisierungskriterien. Bezüglich der Kriterienkataloge in der allgemeinen kooperationstheoretischen Literatur vgl. stellvertretend für viele andere Benisch (1973), S. 95 ff.; Knoblich (1969), S. 505 ff.; Straube (1972), S. 37 ff. Die folgenden Systematisierungskriterien werden am häufigsten speziell auf

der Vereinbarungen, den Grad der Aufgabenzentralisierung und Ressourcen-poolung, die Art der Institutionalisierung, den Zeithorizont etc. konkretisieren. Diesem Kriterium wird hier vor allen anderen der Vorzug gegeben, weil es am ehesten die in der Realität existenten Formen abzubilden vermag[106].

Als F&E-Kooperationsform mit der geringsten Intensität ist die **nicht koordi-nierte Einzel-F&E mit Ergebnis- und Erfahrungsaustausch** zu nennen[107]. Dabei vereinbaren die Kooperationspartner den meist auf abgegrenzte Gebiete beschränkten Austausch von technologischem Wissen und Erfahrungen, ohne daß gegenseitige Verpflichtungen zur Offenlegung unternehmungsinterner F&E-Ergebnisse bestehen und ohne Ausrichtung auf gemeinsame F&E-Ziele[108]. Die Auswertung und Verwendung der Informationen erfolgt unternehmungsin-tern und eigenständig[109]. Auch innerhalb der nicht koordinierten Einzel-F&E sind weiterhin unterschiedliche Intensitätsgrade hinsichtlich der Zusammenar-

F&E-Kooperationen angewendet. Nach der Spezifität wird unterschieden in F&E-Kooperationen auf den Gebieten der Grundlagenforschung, der angewandten For-schung und der Entwicklung. Vgl. Götzelmann (1992), S. 167. Nach der Zutrittsmög-lichkeit zur Kooperation wird unterschieden in offene und geschlossene F&E-Koopera-tionen. Vgl. Kern/Schröder (1977), S. 56 f. und Düttmann (1989), S. 110 f. Nach der Kooperationsrichtung oder Zugehörigkeit der Partner zu ihrer Stufe im Wirtschafts-kreislauf sind horizontale, vertikale und konglomerate F&E-Kooperationen zu differen-zieren. Vgl. Alvano (1993), S. 102; Düttmann (1989), S. 112 ff.; Heinzl/Sinß (1993), S. 60. Nach dem Typ der vertraglichen Ausgestaltung können z.B. nichtvertragliche, austauschvertragliche und gesellschaftsvertragliche Kooperationen unterschieden wer-den. Vgl. Düttmann (1989), S. 103 ff.

106) Rotering behauptet, dieses Merkmal im Rahmen von Vorstudien zu einer empirischen Untersuchung als wichtigstes Unterscheidungskriterium für die in der Praxis vorzufin-denden Erscheinungsformen zwischenbetrieblich-technologischer Zusammenarbeit identifiziert zu haben. Vgl. Rotering (1990), S. 115. Vorrangig wird das Kriterium der Bindungsintensität als Systematisierungshilfe für Formen von F&E-Kooperationen z.B. auch berücksichtigt bei Boehme (1986), S. 114 ff.; Düttmann (1989), S. 103; Kauf-mann/Kokalj/May-Strobl (1990), S. 21; Matthiessen (1988), S. 17 ff.; Rotering (1990), S. 17 und 115 f.; Schneider/Zieringer (1991 a), S. 35 ff.; Wolfrum (1991), S. 293 ff.

107) Vgl. z.B. Rotering (1990), S. 116; Schneider/Zieringer (1991 a), S. 35 f.; Boehme (1986), S. 114. Dies soll die in praxi wenn auch nicht explizit, so doch implizit am häu-figsten anzutreffende Kooperationsform sein. Vgl. Machunsky (1985), S. 6; Schnei-der/Zieringer (1991 a), S. 35. Rotering kommt allerdings zu einem dem widersprechen-den Ergebnis. Vgl. Rotering (1990), S. 117.

108) Vgl. Düttmann (1989), S. 105; Rotering (1990), S. 116. Es finden sich auch Autoren, die den Austausch von Schutzrechten in der Form von Patentgemeinschaften ebenfalls unter die nicht koordinierte Einzel-F&E subsumieren, obwohl ein solcher Austausch sehr wohl umfangreiche Koordinationsaktivitäten bedingen kann. Vgl. z.B. Machunsky (1985), S. 6; Düttmann (1989), S. 104 f.; Matthiessen (1988), S. 23 f.

109) Vgl. Rotering (1990), S. 116.

beit möglich[110]. Eine Ausprägungsform stellen z.B. gelegentliche informale Gesprächsrunden dar[111].

Positiv ist bei den Formen der nicht koordinierten Einzel-F&E mit Ergebnis- und Erfahrungsaustausch hervorzuheben, daß keine organisatorischen Anpassungsmaßnahmen bei den Kooperationspartnern anfallen[112]. Problembehaftet sind eventuelle Geheimhaltungswünsche sowie die Unsicherheit über den Erfolg der nicht zu beeinflussenden F&E-Aktivitäten der Kooperationspartner[113]. Die nicht koordinierte Einzel-F&E mit Ergebnis- und Erfahrungsaustausch kann "[...] Anstoßwirkungen für die ansonsten autonomen Forschungsarbeiten [...]"[114] der Kooperationspartner haben und des weiteren den Prüfstein für einen Einstieg in intensivere Formen der F&E-Zusammenarbeit darstellen[115].

Die nächstintensivere Form der Zusammenarbeit stellt die **planmäßig koordinierte Einzel-F&E mit institutionalisiertem Ergebnis- und Erfahrungsaustausch** dar[116], die sich auf einzelne Forschungsprojekte wie auch auf die gesamte F&E der Kooperationspartner erstrecken kann[117]. Konkret sind hierbei die Parallelforschung ohne Aufteilung der Forschungsgebiete, die arbeitsteilige Spezialisierung der Kooperationspartner auf verschiedene Arbeitsfelder sowie der wechselseitige Informationsaustausch über eine F&E-Zentrale zu unterscheiden[118]. Hinzu kommt ein möglicher Austausch von Personal und anderen Ressourcen zwischen den Kooperationspartnern[119]. Diese Form der F&E-Kooperation bedingt viele Koordinations- und Abstimmungserfordernisse sowie

---

110) Vgl. Schneider/Zieringer (1991 a), S. 35 f.

111) So beschreibt von Hippel das sog. 'informal know-how trading' zwischen Experten verschiedener Unternehmungen als eine neue und in ihrer Bedeutsamkeit empirisch z.T. auch nachgewiesene Form kooperativer F&E. Vgl. von Hippel (1987), S. 291 ff. Eine empirische Untersuchung, die die Bedeutung dieses informalen zwischenbetrieblichen Wissentransfers bestätigt, liefert Schrader. Vgl. Schrader (1990).

112) Vgl. Wolfrum (1991), S. 308.

113) Vgl. Wolfrum (1991), S. 308; Düttmann (1989), S. 105.

114) Rotering (1990), S. 116.

115) Vgl. Rotering (1990), S. 116; Düttmann (1989), S. 105.

116) Vgl. Rotering (1990), S. 116.

117) Vgl. Düttmann (1989), S. 105 f.

118) Vgl. Rotering (1990), S. 116; Boehme (1986), S. 115.

119) Vgl. Wolfrum (1991), S. 308; Machunsky (1985), S. 7; Matthiessen (1988), S. 25 f.

ein enges Vertrauensverhältnis zwischen den Kooperationspartnern, da die wechselseitige Abhängigkeit hoch sein kann[120].

Intensivste Form der F&E-Kooperation ist die **Gründung einer F&E-Gemeinschaftsunternehmung**[121], auch als F&E-Joint Venture bezeichnet[122]. Aus organisatorischer Sicht bedeutet dies die Anwendung des Ausgliederungsprinzips[123] und damit die organisatorische Verselbständigung der F&E bzw. von deren kooperationsrelevanten Teilen[124]. Es entsteht auf der Grundlage eines Gesellschaftsvertrages eine neue Unternehmung mit eigener Rechtspersönlichkeit[125]. Wegen der Ressourcenausgliederungen und der damit verbundenen Kapitalverflechtungen ist die F&E-Gemeinschaftsunternehmung auf längere

---

120) Vgl. Wolfrum (1991), S. 308. Aus juristischer Sicht beruht diese Form ebenso wie die nicht koordinierte Einzel-F&E, falls sie vertraglich geregelt sind und nicht nur auf reinen Abreden beruhen, auf einem "[...] Vertrag, in dem ein bestimmter Austausch von Erfahrungen, Know how, Forschungs- und Entwicklungsergebnissen, Patenten und Lizenzen vereinbart wird. Die Leistung einer Unternehmung bedingt eine Gegenleistung des Kooperationspartners." Düttmann (1989), S. 104.

121) Vgl. z.B. Boehme (1986), S. 116; Machunsky (1985), S. 12; Matthiessen (1988), S. 26; Rotering (1990), S. 115. Neben einer Gemeinschaftsunternehmung ausschließlich für F&E ist es in der Praxis wahrscheinlich, daß auch zusätzliche Funktionen wie z.B. Fertigung und Vertrieb ausgegliedert werden. Vgl. Machunsky (1985), S. 13; Schneider/Zieringer (1991 a), S. 37. Im Rahmen dieser Arbeit werden allerdings ausschließlich reine F&E-Gemeinschaftsunternehmungen betrachtet.

122) Der Begriff des Joint Venture wird nicht einheitlich definiert. Vgl. z.B. Hermann (1988), S. 1 ff. Einen Minimalkonsens liefert folgende Definition: "[...] ein Joint Venture liegt vor, wenn mindestens zwei wirtschaftlich und rechtlich voneinander unabhängige Partner [...] gemeinsam die führungsmässige Verantwortung und das finanzielle Risiko aus einem Vorhaben übernehmen." Weder (1989), S. 33 f. Es werden Equity Joint Ventures, bei denen die Gründung einer gemeinsamen Gesellschaft mit symmetrischen oder asymmetrischen Beteiligungsverhältnissen erfolgt, von Contractual Joint Ventures unterschieden, bei denen nur vertragliche Vereinbarungen geschlossen, aber keine Unternehmungsgründungen vorgenommen werden. Vgl. Ihrig (1991), S. 29. Somit ist nur das Equity Joint Venture mit der Gemeinschaftsunternehmung im oben erläuterten Sinne inhaltlich gleichzusetzen.

123) Zum Ausgliederungsprinzip als einem der Zerlegungsprinzipien, auf die sich mehrdimensionale Organisationsstrukturen zurückführen lassen, vgl. Frese (1987), S. 247 und 254 ff. sowie Abels (1980), S. 121 f.

124) "Die Bildung einer gemeinsamen Unternehmung bedeutet nicht, daß grundsätzlich ein neues Forschungszentrum errichtet wird. Ebenso folgt daraus nicht, daß die Unternehmen ihre eigenständige Forschung und Entwicklung zugunsten der F+E-Kooperation aufgeben. Eingestellt wird die eigene Forschung nur auf dem speziellen Forschungsgebiet und der weiterführenden Entwicklung von Forschungsergebnissen, die der F+E-Kooperation übertragen werden." Düttmann (1989), S. 109.

125) Vgl. Staub (1976), S. 132. Hierbei sind die durch das nationale und eventuell internationale Kartellrecht gesetzten Restriktionen zu beachten. Vgl. hierzu z.B. Fuchs (1989), S. 154 ff. und 227 ff.; Rotering (1993), S. 20 ff. sowie die Ausführungen in Kapitel 3.1.1.

Dauer angelegt[126]. Das neue technologische Wissen als Ergebnis der Tätigkeit der F&E-Gemeinschaftsunternehmung wird den Kooperationspartnern mittels Verwertungsabreden in Form von Lizenzen oder Nutzungsrechten, teilweise
verbunden mit Marktaufteilungen oder Gewinnpoolung, zugänglich gemacht[127].

Vorteilhaft an F&E-Gemeinschaftsunternehmungen sind die mit der Poolung der
F&E-Ressourcen verbundenen potentiellen Spezialisierungsvorteile, die Verbundvorteile, wenn die Kooperationsvorhaben die F&E-Kapazitäten und/oder
die Finanzkraft der einzelnen Kooperationspartner überschreiten[128], sowie
eine im Vergleich zu weniger intensiven Formen von F&E-Kooperationen leichter zu sichernde Geheimhaltung[129]. Als problematisch können sich Einigun-
gen der Kooperationspartner über die Konfliktregelungsmechanismen, Quantität
und Qualität der jeweils einzubringenden Ressourcen, Verwertungsabreden etc.
erweisen[130].

4.2.2.2.3.3 Aktuelle Kooperationsvarianten

In der Literatur der letzten zehn Jahre existieren weitere Kooperationsvarianten,
die mit 'neuen' Begriffen wie Wertschöpfungspartnerschaften, Strategische Allianzen, Strategische Partnerschaften, Koalitionen, Netzwerke u.ä. belegt werden. Es stellt sich die Frage, inwieweit mit 'neuen' Begriffen auch 'neue' Inhalte
angesprochen sind oder ob die Inhalte durch die vorgestellte begriffliche kooperationstheoretische Terminologie nicht schon erfaßt sind.

"Unter strategischen Allianzen sollen Koalitionen von zwei oder mehr rechtlich
selbständigen Unternehmen verstanden werden, die mit dem Ziel eingegangen
werden, die individuellen Stärken zu vereinen. So können gemeinsam Wettbewerbsvorteile realisiert und damit bestehende Erfolgspotentiale einzelner Geschäftsfelder gesichert bzw. neue erschlossen werden."[131] Dies ist aber auf-

---

126)   Vgl. z.B. Boehme (1986), S. 123.

127)   Vgl. Machunsky (1985), S. 12.

128)   Vgl. Wolfrum (1991), S. 308.

129)   Vgl. Boehme (1986), S. 123.

130)   Vgl. Wolfrum (1991), S. 308 f.

131)   Gahl (1991), S. 9. Zu einer ähnlichen Definition vgl. Sydow (1992 a), S. 63. Eine
       rechtsformorientierte Differenzierung Strategischer Allianzen unterscheidet die schon

grund der Weite des gewählten Kooperationsbegriffes inhaltlich unter diesem subsumiert[132]. Auch wenn der Kooperationsbegriff nicht explizit das strategische Element von Kooperationen betont, so sind doch zumindest die intensiveren Formen der F&E-Kooperationen aufgrund ihrer gesamtunternehmerischen Bedeutung immer in die strategischen Dimensionen der Unternehmungsführung eingebunden. Daher rechtfertigt der Zusatz 'strategisch' in diesem Zusammenhang keine eigenständige Begriffsbildung[133]. Somit werden der Begriff Strategische Allianzen wie auch die als inhaltliche Synonyma zu identifizierenden Strategischen Partnerschaften, Bündnisse und Koalitionen[134] im folgenden als unter F&E-Kooperationen subsumiert betrachtet und nicht mehr als eigenständige Begriffe verwendet. Gleiches gilt für Wertschöpfungspartnerschaften, die als "eine strategisch-vertikale Allianz von Unternehmungen, die ihre Aktivitäten auf bestimmte Stufen der Wertkette konzentrieren und entlang der Wertkette kooperieren"[135], definiert werden können.

Eine weitere aktuelle Kooperationsvariante sind Unternehmungsnetzwerke oder strategische Netzwerke als spezielle Organisationsformen ökonomischer Aktivitäten[136]. "Ein Unternehmungsnetzwerk stellt eine auf die Realisierung von Wettbewerbsvorteilen zielende Organisationsform ökonomischer Aktivitäten dar, die sich durch komplex-reziproke, eher kooperative denn kompetitive und relativ stabile Beziehungen zwischen rechtlich selbständigen, wirtschaftlich jedoch zumeist abhängigen Unternehmungen auszeichnet."[137] Strategische Netzwerke als spezielle Form von Unternehmungsnetzwerken sind v.a. dadurch gekennzeichnet, daß sie von einer oder mehreren Unternehmungen, die als fokale Unternehmungen bezeichnet werden, strategisch geführt werden[138]. Sie ent-

---

erwähnten Joint Ventures, Managementverträge und Lizenzverträge. Vgl. Gahl (1991), S. 12.

132) Vgl. ähnlich Rotering (1993), S. 14 ff.

133) Vgl. Rotering (1993), S. 19.

134) Vgl. Backhaus/Piltz (1990), S. 2 und Sydow (1992 a), S. 63.

135) Sydow (1992 a), S. 64.

136) Vgl. Sydow (1992 b), S. 239. Zu Netzwerken vgl. insbesondere Thorelli (1986), S. 37 ff.; Jarillo/Ricart (1987), S. 83 ff.; Jarillo (1988), S. 31 ff. In diesem Zusammenhang sind auch Arbeiten einer Gruppe von schwedischen Forschern zu nennen. Vgl. z.B. Hakansson (1986), S. 357 ff.; Johanson/Mattsson (1987), S. 34 ff.; Laage-Hellmann (1989), S. 66 ff.

137) Sydow (1992 a), S. 79. Die Perspektive des Netzwerkprinzips spiegelt generell das Strukturmuster arbeitsteiliger Leistungserstellungsprozesse wider und kann somit sowohl auf unternehmungsübergreifende als auch unternehmungsinterne arbeitsteilige Aktivitäten angewendet werden. Vgl. dazu Delfmann (1989), S. 91 ff.

138) Vgl. Sydow (1992 a), S. 81 f.

stehen durch eine Kombination von Quasi-Internalisierung und Quasi-Externalisierung auf verschiedenen Gebieten[139]. Die Definition der Unternehmungsnetzwerke und darauf fußend der strategischen Netzwerke ist sehr offen und relativ vage. So werden z.B. strategische Netzwerke oft auch als intermediäre Koordinationsinstrumente zwischen rein marktlicher und streng hierarchischer Koordination charakterisiert[140].

Obwohl Sydow sich bemüht hat, den Terminus des Unternehmungsnetzwerks explizit gegen schon existierende und inhaltlich ähnliche Begriffe wie Strategische Allianzen etc. abzugrenzen[141], gelingt diese Abgrenzung nicht trennscharf[142]. Die Verwendung eines derart komplexen und zugleich wenig operationalen Begriffes ist für die Zwecke der vorliegenden Arbeit aus zwei Gründen nicht angebracht. Zum einen wäre eine Betrachtung von reinen strategischen F&E-Netzwerken zwar theoretisch möglich, praktisch ist es aber gerade ein Kennzeichen von Netzwerken, daß die daran beteiligten Unternehmungen nicht nur eine einzige Funktion quasi-internalisieren bzw. -externalisieren. Zum anderen sind die eingangs aufgeführten Formen von F&E-Kooperationen, die durchaus teilweise spezielle Organisationsformen im Rahmen von Netzwerken sein können, für eine nachfolgende Analyse begrifflich wie auch inhaltlich griffiger.

4.2.2.2.4 Beteiligungserwerb

Die institutionalisierte Beschaffung von noch zu generierendem technologischem Wissen kann über die im einzelnen sehr heterogenen Formen des Beteiligungserwerbs erwogen werden[143], "[...] wobei unter Beteiligung der gesellschaftsrechtliche Anteil am Kapital einer rechtlich selbständig bleibenden Per-

---

139) Quasi-Internalisierung bedeutet eine verstärkte Zusammenarbeit zwischen Unternehmungen, die auch eine intensive Koordination der Aktivitäten der Unternehmungen auf den betroffenen Gebieten nach sich zieht. Quasi-Externalisierung zielt auf eine Aufweichung hierarchisch koordinierter Austauschbeziehungen zwischen Unternehmungen und somit auf eine (teilweise) Funktionsausgliederung ab. Vgl. Sydow (1992 a), S. 105.

140) Vgl. z.B. Jarillo/Ricart (1987), S. 83.

141) Vgl. Sydow (1992 a), S. 61 ff.

142) Dies ist aufgrund der Komplexität der unter dem Terminus des Unternehmungsnetzwerkes subsumierten Sachverhalte und der daraus resultierenden zahlreichen Interdependenzen auch sehr problematisch. So sind z.B. Joint Ventures als spezielle Organisationsformen strategischer Netzwerke zu identifizieren. Vgl. Sydow (1992), S. 71.

143) Beteiligungserwerb ist auch unter eher juristisch orientierten Begriffen wie Konzernbildung und -beteiligung bekannt. Vgl. z.B. Matthiessen (1988), S. 29 ff. Zu juristischen und v.a. betriebswirtschaftlichen Aspekten verschiedener Konzernformen vgl. z.B. Golland (1993), S. 183 ff.

sonen- oder Kapitalgesellschaft verstanden wird"[144]. Grundsätzlich hat Beteiligungserwerb, bei dem der Technologieempfänger einen Kapitalanteil an einer bereits bestehenden Unternehmung erlangt[145], rechtsformorientierte Voraussetzungen. Es ist erforderlich, daß die Rechtsform der Unternehmung, an der eine Beteiligung angestrebt wird, dies auch zuläßt, d.h. es muß passive Kooperationsfähigkeit vorliegen[146]. Des weiteren sind solche Gestaltungsoptionen und -restriktionen für den Beteiligungserwerb zu beachten, die durch die entsprechenden bundesdeutschen, europäischen und ggf. auch länderspezifischen Rechtsnormen gesetzt werden. Hier sind insbesondere die Vorschriften des AktG, des GmbHG und des GWB sowie die entsprechenden EG-Regelungen[147] hervorzuheben.

Im Rahmen des Beteiligungserwerbs sind als konkrete Koordinationsformen zur Sicherung der unternehmerischen Versorgung mit noch zu generierendem

---

144) Vizjak (1990), S. 2. Die Übergänge zwischen Beteiligungserwerb und der im folgenden Kapitel skizzierten Unternehmungsakquisition sind fließend. Akquisition kann im strengen Sinne als Erwerb aller Kapitalanteile an einer anderen Unternehmung interpretiert werden. Dies ist aber ein rein formales Kriterium. Wesentlich aus betriebswirtschaftlicher Perspektive ist, ob eine Unternehmung faktisch in der Lage ist, über die Geschäfte einer anderen Unternehmung zu bestimmen. Dies ist aber auch schon bei einer Mehrheitsbeteiligung der Fall. Denkbar wäre auch die im folgenden der Übersichtlichkeit halber vernachlässigte Konstellation, daß trotz einer Minderheitsbeteiligung die faktische Macht bei der den Minderheitsanteil haltenden Unternehmung liegt. Dies ist dann der Fall, wenn dieser Minderheitsbeteiligung sehr viele nicht organisierte Kleinanteilseigner gegenüberstehen.
Um den Blick für das Wesentliche nicht zu verlieren, wird im folgenden mit Extremformen argumentiert, die sich am Kriterium der faktischen Beherrschung orientieren. Somit wird unter Beteiligungserwerb der Fall der Minderheitsbeteiligungen subsumiert, wohingegen Mehrheitsbeteiligungen bis hin zur Unternehmungsakquisition im strengen Sinne im Kapitel 4.2.2.5 thematisiert werden.

145) Vgl. Matthiessen (1988), S. 29. Im folgenden wird nur die Beteiligung durch Überlassung finanzieller Mittel betrachtet. Zu dieser und anderen Finanzierungsformen vgl. Stehle (1993), Sp. 3715.

146) Dies ist z.B. bei der offenen Handelsgesellschaft, der Kommanditgesellschaft, der GmbH, der AG, der KGaA der Fall, dagegen nur eingeschränkt bei Genossenschaften. Vgl. Rose/Glorius (1992), S. 49, 53, 62, 68, 72 und 77. Im Prinzip müßte auch noch festgestellt werden, ob es die Rechtsform der Unternehmung erlaubt, aktiv kooperationsfähig zu sein, d.h. "[...] sich aktiv an anderen Unternehmungen zu beteiligen und diese anderen Unternehmungen ggf. sogar zu beherrschen" Rose/Glorius (1992), S. 17. So ist z.B. eine Reederei nach h.M. aktiv kooperationsunfähig. Vgl. Rose/Glorius (1992), S. 26. Zu den Begriffen der aktiven und passiven Kooperationsfähigkeit vgl. Rose/Glorius (1992), S. 17. Im folgenden wird aktive und auch passive Kooperationsfähigkeit unterstellt.

147) Es existiert für Unternehmungsverbindungen derzeit noch kein geschlossenes europäisches Recht. Vgl. Scheffler (1993), S. 101. Zu einem Überblick über EG-Regelungen, die Unternehmungsverbindungen zum Gegenstand haben, vgl. Scheffler (1993), S. 104, Abb. 4.

technologischen Wissen insbesondere spezielle Formen des sog. externen Venture Management zu thematisieren[148]. Hierbei sind Risiko-Kapitalbeteiligungen (sog. Venture Capital Investments), Venture Nurturing sowie Venture Spin-offs als wichtigste Ausprägungsformen näher zu charakterisieren[149], wobei die Grenzen zwischen diesen Koordinationsformen fließend verlaufen.

Bei **Risiko-Kapitalbeteiligungen** erwirbt eine Unternehmung einen Kapitalanteil an einer anderen Unternehmung, welche oft kleiner und jünger ist und auf einem technologieintensiven und häufig mit hohem Risiko behafteten Gebiet tätig ist[150]. Somit erlaubt es diese Form des Beteiligungserwerbs, "[...] ohne größeres eigenes Involvement [...] technologische Entwicklungen möglichst breitgefächert zu beobachten, Wachstumspotentiale frühzeitig zu entdecken und für einen eventuellen eigenen Einstieg in die Marktentwicklung zu nutzen."[151]

Beim **Venture Nurturing** ist die Zusammenarbeit und damit auch die Einflußnahme des Kapitalgebers auf die junge Unternehmung insofern noch intensiver als bei reinen Risiko-Kapitalbeteiligungen, als daß zu der Kapitalbeteiligung noch eine aktive Betreuung und Beratung der jungen Unternehmung in Form eines Transfers von Wissen hinzukommt[152].

Kennzeichen von **Venture Spin-Offs**[153] ist, daß bestimmte Nebenprodukte der unternehmungseigenen F&E, die nicht direkt im aktuellen Tätigkeitsfeld der erzeugenden Unternehmung umzusetzen sind, in organisatorisch weitgehend

---

148) Venture Management, zwecks Betonung der Neuartigkeit der Geschäfte und der Wege bei deren Umsetzung auch New Venture-Management genannt, bezeichnet "[...] eine Führungsform, bei der die gereifte Großunternehmung gezielt relativ autonome Venture-Einheiten bildet oder mit Venture Unternehmen zusammenarbeitet, um neue Geschäfte zu erschließen und die eigene Innovationsfähigkeit zu verbessern." Servatius (1988), S. 7. Externes Venture Management zielt auf eine Beteiligung der reifen Unternehmung an jungen, selbständigen Unternehmungen oder auf eine gemeinsame Gründung durch die reife Unternehmung und Externe ab. Vgl. Servatius (1988), S. 13. Externes Venture Management kann im Rahmen von verschiedenen Organisationsformen durchgeführt werden. Vgl. hierzu Servatius (1988), S. 174.

149) Es sei hier darauf hingewiesen, daß ein externes Venture Management auch Organisationsformen wie Joint Ventures, Forschungskooperationen oder Akquisitionen umfaßt. Diese werden allerdings unter den betreffenden Gliederungspunkten eingeordnet und dort behandelt.

150) Vgl. Rotering (1990), S. 13. Venture Capital ist demnach als eine Form der Beteiligungsfinanzierung für junge, wachstumsorientierte Unternehmungen zu kennzeichnen. Vgl. Servatius (1988), S. 48.

151) Rotering (1990), S. 13.

152) Vgl. Laub (1989), S. 34; Servatius (1988), S. 178; Rotering (1990), S. 14; Roberts/Berry (1985), S. 8; Stedler (1987), S. 34.

153) "Unter Spin Off wird meistens das Veräussern eines Teiles aus einem Unternehmen verstanden." Nadig (1992), S. 11.

selbständigen Einheiten bis hin zu einer möglichen Marktreife weiterverfolgt werden. Spin-Offs werden oft von ehemaligen Mitarbeitern der Muttergesellschaft durchgeführt[154]. Somit sind Spin-Offs auch als Sonderformen innovativer Unternehmungsgründungen zu charakterisieren[155]. Die Muttergesellschaft unterstützt dabei die Gründung in verschiedener Hinsicht. Neben Minderheitsbeteiligungen leistet sie z.b. Methodenhilfe, stellt ihre Beziehungen zu Kunden und Lieferanten zur Verfügung und erklärt sich zum Erfahrungsaustausch bereit[156]. "Einige Großunternehmen verfolgen diesen Weg, um eine Verbindung zu Mitarbeitern zu erhalten, deren technische Innovationen gegenwärtig nicht in das Leistungsprogramm passen oder im Rahmen der vorhandenen Geschäftsbereiche schwer zu vermarkten sind."[157]

Neben 'friendly spin-offs', auch sponsored Spin-Offs genannt[158], bei denen die Ausgründung von der Muttergesellschaft gefördert oder sogar veranlaßt wird, sind der Vollständigkeit halber auch noch 'unfriendly spin-offs' zu erwähnen[159]. Diese auch als Split-Offs bezeichneten Formen der Ausgründung finden ohne Unterstützung oder sogar gegen den Willen der Muttergesellschaft statt[160].

---

154) Vgl. Johnsson/Hägg (1987), S. 64 f.; Servatius (1988), S. 179; Stedler (1987), S. 35. Hier ist das Beispiel der Bodan Software GmbH zu nennen. Diese GmbH, die im Bereich der KI tätig ist, wurde von einer Gruppe ehemals bei Dornier tätiger Software-Entwickler mit Unterstützung durch die Mercedes-Benz AG gegründet, welche auch heute noch wichtigster Abnehmer ist. Vgl. Fuchs (1993), S. 41.

155) Vgl. Laub (1989), S. 14 ff. und S. 20 sowie Nadig (1992), S. 11 ff.

156) Vgl. Laub (1989), S. 16; Picot/Schneider (1988), S. 104.

157) Servatius (1988), S. 179.

158) Vgl. Sydow (1992 a), S. 65.

159) Vgl. Laub (1989), S. 16. Im Kontext der vorliegenden Arbeit sind aber nur die 'friendly spin-offs' von Interesse, da sie der Muttergesellschaft, auch Inkubatororganisation genannt, mehr oder weniger starke direkte Rückgriffe auf das in der neuen Unternehmung zu erforschende technologische Wissen ermöglichen. Wäre dies nicht der Fall, so hätte die Muttergesellschaft die Spin-Off-Gründung gar nicht durch Beteiligungskapital und/oder Wissenstransfer unterstützt. Vgl. Laub (1989), S. 16.

160) Vgl. Sydow (1992 a), S. 65.

4.2.2.2.5 Unternehmungsakquisition

"Acquisition has [...] become an important and quick means to gain access to technology and technical know-how"[161]. Eine Unternehmung kann zur Sicherung ihrer Versorgung mit neuem technologischem Wissen andere Unternehmungen, die über das gesuchte technologische Potential verfügen bzw. zu verfügen scheinen, aufkaufen, um so Verfügungsgewalt über dieses Potential zu erlangen[162]. Für eine solche Strategie stehen Begriffe wie Firmenkauf, Unternehmungsakquisition, Mergers & Acquisitions, Verschmelzung sowie Fusion[163].

Abgesehen von den im Einzelfall bei einer Akquisitionsentscheidung u.a. zu beachtenden rechtlichen, rechtsformabhängigen, gesamtstrategieabhängigen und finanziellen Determinanten können zu den Vor- und Nachteilen, die eine technologisch orientierte Unternehmungsakquisition abhängig von der Diversifikationsrichtung bietet[164], folgende Tendenzaussagen getroffen werden.

---

161) Chakrabarti/Hauschildt/Süverkrüp (1994), S. 48. Den Ergebnissen einer empirischen Erhebung von Süverkrüp zufolge sind im F&E-Bereich verhaftete Akquisitionszielsetzungen hinter absatzorientierten Akquisitionszielsetzungen die zweitwichtigste Gruppe von Akquisitionsmotiven. Vgl. Süverkrüp (1992), S. 35 ff., 62, 86 ff.

162) Zum Gegenstand und Begriff der Akquisition vgl. z.B. Gerpott (1993), S. 18 ff. Nach Beendigung des Akquisitionsvorgangs, der durch den Übergang von einer interorganisatorischen zu einer intraorganisatorischen Beziehung gekennzeichnet ist, liegt eine unternehmungsinterne Gewinnung technologischen Wissens vor.

163) Die Begriffe Verschmelzung und Fusion sind Synonyma, die primär auf juristische Aspekte der Unternehmungsakquisition im Rahmen des deutschen Handels- und Steuerrechts bei Kapitalgesellschaften abzielen. Vgl. Rose/Glorius (1992), S. 168 und Süverkrüp (1992), S. 5. Die rechtliche Fusion (Voll-Fusion), bei der eine echte Verschmelzung zu einer Einheitsunternehmung vorliegt, ist zu unterscheiden von Formen der wirtschaftlichen Fusionierung, bei denen die verschiedenen Arten der Konzernbildung, deren Kennzeichen nach § 18 AktG rechtliche Selbständigkeit bei wirtschaftlicher Unselbständigkeit in verschiedenen Ausprägungsformen ist, zum Tragen kommen. Vgl. Rose/Glorius (1992), S. 140 ff. und 177. Zu Einzelheiten der hier nicht weiter verfolgten rechtlichen Fusion vgl. z.B. Rose/Glorius (1992), S. 168 ff. Wirtschaftliche Fusionierung kann mittels einer faktischen Beherrschung z.B. über Anteils-Mehrheitsbesitz (faktischer Konzern), über das Konstrukt des Vertragskonzerns sowie über das Konstrukt des Eingliederungskonzerns erfolgen. Vgl. Rose/Glorius (1992), S. 177.
Die eher betriebswirtschaftlich orientierten Begriffe Firmenkauf, Unternehmungsakquisition und Mergers & Acquisitions werden im folgenden als Synonyma behandelt. Vgl. Süverkrüp (1992), S. 5.

164) Zur Diversifikation allgemein vgl. Bühner (1993 a), Sp. 806 ff. Die Diversifikationsrichtung kann horizontal sein und damit auf Übernahmekandidaten aus der gleichen Branche und Wertschöpfungsstufe abzielen. Des weiteren ist eine laterale oder auch konglomerate Diversifikation, bei der keine offenkundige Beziehung zur eigenen Branche besteht, und eine vertikale Diversifikation, besser bekannt als vertikale Vor- oder Rückwärtsintegration, möglich. Vgl. hierzu Wolfrum (1991), S. 315 ff. Zu technologiegeleiteten Diversifikationsstrategien vgl. Bühner (1993 b), S. 287 ff.

Technologieorientierte Akquisitionen bieten sich an, wenn hohe Eintrittsbarrieren in das angestrebte Technologiefeld bestehen[165]. Solche Barrieren manifestieren sich z.B. in der Existenz von nicht lizenzvergabebereiten Unternehmungen, in geringer eigener technologischer Kompetenz auf dem betroffenen Technologiegebiet, in der Langwierigkeit oder der Aufwendigkeit des Aufbaus eigener Potentiale[166]. Inwiefern sich diese Aspekte nach einer Akquisition in konkrete Vorteile dergestalt umwandeln, daß die übernommene Unternehmung das erforderliche neue technologische Wissen produziert und weitergibt, hängt u.a. davon ab, in welchem Maße die zur Überbrückung struktureller und kultureller Unterschiede zwischen den Unternehmungen erforderlichen Koordinations- und Integrationsmaßnahmen erfolgreich sind und so einen reibungslosen Wissenstransfer gewährleisten können[167].

Als besondere Form der technologieorientierten Akquisition werden in der Literatur sog. **Educational Acquisitions** thematisiert. Unter Educational Acquisitions wird die gezielte Akquisition kleinerer Unternehmungen verstanden, um hierdurch "[...] besonders qualifiziertes und mit der speziellen Technologie vertrautes Personal zu erhalten"[168]. Da in diesem Fall der im Produktionsfaktor menschliche Arbeitsleistung inkorporierte Wissensfundus der zentrale Übernahmegrund ist, also ein nicht-materialisierter Wissensträger vorliegt, hängt der Erfolg der Akquisition maßgeblich davon ab, ob nach der Übernahme diese Schlüsselpersonen in der Unternehmung gehalten werden können[169].

Nachteile oder Gefahren einer technologisch orientierten Unternehmungsakquisition sind vor allem in der finanziellen Belastung[170] und in dem Risiko zu sehen, daß es eventuell nicht gelingt, eine organisatorische Verknüpfung für die

---

165) Vgl. Rotering (1990), S. 18.

166) Vgl. Wolfrum (1991), S. 315.

167) Vgl. Wolfrum (1991), S. 316. Allgemein zur Integrationsgestaltung von Unternehmungs-akquisitionen vgl. Gerpott (1993), S. 61 ff. und 186 ff.
Es kann z.B. auch ratsam sein, die aufgekaufte Unternehmung relativ isoliert arbeiten zu lassen, um die innovativen Prozesse in einem besonderen rechtlichen und ökonomischen Rahmen ablaufen zu lassen, der den laufenden Betrieb der übernehmenden Unternehmung nicht stört. Vgl. Hauschildt (1993), S. 39. Dies bedeutet dann allerdings gleichzeitig einen Verzicht auf eventuelle Rationalisierungspotentiale durch Aufgaben-zentralisierung mit der Folge von Redundanzen.

168) Rotering (1990), S. 14. Vgl. dazu auch Roberts/Berry (1985), S. 8 f. Grundsätzlich ist die allgemeine Behauptung, daß große Unternehmungen vorwiegend kleine Unternehmungen zum Zweck des Know how-Erwerbs aufkaufen, so undifferenziert nicht haltbar. Vielmehr zeigt sich nach Hauschildt ein branchenspezifisches Bild, wofür er die Chemische Industrie als Beispiel anführt. Vgl. Hauschildt (1993), S. 43 f.

169) Vgl. Rotering (1990), S. 14.

170) Notwendige Voraussetzung für eine Akquisition sind immer ausreichende Finanzierungsmöglichkeiten. Vgl. Wolfrum (1991), S. 315.

übernommene Unternehmung zu finden "[...] die sicherstellt, daß die Kreativität dieses Unternehmens erhalten bleibt und zugleich die ökonomischen Erfolge der Akquisition gesichert werden können."[171]

---

171)   Hauschildt (1993), S. 45 f.

5 Kriterien für eine effizienzorientierte Auswahl zwischen den Gestaltungsalternativen

Die effizienzorientierte Auswahl zwischen verschiedenen organisatorischen Bereitstellungsformen technologischen Wissens ist als strategischer Entscheidungsprozeß zu charakterisieren, in dessen Ablauf eine Komplexitätsreduktion erreicht werden soll[1]. Im Idealfall ist am Ende dieses Prozesses **die** komparativ effiziente Lösungsalternative bestimmt[2]. Mit der vorliegenden Arbeit wird lediglich eine Unterstützung im Rahmen der Entscheidungsvorbereitung angestrebt und somit <u>nicht</u> auf die theoretische Bestimmung der besten im Sinne der komparativ effizientesten Lösungsalternative abgezielt. Deshalb reduziert sich der Anspruch der folgenden Ausführungen auf eine Entwicklung von Effizienzkriterien, die im Rahmen der F&E-bezogenen Make-or-Buy-Entscheidung Hilfestellung bei der Auswahl zwischen den Gestaltungsalternativen bieten können, ohne somit die eigentliche Entscheidung vorwegzunehmen.

Als Gestaltungsalternativen stehen prinzipiell die aufgezeigten vielfältigen Koordinationsmuster mit ihren tendenziell unterschiedlichen Vor- und Nachteilen, die sich in Abhängigkeit von situativen Einflußfaktoren und Gestaltungsbedingungen wiederum relativieren, zur Verfügung. Diese Vielfalt begründet die Notwendigkeit einer Anwendung von ökonomischen <u>Auswahlkriterien</u> bei der Entscheidung zwischen den Gestaltungsalternativen. Demnach werden Kriterien benötigt, auf die bei einer komparativen **ex ante-Effizienzbetrachtung** verschiedener Koordinationsmuster zurückgegriffen werden kann[3]. "Die zentrale Zweckvorstellung, die mit dem betriebswirtschaftlichen Entscheidungsverhalten verbunden wird, ist dessen ökonomische Effizienz."[4]

---

1) Zur Interpretation der Entscheidung als Prozeß der Komplexitätsreduktion vgl. Hauschildt (1988), S. 61. Effizienzkriterien sind somit als <u>ein</u> mögliches Mittel zur Komplexitätsreduktion aufzufassen. Vgl. Laux/Liermann (1993), S. 64 ff. und S. 223 ff.

2) Eine komparative Gegenüberstellung alternativer Koordinationsmuster in bezug auf ihre relative Eignung zur Erfüllung der Effizienzkriterien ist dabei ausreichend, denn reale Problemstellungen "[...] beziehen sich stets auf relative Effizienz, und ein Maß für absolute Effizienz wird nie benötigt. Darüber hinaus benötigt die Theorie kein numerisches Effizienzmaß, sondern alleine einen Vergleich über Größer- oder Kleiner-Beziehungen von [...] alternativen Möglichkeiten." Simon (1981), S. 203. Vgl. auch Brose (1982), S. 203. Es bereitet allerdings Probleme, die Vergleichbarkeitsbedingung unter den Alternativen zu garantieren. Vgl. Gzuk (1975), S. 117.

3) Des weiteren ist auch ex post eine auf der Basis dieser Kriterien getroffene Entscheidung auf ihre Effizienz und auf die Stabilität der gewählten Lösungsalternative im Zeitablauf hin zu überprüfen. Dies geht aber über die Zielsetzung der vorliegenden Arbeit hinaus.

4) Gzuk (1975), S. 11.

Wenn im folgenden versucht wird, theoriegestützte und systematische Aussagen über Effizienzkriterien für das vorliegende Wahlproblem zu entwickeln, so sind dabei zwei dieses Vorhaben erschwerende Sachverhalte voranzustellen und zu berücksichtigen. Zum einen ist die Effizienzforschung mit organisatorischer Fokussierung, die eine theoretische Orientierungslinie für den Prozeß der Entwicklung von F&E-Effizienzkriterien bieten könnte, durch eine Vielzahl von Effizienzansätzen gekennzeichnet, die in ihren Aussagen mehr oder weniger unverbunden nebeneinander stehen[5]. Des weiteren sind definitorische, konzeptionelle und empirische Defizite der Effizienzforschung zu konstatieren[6]. Zum anderen werden die in der Literatur - wenn überhaupt - vorzufindenden Effizienzkriterien zur F&E-orientierten Wahl zwischen verschiedenen institutionellen Koordinationsmustern meist ad hoc ohne theoretisch-konzeptionelle Einbettung und Herleitung sowie kritische Hinterfragung mehr oder weniger willkürlich festgesetzt[7].

5.1 Effizienz und Effizienzansätze

Der Effizienzgedanke, der das jedem ökonomischen Handeln idealtypisch zugrundeliegende Rationalprinzip widerspiegelt[8], hat seit jeher zentrale Bedeutung für die Wirtschaftswissenschaften[9].

5.1.1 Effizienz: Begriff und Inhalt

Obwohl der Effizienzbegriff in den Wirtschaftswissenschaften ausführlich diskutiert worden ist, hat sich kein einheitliches Begriffsverständnis durchsetzen kön-

---

5) Vgl. Fessmann (1980), S. 210.

6) Vgl. Welge (1987), S. 652 ff.

7) Ähnliches bemängelt Fessmann auf allgemeiner Ebene der Beschäftigung mit Effizienz und Effizienzkriterien. Vgl. Fessmann (1980), S. 55. Vgl. auch Gzuk (1975), S. 115.

8) Vgl. z.B. Bohr (1993), Sp. 864; Weidermann (1984), S. 9. Zum Rationalprinzip als solchem vgl. z.B. Kern (1972 a), S. 6; Grabatin (1981), S. 1 ff. Rationalität und damit auch die Effizienzkriterien sind immer abhängig von den Wertvorstellungen der Handelnden. Vgl. Grabatin (1981), S. 1.

9) Vgl. Fessmann (1980), S. 16. Das bedeutet nicht, daß Effizienzkriterien immer unternehmerische Entscheidungen beherrschen, sondern daß sie sie beherrschen würden, sofern die Entscheidungen rational wären. Vgl. Simon (1981), S. 203.

nen[10]. Da diesbezügliche Definitionsversuche nicht unmittelbarer Gegenstand dieser Arbeit sind, wird für den weiteren Verlauf eine Effizienzdefinition zugrunde gelegt, deren wesentliche Bestandteile sich in vielen anderen Definitionsversuchen wiederfinden lassen. **Effizienz** wird - weit gefaßt - mit Fessmann "[...] als eine Größe definiert, mit deren Hilfe Relationen zwischen zwei in Beziehung zum Zielsystem einer Unternehmung stehenden Objektkategorien durch Quotienten- oder Differenzbildung in abstufbaren Merkmalen qualifiziert werden können und dadurch die Selektion einer bestgeeigneten Kombination herbeigeführt wird."[11]

In Anlehnung an Barnard wird Effizienz von Effektivität differenziert[12]. Effektivität kennzeichnet im Gegensatz zu Effizienz nur die grundsätzliche Eignung einer Maßnahme oder eines Maßnahmenbündels, angestrebte Ziele zu erreichen[13].

Die o.a. Effizienzdefinition verdeutlicht, daß Effizienz ein durch Komplexität gekennzeichnetes theoretisches Konstrukt und somit kein konkretes und faßbares Phänomen ist[14]. Diese Komplexität des theoretischen Effizienzkonstruktes ist

---

10) Vgl. z.B. Gzuk (1975), S. 15; Siemer (1991), S. 161; Weber (1991), S. 17. Dies läßt sich zum einen darauf zurückführen, daß der jeweils im Hintergrund der Effizienzforschung stehende und vielfach nicht explizierte Theorieansatz maßgeblich den jeweils verwendeten Effizienzbegriff und -inhalt prägt. Vgl. Fessmann (1980), S. 56 f. Zum anderen sind die Definitions- und Abgrenzungsprobleme dadurch entstanden, daß die der anglo-amerikanischen Effizienzforschung zugrundeliegende Auffassung von Organisation, die sich im institutionellen Organisationsbegriff niederschlägt, von der Organisationsauffassung im deutschsprachigen Raum differiert, wo der instrumentale Organisationsbegriff vorherrscht. Vgl. Welge (1987), S. 597.

11) Fessmann (1980), S. 30 f. Auf eine ähnliche Definition rekurrieren z.B. auch Siemer (1991), S. 161; Weber (1991), S. 17; Weidermann (1984), S. 8; Welge (1987), S. 600. Somit ist eine Maßnahme noch nicht effizient, wenn das damit angestrebte Ergebnis erreicht ist, sondern wenn dabei gleichzeitig das Verhältnis von Output zu Input wirtschaftlich ist. Wirtschaftlichkeit kann als spezifische Ausprägung von Effizienz interpretiert werden. Vgl. dazu Kern (1992 a), S. 66 ff.

12) Vgl. Barnard (1938), S. 91 ff. Lange Zeit wurden Effizienz und Effektivität als Synonyma angesehen. Vgl. Simon (1981), S. 202.

13) Vgl. z.B. Kern (1992 a), S. 66; Fessmann (1980), S. 30. Zurückgehend auf Drucker hat sich die folgende plakative Unterscheidung zwischen Effizienz und Effektivität eingebürgert: "Efficiency is concerned with doing things right. Effectiveness is doing the right things." Drucker (1973), S. 45.
Wird lediglich die Effektivität von Maßnahmen betrachtet, so ist es nicht möglich, aus der Menge effektiver i.S. grundsätzlich geeigneter Alternativen die am besten geeignete und damit effizienteste Alternative auszuwählen. Vgl. Fessmann (1980), S. 31. Effektivität wird im folgenden stillschweigend vorausgesetzt, denn die grundsätzlich geeigneten Koordinationsmuster bei der Beschaffung technologischen Wissens sind in Kapitel 4.2 schon aufgezeigt worden.

14) Vgl. Fessmann (1980), S. 61 ff.; Grochla/Welge (1975), S. 284.

zu reduzieren, indem es schrittweise und mittels hierarchischer Dekomposition in leichter faßbare und überschaubare Einzelbausteine aufgelöst wird[15].

Auf der Ebene unterhalb des theoretischen Effizienzkonstrukts stehen die **Effizienzdimensionen**, die beschrieben werden können als "Aggregate effizienzdefinierender Sachverhalte [...], die in ihrer Gesamtheit das theoretische Konstrukt Effizienz repräsentieren"[16]. Traditionell werden eine wirtschaftliche und eine soziale Effizienzdimension unterschieden[17]. Wirtschaftliche und soziale Effizienzdimension stehen in wechselseitiger Mittel-Zweck-Relation zueinander[18]. Der Schwerpunkt der Betrachtungen liegt im folgenden auf der wirtschaftlichen Effizienzdimension, und soziale Aspekte werden nur insofern berücksichtigt, als sie Wirtschaftlichkeitsüberlegungen direkt beeinflussen[19].

Aus den Effizienzdimensionen sind **Effizienzkriterien** wie z.B. Qualität und Schnelligkeit der Aufgabenerfüllung herzuleiten, die als zu maximierende Zielmaßstäbe aufzufassen sind[20], welche der Bewertende für relevant erachtet und die Ausdruck seines Wertsystems sind[21]. An Effizienzkriterien sind ver-

---

15) Vgl. Fessmann (1980), S. 61 ff. Hier liegen deutliche Parallelen zum stufenweisen Prozeß der Zielkonkretisierung vor. Vgl. dazu Kern (1972 a), S. 311 f.

16) Fessmann (1980), S. 63. Effizienzdimensionen haben bestimmten theoretischen Anforderungen zu genügen. Vgl. dazu Fessmann (1980), S. 64; Welge (1987), S. 620.

17) Vgl. Welge (1987), S. 620; Fessmann (1980), S. 64. Diese unterschiedlichen Auffassungen sind Ausfluß der Entwicklungslinien, die die Betriebswirtschaftslehre und insbesondere die Organisationslehre im Laufe der Zeit genommen haben. So wurden technisch-ökonomische Effizienzdimensionen v.a. unter dem Einfluß der Wissenschaftlichen Betriebsführung (Scientific Management) und der anglo-amerikanischen Management- und Administrationslehre betont. Dies wurde dann durch die stärkere Berücksichtigung sozialer Dimensionen als Folge des Gedankengutes der Human Relations-Bewegung relativiert. Vgl. Fessmann (1980), S. 199 ff. Zu einem Überblick über die Management- und Administrationslehre sowie die Scientific Management-Bewegung vgl. z.B. Kieser (1993 a), S. 63 ff. Zu einer Darstellung der Grundzüge der Human Relations-Bewegung vgl. z.B. Kieser (1993 b), S. 95 ff.

18) Vgl. Marr/Stitzel (1979), S. 79.

19) Dies ist z.B. der Fall, wenn durch den kreativen Gedankenaustausch zwischen Forschern verschiedener Unternehmungen im Rahmen einer F&E-Kooperation die Arbeitszufriedenheit und Motivation dieser Forscher gesteigert werden und dies eine direkte positive Wirkung auf die Qualität ihrer Forschungsergebnisse hat.

20) Die Maximierungsforderung ist insofern theoretischer Art, als daß sie eine praktische Errechenbarkeit der Input- und Outputgrößen des Entscheidungsprozesses voraussetzt. Vgl. Gzuk (1975), S. 45. Dies ist aber problembehaftet, da neben quantifizierbaren Größen vor allem viele qualitative Größen die Input- und Outputkomponenten bestimmen, welche im Rahmen der effizienzorientierten F&E-bezogenen Make-or-Buy-Entscheidung zu berücksichtigen sind. Insofern ist das Anspruchsniveau in bezug auf das Ausmaß der zu erfüllenden Ziele auf eine Satisfizierung zu reduzieren. Vgl. dazu auch Kern (1972 a), S. 313.

21) Vgl. Fessmann (1980), S. 65 f.; Welge (1987), S. 621.

schiedene Anforderungen zu stellen[22]. So müssen die Effizienzkriterien durch unternehmerisches Handeln zu beeinflussen sein, alle wichtigen Dimensionen des Werturteils eines Gestalters umfassen und außerdem der übergeordneten Effizienzdimension gegenüber eine positive Valenz aufweisen, d.h. ihnen muß ein instrumentaler Charakter in bezug auf die wirtschaftliche Effizienzdimension zukommen.

Auf organisatorische Belange hin konkretisiert lassen sich drei Gruppen von Effizienzkriterien unterscheiden, die der wirtschaftlichen Effizienzdimension zuzuordnen sind[23]. Kriterien der Struktureffizienz sind z.B. Koordination, organisatorischer Überschuß (organizational slack), Synergie und Minimierung von Friktionen. Als Kriterien der Prozeßeffizienz sind insbesondere Qualität, Schnelligkeit, Kosten und Produktivität zu nennen. Schließlich wird noch die Forderung nach Anpassungsfähigkeit als Effizienzkriterium hervorgehoben.

Idealerweise liegen am Ende dieses Konkretisierungsprozesses sog. **Effizienzindikatoren** vor, die spezielle empirisch wahrnehmbare und meßbare Äquivalente des theoretischen Effizienzkonstrukts sind[24].

In Abbildung 10 wird das Prinzip der hierarchischen Dekomposition des theoretischen Effizienzkonstruktes graphisch verdeutlicht.

---

22) Zu den Anforderungen vgl. z.B. Fessmann (1980), S. 66 sowie die dort aufgeführten Literaturverweise.

23) Vgl. zum folgenden Fessmann (1978), S. 1482 f. Eine vierte Gruppe von Effizienzkriterien stellen die sozialen Effizienzkriterien wie z.B. Fluktuation, Konfliktvermeidung und Zufriedenheit dar, die aber aufgrund ihrer vorrangigen Zugehörigkeit zur sozialen Effizienzdimension aus der Betrachtung ausgeschlossen worden sind (siehe S. 102).

24) Vgl. Fessmann (1980), S. 67. Die Ebene der Effizienzindikatoren wird in der vorliegenden Arbeit nicht weiter thematisiert, da die Bildung und Auswahl von Indikatoren empirisch abzusichern wäre. Vgl. Fessmann (1980), S. 68.

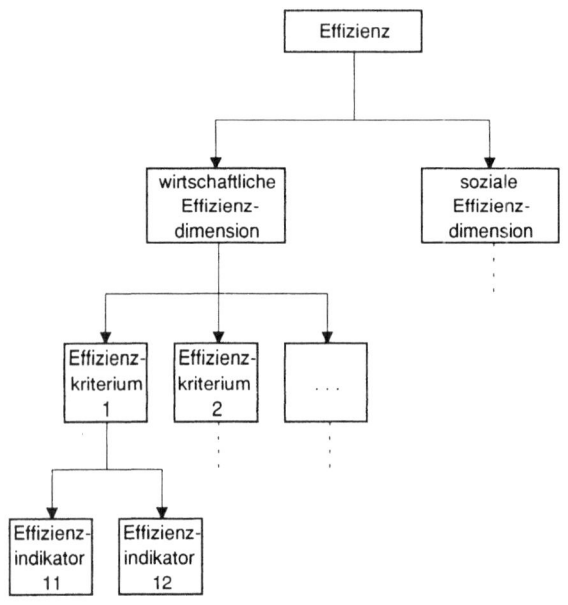

Abb. 10: Hierarchische Dekomposition des Effizienzkonstruktes

Quelle: in Anlehnung an Fessmann (1978), S. 40.

5.1.2 Zielansatz der Effizienzforschung

In der Literatur werden auf theoretischer Ebene viele verschiedene Effizienzansätze diskutiert[25], vor deren Hintergrund Effizienz jeweils konzeptionell faßbar
gemacht werden soll[26]. Die große Vielfalt der verfügbaren Ansätze läßt sich

---

25) Der Begriff Effizienz<u>ansatz</u> soll hier weit ausgelegt werden und als methodischer Zu-
     gangsweg interpretiert werden, der Hilfestellung bei der konzeptionellen Erschließung
     von Effizienz bieten kann. Vgl. hierzu und zu einer engen Auslegung des Terminus
     'Ansatz' Fessmann (1980), S. 210.

26) Zu einem Überblick über verschiedene Effizienzansätze vgl. z.B. Yuchtman/Seashore
     (1967), S. 892 ff.; Gzuk (1975), S. 115 ff. Dabei ist zu beachten, daß der jeweils ge-
     wählte organisationstheoretische Ansatz und damit der gedankliche Ausgangspunkt die
     Art und inhaltliche Präzisierung der abzuleitenden Effizienzkriterien maßgeblich beein-
     flußt. Vgl. Welge (1987), S. 601. So eruiert schon die Wahl eines bestimmten Ansatzes
     ein grundsätzliches späteres Kritikpotential, da jedem Ansatz spezifische Schwach-
     punkte immanent sind. Vgl. Fessmann (1980), S. 57.

auf einer generellen Betrachtungsebene auf System- und Zielansätze reduzieren[27], die jeweils mit spezifischen Vor- und Nachteilen behaftet sind[28].
Für eine Effizienzbetrachtung verschiedener Gestaltungsalternativen im Rahmen der F&E-bezogenen Make-or-Buy-Entscheidung bietet sich eine Zielbetrachtung an, da Gestaltung als eine zielgerichtete Handlung anzusehen ist und deshalb die Gestaltungsziele, konzeptualisiert ex ante durch Effizienzkriterien und ex post durch Effizienzgrade, Ausgangspunkt für Auswahlentscheidungen sind[29]. "Ziele bilden Kernelemente eines jeden organisatorischen Gestaltungskonzepts, da ohne Beurteilungsmaßstäbe keine rationale Auswahl zwischen verschiedenen Organisationsalternativen möglich ist."[30]

Bei den Zielansätzen, die in unterschiedlichen Varianten auftreten[31], werden "[...] die als Ziele interpretierbaren Aspekte der Leistungsfähigkeit einer Unternehmung"[32] in den Mittelpunkt der Überlegungen gestellt[33]. Im folgenden werden nur multivariable Zielansätze betrachtet, die die Zielerreichung am Ausmaß der Erfüllung eines Bündels von Zielen messen[34]. Dies trägt der Entwicklung in der Betriebswirtschaftslehre Rechnung, von dem klassischen Konstrukt des homo oeconomicus mit einer jeweils monovariablen Zielsetzung abzugehen und multivariabel konzipierte Zielsysteme zu berücksichtigen, weil

---

27) Vgl. Fessmann (1980), S. 211; Welge (1987), S. 603. Diese Dichotomisierung ist allerdings künstlicher Art und verdeckt die realiter vorhandenen Überschneidungen zwischen den beiden Ansätzen. Vgl. Fessmann (1980), S. 213.

28) Zu den Systemansätzen und ihren Vor- und Nachteilen vgl. u.a. Fessmann (1980), S. 212 ff.; Grabatin (1981), S. 26 ff.; Gzuk (1975), S. 145 ff.

29) Vgl. Thom (1980), S. 63. Effizienzgrade sind Maßstäbe der realisierten oder nicht realisierten Effizienz. Sie werden entweder durch Quotientenbildung oder durch Differenzbildung konkretisiert. Vgl. Fessmann (1980), S. 83. "Durch Effizienzgrade werden Wirkungen der Verhaltens- und Funktionssteuerung auf den vorgegebenen Effizienzkriterien im Hinblick auf ihren Beitrag zur Zielerreichung bewertet." Fessmann (1980), S. 106.

30) Frese/von Werder (1993), S. 24. Ziele sind als erwünschte, zu erreichende Situationen zu charakterisieren. Sie haben somit handlungsauffordernden Charakter. Vgl. Schmidt (1993), Sp. 4794. Zu den einzelnen Elementen, aus denen Ziele bestehen, vgl. Hauschildt (1993), S. 205 f.

31) Vgl. Fessmann (1980), S. 214 f.

32) Fessmann (1980), S. 212.

33) Als typische Vertreter des Zielansatzes sind z.B. Barnard (1938) und Georgopoulos/Tannenbaum (1957), S. 534 ff. zu nennen. Vgl. Welge/Fessmann (1980), Sp. 579 f.

34) Vgl. Fessmann (1980), S. 214; Welge (1987), S. 604.

diese den Ergebnissen der empirischen Zielforschung zufolge die in der Praxis verfolgte Zielvielfalt zutreffender abzubilden vermögen[35].

Als Vorteile des Ziel-Ansatzes werden im wesentlichen die Einfachheit in der Anwendung, die Betonung der Zweckrationalität von Unternehmungen und die Wertfreiheit hervorgehoben[36]. Dem stehen als Nachteile u.a. Identifizierungs-, Erfassungs- und Meßprobleme hinsichtlich der angestrebten Ziele, von Unternehmung zu Unternehmung wechselnde Ziele, Veränderungen von Zielinhalten und -gewichten im Zeitablauf sowie Korrelations- oder Konkurrenzbeziehungen zwischen den einzelnen Zielen gegenüber[37]. Diese Nachteile sind aber zum Teil nicht ansatzspezifischer Art, sondern spiegeln generelle und ansatzunabhängige Probleme der Effizienzfeststellung und -messung wider[38]. "Ein Teil dieser Probleme kann [...] dadurch umgangen werden, daß weniger von der aktuellen Effizienz ausgegangen wird, sondern von der Fähigkeit, von dem Potential einer Organisation, verschiedene Ziele zu erreichen"[39].

5.2 F&E-Ziele als Grundlage der Entwicklung von Effizienzkriterien

5.2.1 Grundproblematik der Ableitung von Subzielen

Dem Grundgedanken des Zielansatzes folgend sind Effizienzkriterien für die F&E-bezogene Make-or-Buy-Entscheidung aus den entsprechenden Zielen der Unternehmung für den F&E-Bereich abzuleiten[40]. Dabei ist zu beachten, daß die F&E-Ziele in einer Totalbetrachtung nur Subziele darstellen, die aus dem

---

35)   Zur Multivariabilität vgl. z.B. Kern (1992 a), S. 62 f.; Frese/von Werder (1993), S. 19. Zur empirischen Zielforschung vgl. z.B. Hauschildt (1977), S. 25 ff.

36)   Vgl. Welge (1987), S. 605; Fessmann (1980), S. 216; Grabatin (1981), S. 23.

37)   Vgl. Welge (1987), S. 605; Fessmann (1980), S. 216; Grabatin (1981), S. 23 ff. Ansätze zu einer Theorie der Zieldynamik finden sich bei Hamel. Vgl. Hamel (1988), S. 81 ff. Zu unterschiedlichen Zielbeziehungstypen vgl. z.B. Kern (1972 a), S. 314. Als weiterer Kritikpunkt am Ziel-Ansatz wird vielfach angeführt, daß der Ziel-Ansatz nicht imstande sei, die Beziehungen der Unternehmung zur Umwelt zu berücksichtigen. Vgl. z.B. Fessmann (1980), S. 216. Dem kann insofern nicht zugestimmt werden, als daß in einen Prozeß der Zielbildung zumindest implizit über die Berücksichtigung von Zielbedingungen kontextuelle Einflüsse Eingang finden.

38)   Vgl. Fessmann (1980), S. 216.

39)   Welge (1987), S. 605.

40)   Vgl. Gzuk (1975), S. 130. "Das hier im Mittelpunkt stehende Entscheidungsproblem der Wahl zwischen Eigen- und/oder Fremdforschung und -entwicklung wird entscheidend durch die jeweiligen Ziele für Forschung und Entwicklung bestimmt." Nuhn (1987), S. 63.

gesamtunternehmerischen Zielsystem abzuleiten sind[41]. Die übergeordneten Unternehmungsziele lassen sich abstrakt in Formal- und Sachziele differenzieren[42]. Inhaltlich können die obersten Unternehmungsziele im einzelnen sehr unterschiedlich ausgestaltet sein und untereinander Zielbeziehungen aufweisen, was nicht zuletzt auf die unterschiedlichen Interessen der am Zielfindungsprozeß beteiligten Gruppen von Entscheidungsträgern zurückzuführen ist[43].

Die Ableitung von Subzielen aus übergeordneten Unternehmungszielen ist erforderlich, weil Gesamtunternehmungsziele für Zwecke der Bewertung meist zu pauschal konzipiert sind[44]. Gleichzeitig ist die eindeutige und widerspruchsfreie Ableitung von Subzielen aus den übergeordneten Zielsetzungen problembehaftet und eröffnet Ansatzpunkte für Kritik, denn wenn alle Subziele sich logisch aus Oberzielen ableiten ließen, könnte auch direkt auf deren Oberziele zurückgegriffen werden[45]. Ein solcher Zusammenhang kann deshalb oft nur vermutet werden[46]. Somit würde auch ein Ableiten spezifischer F&E-Ziele aus den generellen Oberzielen einer Unternehmung zum einen wegen der nur mittelbaren Beziehung zwischen diesen über- und untergeordneten Zielen und zum anderen aufgrund des Fehlens fester Input-Output-Beziehungen für F&E-Aktivitäten entsprechende, ggf. sogar unlösbare Probleme hervorrufen[47].

---

41) Vgl. Nuhn (1987), S. 63; Lange (1993), S. 23. Auf den Zusammenhang zwischen Zielen, Strategien und F&E-Strategien wurde schon in Kapitel 3.3 eingegangen.

42) Vgl. dazu z.B. Kern (1992 a), S. 61. Zu einer alternativen Systematisierung der Unternehmungsziele vgl. z.B. Schmidt (1993), Sp. 4795. Neben Formal- und Sachzielen werden z.T. auch noch Sozialziele als eigenständige Zielkategorie aufgeführt. Vgl. zu F&E-bezogenen Sozialzielen z.B. Arbeitskreis "Integrierte Unternehmungsplanung" (1986), S. 355. Sozialziele werden aber im folgenden unter Verweis auf die Ausführungen in Kapitel 5.1.1 zur sozialen Effizienzdimension nicht explizit weiter verfolgt.

43) Solche Gruppen von Entscheidungsträgern mit teilweise divergierenden und zudem sich im Zeitablauf ändernden Zielen sind z.B. die Manager, die Arbeitnehmer und die Kapitaleigner. Vgl. dazu Rücksteiner (1989), S. 41 ff.

44) Vgl. Frese/von Werder (1993), S. 24.

45) Vgl. Frese (1993), S. 262. Hauschildt hat aufgrund einer empirischen Untersuchung festgestellt, daß die Idealvorstellung nicht haltbar ist, nach der Ziele in einer Mittel-Zweck-Hierarchie angeordnet sind, welche die konsequente Ableitung ebenenspezifischer Zielvorgaben ermöglicht. Vielmehr erfolgt die Entwicklung von Zielsetzungen in einem ständigen dialektischen Prozeß mit Alternativensuche und Situationsbeurteilung. Vgl. Hauschildt (1977), S. 171. Kritisch äußern sich z.B. auch Eisenführ und Weber zum hierarchischen Ansatz der Definition von Subzielen. Vgl. Eisenführ/Weber (1986), S. 910 f.

46) Vgl. Lassmann (1992), S. 140; Weidermann (1984), S. 9.

47) Vgl. dazu Nuhn (1987), S. 87 f.; Kern/Schröder (1977), S. 40 f. "Das Problem der Entwicklung eines Verfahrens zur Bestimmung genereller F&E-Ziele, das sowohl praktikabel als auch theoretisch akzeptabel ist, muß daher gegenwärtig weiterhin als ungelöst angesehen werden." Kern/Schröder (1977), S. 51.

Weiterhin sind bei der Festlegung der F&E-Ziele außerdem noch die aus der strategischen Technologieplanung resultierenden Vorgaben sowie die vorhandenen und geplanten Ressourcen als Zielbedingungen zu berücksichtigen[48].

Eine solche Zielkonkretisierung wäre auf genereller Ebene aber ein viel zu komplexes Unterfangen und würde allemal den thematischen Rahmen der vorliegenden Arbeit sprengen. Deshalb wird im folgenden unterstellt, daß die F&E-Ziele bereits logisch aus den übergeordneten Unternehmungszielen abgeleitet seien, weshalb des weiteren ausschließlich auf die F&E-Ziele als solche eingegangen wird.

Die Effizienzkriterien für den F&E-Bereich lassen sich zudem über entsprechende Zielbetrachtungen auf empirisch-induktivem Wege, aber auch auf analytisch-deduktivem Wege und schließlich auch unter Bezug auf schon vorhandenes Gedankengut und dessen Modifikation ermitteln[49]. Im folgenden wird, da für das verfolgte Anliegen hinreichend, der letztgenannte methodische Weg verfolgt. Auf der Grundlage einer Literaturanalyse ausgewählter Quellen werden typische Ziele herausgestellt, die Unternehmungen mit F&E verfolgen. Diese heterogenen Ziele werden dann unter dem Blickwinkel der F&E-bezogenen Make-or-Buy-Entscheidung systematisch auf die wesentlichen Kategorien von Zielen aggregiert, um dann aus diesen Zielbündeln spezielle F&E-bezogene Effizienzkriterien herzuleiten.

5.2.2 Komponenten von F&E-Zielsystemen

Abstrakt betrachtet ist oberstes und generelles Ziel von F&E-Aktivitäten "[...] das Generieren wirtschaftlich verwertbaren Wissens [...]"[50]. Diese generelle Zielsetzung kann in Anlehnung an die Unterteilung in Sach- und Formalziele als

---

48) Vgl. Arbeitskreis "Integrierte Unternehmungsplanung" (1986), S. 358. Diese Faktoren beschränken zusammen mit den Umweltbedingungen den Möglichkeitenraum zur Zielbildung. Vgl. Asenkerschbaumer (1987), S. 120. Zu den Zielbedingungen siehe auch S. 110 der vorliegenden Arbeit.

49) Vgl. z.B. Fessmann (1980), S. 227 f.; Grabatin (1981), S. 19; Welge (1987), S. 621.

50) Conen (1986), S. 47. Vgl. auch Kern/Schröder (1977), S. 42. Die wirtschaftliche Verwertbarkeit bedeutet, daß das neue Wissen in neuen oder verbesserten Produkten oder Prozessen seinen Niederschlag finden soll. Vgl. z.B. Mellerowicz (1958), S. 10; Schätzle (1965), S. 43.

Komponenten von Zielsystemen weiter konkretisiert werden[51]. Hauschildt spricht in diesem Zusammenhang von technischen und wirtschaftlichen Zielvariablen bei Innovationsprojekten[52]. Die technischen Zielvariablen, auch als Sach- oder Leistungsziele bezeichnet, zielen einerseits auf konstruktive oder rezeptuelle Eigenschaften der neuen Produkte und andererseits auf Verwertungsziele ab. Die wirtschaftlichen Zielvariablen dagegen beziehen sich primär auf die mit den neuen Produkten angestrebten Umsatz- und Gewinnsteigerungen sowie Kostensenkungseffekte.

Hinsichtlich der Sachkomponente der F&E-Ziele müssen in F&E-Zielen die Benennung der **Objektbereiche** oder Zielobjekte, über die die Unternehmung durch F&E-Aktivitäten Informationen zu gewinnen beabsichtigt, sowie Angaben über die Tiefe und Breite des angestrebten technologischen Wissens auf diesen Gebieten enthalten sein[53]. F&E-Ziele müssen des weiteren Aussagen darüber machen, welcher Art die Bedürfnisse potentieller Abnehmer sind, damit durch gezielte F&E-Aktivitäten nach Mitteln zur Befriedigung dieser Bedürfnisse, also neuen oder modifizierten Produkten, gesucht werden kann[54]. Hinsichtlich des Produktprogramms wäre in der Anwendungsforschung z.B. zu entscheiden, für welche Produkte neuartige Anwendungsmöglichkeiten gesucht werden sollen und für welche Produkte Kenntnisse welcher Art über ihre Herstellungsverfahren angestrebt werden. Hinsichtlich der Einsatzfaktoren ist festzulegen, über welche Werkstoffe Kenntnisse welcher Art generiert werden sollen.
Diese festzulegenden F&E-Sachziele stellen die Menge potentieller Objektbereiche dar, über welche die Unternehmung mittels F&E-Aktivitäten Wissenserwerb beabsichtigen kann. Das übergeordnete unternehmerische Sachziel begrenzt diesen Möglichkeitenraum auf die nach dem Sachziel zulässigen Bereiche[55].

---

51) Zum Versuch einer phasenbezogenen Strukturierung des Zielbestimmungsprozesses für F&E-Ziele vgl. Quinn (1961), S. 88 ff. Siehe auch die kritischen Anmerkungen zur Studie von Quinn bei Kern/Schröder (1977), S. 47.

52) Vgl. zu diesem und zu folgendem Hauschildt (1993), S. 206.

53) Vgl. zu diesem und zu folgendem Kern/Schröder (1977), S. 42 f. Dabei kann sich die Konkretisierung der Objektbereiche "[...] an technisch-wissenschaftlichen Ordnungssystemen [...] oder aber an der Struktur der betrieblichen Leistungsprogramme orientieren." Kern/Schröder (1977), S. 42.

54) Diese Bedürfnisse werden in konkrete, zu erfüllende Anforderungen an ein zu entwickelndes Produkt transformiert und in einem Lasten- oder Pflichtenheft, welches als Orientierungslinie für die F&E-Aktivitäten dient, strukturiert aufgelistet.

55) Vgl. Kern/Schröder (1977), S. 43.

Diese auch als direkte Ziele von F&E-Aktivitäten zu bezeichnenden F&E-Sach-ziele stellen aber nur einen Zwischenschritt in der Erzielung ökonomischer Er-gebnisse mit Hilfe von Forschung und Entwicklung dar, denn indirektes Ziel aller F&E-Aktivitäten ist das Erreichen der ökonomischen Zielvariablen durch Ko-stensenkungen, Gewinnverbesserungen und Umsatzsteigerungen[56]. Dies be-deutet, daß mit Hilfe von F&E-Formalzielen, die an den übergeordneten For-malzielen orientiert sind, aus der Menge potentieller Objektbereiche diejenigen ausgewählt werden, welche die Unternehmung de facto in ihr F&E-Zielkonzept aufnimmt[57]. Neben dieser haben die Formalziele noch eine weitere Selektionsfunktion, und zwar in bezug auf die Frage nach der Art des ange-strebten technologischen Wissens über die ausgewählten Objektbereiche. "Gesucht sind alle Informationen, deren Einsatz im betrieblichen Leistungser-stellungs- und -verwertungsprozeß die Erreichung eines höheren Niveaus der Formalziele ermöglicht."[58]

Neben F&E-Sach- und -Formalzielen sind auch Zielbedingungen Komponenten von F&E-Zielsystemen. Zielbedingungen begrenzen im Gegensatz zu den frei auszufüllenden Zielen den Möglichkeitenraum, in welchem die jeweils effizien-ten Alternativen zu suchen sind[59]. Konkretisiert auf F&E-Ziele hin sind hier Mindest- oder Maximalanforderungen z.B. in bezug auf die F&E-Ressourcen sachlicher oder personeller Art zu nennen[60].

5.2.3 Konkretisierung häufig angeführter F&E-Ziele

Mit F&E-Aktivitäten werden stets Zielbündel verfolgt[61]. In der betriebswirt-schaftlichen Literatur sind Kataloge konkreter F&E-Ziele vorzufinden, die nach verschiedensten Kriterien differenziert sind[62].
Die in der Literatur meistgenannten konkreten F&E-Ziele, die auch als originäre F&E-Ziele bezeichnet werden können, sind - in weitgehend unsystematischer

56)   Vgl. Rubenstein (1957), S. 95 f.
57)   Vgl. zu diesem und zu folgendem Kern/Schröder (1977), S. 43 f.
58)   Kern/Schröder (1977), S. 44.
59)   Vgl. Kern (1992 a), S. 63.
60)   Vgl. z.B. Brose (1982), S. 206. Siehe dazu auch die Ausführungen in Kapitel 3.2.
61)   Vgl. Corsten/Reiß (1992 a), S. 36.
62)   Vgl. dazu z.B. Kern/Schröder (1977), S. 46 ff. und die dort angegebene Literatur; Nuhn (1987), S. 65 ff. und die dort aufgeführten Quellen.

Aufzählung und ohne Anspruch auf Vollständigkeit - zunächst einmal die folgenden[63]:

a) Erreichen einer erhofften Invention oder eines Konzeptes, welches im Lastenheft vorgegeben ist[64];

b) Gewährleistung, daß kostengünstige und international wettbewerbsfähige Produkte durch den Einsatz des generierten technologischen Wissens angeboten werden[65];

c) Entwicklung marktgerechter Produkte[66];

d) Ziele bezüglich der Produktqualität[67];

e) Gewährleistung kurzer Zeiten für Forschung und insbesondere Entwicklung[68];

f) Ziele hinsichtlich des Markteinführungszeitpunktes oder der Produkteinführungszeit[69];

g) Risikoausgleich oder Risikostreuung durch Diversifizierung des Produktprogramms mittels Entwicklung neuer Produkte[70];

h) Erzeugung von Spitzentechnologie[71];

---

63) Dabei ist zu beachten, daß zwischen den einzeln aufgeführten Zielen Zielbeziehungen bestehen. Vgl. Corsten/Reiß (1992 a), S. 37. So können z.B. Verkürzungen von Entwicklungszeiten mit Kostensteigerungen durch erhöhten Ressourceneinsatz, aber auch mit Kostensenkungen verbunden sein. Vgl. dazu z.B. Gerpott/Wittkemper (1991), S. 120; Schmelzer (1990), S. 29.

64) Das im Lastenheft verankerte Konzept kann sowohl vom Kunden als auch von unternehmungsinternen Instanzen vorgegeben sein. Siehe zu dem genannten Ziel auch die Ausführungen zu den technischen Zielvariablen in Kapitel 5.2.2.

65) Vgl. z.B. Arbeitskreis "Integrierte Unternehmungsplanung" (1986), S. 359; Kupsch/Marr/Picot (1991), S. 1081; Nippa/Reichwald (1990), S. 67; Nuhn (1987), S. 89; Reichwald (1990), S. 20; Seeser (1990), S. 52; Thom (1980), S. 437.

66) Vgl. z.B. Kupsch/Marr/Picot (1991), S. 1080.

67) Vgl. z.B. Nippa/Reichwald (1990), S. 67; Reichwald (1990), S. 20; Schmelzer (1994), S. 120 ff.; Seeser (1990), S. 52. Zu den Ergebnissen einer empirischen Untersuchung über Inhalt und Arten von Qualitätszielen in der Produktentwicklung vgl. Specht/Schmelzer (1991), S. 37 ff.

68) Zum Ziel der Verkürzung der für F&E benötigten Zeiten und allgemein zur Bedeutung der Entwicklungszeiten für die Wettbewerbsfähigkeit von Unternehmungen vgl. z.B. Arbeitskreis "Integrierte Unternehmungsplanung" (1986), S. 359; Corsten/Reiß (1992 a), S. 37 f.; Gerpott/Wittkemper (1991), S. 119 ff; Kupsch/Marr/Picot (1991), S. 1082; Mattern (1991), S. 98 ff.; Nippa/Reichwald (1990), S. 67; Nippa/Schnopp (1990), S. 117 ff.; Nuhn (1987), S. 89; Reichwald (1990), S. 20; Schmelzer/Buttermilch (1988), S. 44 f.; Seeser (1990), S. 52.

69) Vgl. z.B. Gerpott/Wittkemper (1991), S. 120; Kern (1992 b), S. 22.

70) Vgl. z.B. Brose (1982), S. 134; Felde (1975), S. 178 f.; Hill (1969), S. 339.

71) Vgl. z.B. Arbeitskreis "Integrierte Unternehmungsplanung" (1986), S. 359; Nuhn (1987), S. 89.

i) Suche nach neuartigen Anwendungsmöglichkeiten für vorhandene Produkte[72];

j) Entwicklung von Systemlösungen in bezug auf Produkt- und Prozeßentwicklungen[73];

k) Flexibilität und Anpassungsfähigkeit von F&E-Aktivitäten an interne und externe Entwicklungen[74];

l) Sicherung von Know how-Schutz[75];

m) Auslastung überschüssiger Kapazitäten[76];

n) Ausgleich von Beschäftigungsschwankungen[77];

o) ...

Diese dilatorisch genannten originären F&E-Ziele lassen sich nach den Kriterien der logischen Zugehörigkeit und Plausibilität jedoch auf Leistungs-, Zeit- und Kostenziele als aggregierte F&E-Zielkategorien 1. Ordnung zurückführen und so wenigstens in Ansätzen systematisieren[78].

Durch **Leistungsziele** im Sinne von Ergebnis- oder Inventionszielen wird der angestrebte zukünftige Zustand unter Verwendung eines Satzes von problemspezifischen Attributen beschrieben, wobei diese Attribute in spezifischen

---

72) Vgl. Kern/Schröder (1977), S. 45.

73) Vgl. z.B. Arbeitskreis "Integrierte Unternehmungsplanung" (1986), S. 359; Nuhn (1987), S. 89.

74) Vgl. z.B. Hanssen (1992), S. 9; Freudenberg (1988), S. 130 ff. Die Forderung nach Flexibilität kann bspw. weiter differenziert werden in Ziele hinsichtlich Aktionsflexibilität, Prozeßflexibilität und Strukturflexibilität. Vgl. Berthel/Herzhoff/Schmitz (1990), S. 67.

75) Vgl. z.B. Arbeitskreis "Integrierte Unternehmungsplanung" (1986), S. 359; Nuhn (1987), S. 89.

76) Vgl. z.B. Brose (1982), S. 134; Felde (1975), S. 179 ff. Dieses Ziel bezieht sich zwar auch direkt auf den F&E-Bereich. Da aber F&E-Aktivitäten instrumentalen Charakter in bezug auf übergeordnete Zielsetzungen haben, beziehen sich Kapazitätsauslastungsziele vor allem auch auf andere Unternehmungsbereiche, wie z.B. die Produktion.

77) Vgl. z.B. Brose (1982), S. 134; Felde (1975), S. 181 f. Das Ziel des Ausgleichs von Beschäftigungsschwankungen z.B. durch die Entwicklung neuer Produkte ist dabei sowohl innerhalb des F&E-Bereichs als auch in gesamtunternehmerischer Perspektive relevant.

78) Die hier gewählte Vorgehensweise einer systematischen Verdichtung der Zielgrößen entspricht z.B. dem von Wildemann verfolgten Vorgehen bei der Untersuchung der Zielelemente der CAD/CAM-Einführung. Vgl. Wildemann (1986), S. 52 f. Zu Leistungs-, Zeit- und Kostenzielen als Komponenten eines Zielsystems für innovative Entscheidungen vgl. Hauschildt (1992), Sp. 1034 f. Auch Schmelzer identifiziert diese Ziele als zentrale Zielgrößen für den Entwicklungsbereich. Vgl. Schmelzer (1992), S. 46. Zu einer leicht modifizierten Einteilung der Ziele innovationswirtschaftlicher Aktivitäten in Markt-, Kosten- und Zeitgerechtheit vgl. z.B. Kupsch/Marr/Picot (1991), S. 1080 ff. und Nippa/Reichwald (1990), S. 67. Reichwald unterscheidet als Zielgrößen Zeit-, Kosten- und Qualitätsaspekte. Vgl. Reichwald (1990), S. 20.

Dimensionen zu konkretisieren und in einem Mindestausmaß der Zielerreichung zu bestimmen sind[79]. Dabei wird der Begriff der Leistung in seinem weitesten Sinne als Resultat der unternehmerischen Tätigkeit interpretiert[80]. Somit sind die Leistungsziele als die schon erwähnten F&E-Sachziele in ihren Ausprägungen als Konzeptions- und Verwendungsziele zu kennzeichnen[81]. Die in der Literatur in den letzten Jahren vielfach als eigenständige Zielkategorie für F&E-Aktivitäten aufgeführten Qualitätsziele werden unter die Leistungsziele subsumiert, da sie nur eine, wenn auch sehr bedeutende spezifische Dimension der Leistungsziele sind[82].

Leistung hat eine statische und eine dynamische Komponente. Während unter den Leistungszielen, verstanden als Ergebnis- oder Inventionsziele, auf die zeitunabhängigen Ergebnisse von F&E-Aktivitäten abgezielt wurde, beziehen sich die im folgenden thematisierten Zeitziele vorrangig auf den Prozeß der Leistungserstellung und damit auf die dynamische Komponente der Leistung.

Durch **Zeitziele** werden End- oder Zwischentermine für die Erreichung der Leistungsziele determiniert[83]. Zeitziele weisen eine zeitpunktbezogene und eine zeitdauerbezogene Dimension auf[84]. Sie sind erst in den letzten Jahren als eigenständige Zieleigenschaften anerkannt worden, was sich im Bereich von F&E durch eine verstärkte Thematisierung des Phänomens der sog. Zeitschere manifestiert[85].

Kostenziele bestimmen die Spannbreite, innerhalb derer sich die durch Aktivitäten zur Erreichung der F&E-Ziele entstehenden Kosten bewegen dürfen[86].

---

79) Vgl. Hauschildt (1992), Sp. 1034.

80) Zum Leistungsbegriff in der Betriebswirtschaftslehre und speziell zum weiten in Abgrenzung zum engeren, kostenrechnerischen Leistungsbegriff vgl. bspw. Plinke (1993), Sp. 2563 f.

81) Vgl. Hauschildt (1993), S. 206. Siehe auch Kapitel 4.3.3.1.1.

82) Zur Bedeutung des Qualitätsmanagements bei F&E vgl. bspw. Specht (1989), S. 145 ff.

83) Vgl. Hauschildt (1992), Sp. 1034.

84) Vgl. z.B. Schmelzer (1990), S. 27 f.

85) Vgl.dazu Kern (1992 b), S. 21 und die Ausführungen in Kapitel 5.3.3. Allgemein zur Bedeutung von Zeit als Zielgröße für F&E-Aktivitäten vgl. Gaiser (1993), S. 1; Pfeiffer/Weiss (1990), S. 3 ff.; Schmelzer (1990), S. 31.

86) Vgl. Hauschildt (1992), Sp. 1035. Dabei ist die Verwendung des Terminus 'Kostenziel' als ein Tribut an die in der Praxis verwendete Terminologie zu sehen. In der ökonomischen Terminologie sind nicht Kosten an sich Zielgrößen, sondern über Kostenverringerungen oder -minimierungen erreichte Gewinnsteigerungen. Vgl. dazu Hauschildt (1993), S. 206. Außerdem werden unter den Kostenzielen auch Auszahlungen im Rahmen von Investitionskalkülen subsumiert. Zu einer näheren Erläuterung dieses Vorgehens siehe die Ausführungen in Kapitel 5.3.1.2.1.

Somit spiegeln sie die schon erwähnten wirtschaftlichen Zielvariablen wider[87].
Die Bedeutung des Kostenziels zur Steuerung des Ressourcenverbrauchs von
F&E-Aktivitäten ergibt sich zum einen aus "[...] der schwierigen Bestimmbarkeit
und Zurechenbarkeit von Kosten auf häufig nicht klar abgrenzbare Forschungs-
und Entwicklungsleistungen."[88] Zum anderen ist hier das Problem der Verant-
wortlichkeit für die Kostenentstehung in der Unternehmung angesprochen[89].

In Abbildung 11 sind exemplarisch die prägnantesten Zuordnungen konkreter
F&E-Ziele zu den genannten aggregierten Zielkategorien aufgezeigt. Aufgrund
der zwischen ihnen existierenden Zielbeziehungen können einzelne konkrete
Ziele durchaus mehreren aggregierten Zielkategorien gleichzeitig zugeordnet
werden. Als Konsequenz der Existenz von Zielbeziehungen zwischen den originären Zielen sind auch die aggregierten Zielkategorien nicht unabhängig voneinander, sondern in einem interdependenten Beziehungsgeflecht verwoben;
sie werden nur zu der für Analysezwecke notwendigen Komplexitätsreduktion
isoliert betrachtet[90]. Die Zielkategorien der 1. Aggregationsstufe lassen sich
wiederum auf aggregierte Zielkategorien 2. Stufe zurückführen, welche sich
pauschal in dem Ziel der Verbesserung der Wettbewerbssituation und damit einer Steigerung der Gewinnchancen manifestieren[91]. "Als *generelles Ziel* eines
evolutionären FuE-Managements muß die langfristige Sicherstellung der Über-
lebensfähigkeit des Unternehmens durch ausreichend nutzbare Erfolgspotentiale im Vordergrund [...] stehen"[92]. Diese Zielebene ist für die schon ange-
sprochene Formulierung von Strategien relevant und deutet den Bezug zu den
gesamtunternehmerischen Zielsetzungen an.

---

87) Vgl. dazu Hauschildt (1993), S. 206. Siehe auch Kapitel 5.2.2.

88) Kupsch/Marr/Picot (1991), S. 1081.

89) Obwohl F&E-Aktivitäten einen großen Teil der nachgelagerten Produktions-, Service-
und Vertriebskosten determinieren, werden diese Kosten, die durch im Leistungserstellungsprozeß nachfolgende Aktivitäten kaum mehr zu beeinflussen sind, in der Praxis kostenrechnerisch diesen nachgelagerten Bereichen zugerechnet. Vgl. dazu
Kupsch/Marr/Picot (1991), S. 1081.

90) Vgl. Stock (1990), S. 38.

91) Vgl. Wildemann (1986), S. 53; Thom (1980), S. 437; Hahn (1994), S. 13.

92) Clausius (1993), S. 49 (Kursive Schriftweise im Original).

115

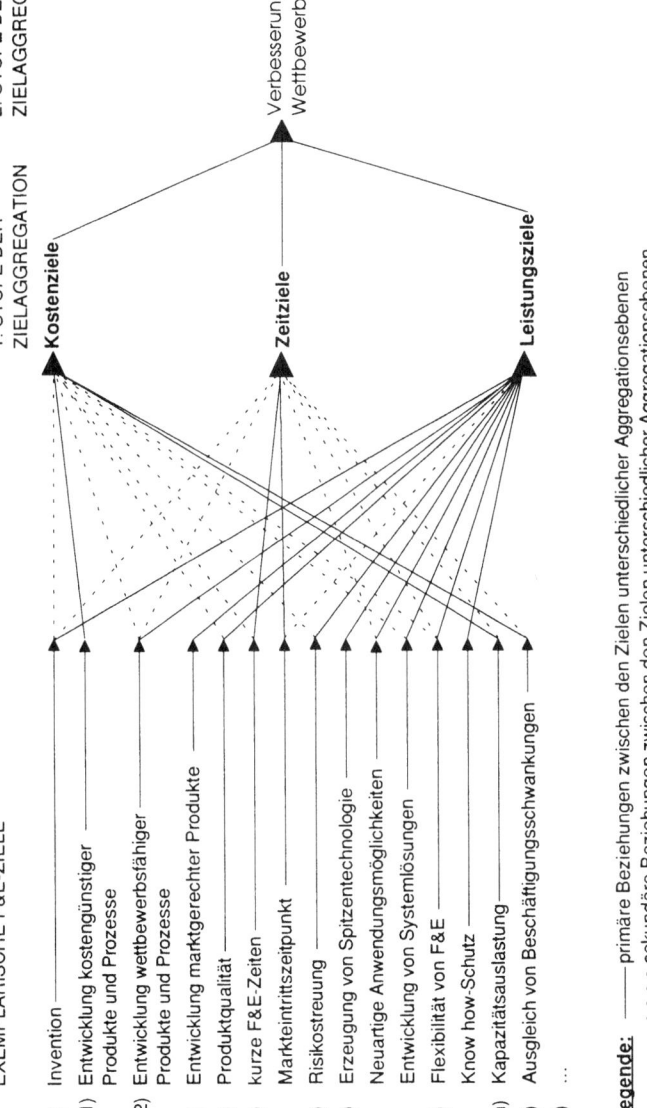

EXEMPLARISCHE F&E-ZIELE

a) Invention
b1) Entwicklung kostengünstiger Produkte und Prozesse
b2) Entwicklung wettbewerbsfähiger Produkte und Prozesse
c) Entwicklung marktgerechter Produkte
d) Produktqualität
e) kurze F&E-Zeiten
f) Markteintrittszeitpunkt
g) Risikostreuung
h) Erzeugung von Spitzentechnologie
i) Neuartige Anwendungsmöglichkeiten
j) Entwicklung von Systemlösungen
k) Flexibilität von F&E
l) Know how-Schutz
m) Kapazitätsauslastung
n) Ausgleich von Beschäftigungsschwankungen
o) ...

Legende: —— primäre Beziehungen zwischen den Zielen unterschiedlicher Aggregationsebenen
· · · · sekundäre Beziehungen zwischen den Zielen unterschiedlicher Aggregationsebenen

Quelle: konzeptionell angelehnt an Wildemann (1986), S. 52.

Abb. 11: F&E-Ziele auf verschiedenen Aggregationsebenen

5.3 Zielbasierte Entwicklung und Anwendung von Effizienzkriterien

Leistungs-, Kosten- und Zeitziele sind als die wesentlichen Bestandteile eines Zielsystems für F&E-Aktivitäten herausgestellt worden. Da F&E-Aktivitäten unternehmungsintern als auch unternehmungsübergreifend durchgeführt werden können, sind aus diesen Zielen grundsätzlich auch die Beurteilungskriterien für die effizienzorientierte Auswahl zwischen verschiedenen Bereitstellungswegen für neues technologisches Wissen herzuleiten. Um eine F&E-bezogene Make-or-Buy-Entscheidung in ihrer Vorbereitungsphase zu unterstützen, sind demnach kosten-, leistungs- und zeitbezogene Effizienzkriterien als zu erreichende Zielmaßstäbe für die Bestimmung der ökonomischen Vorteilhaftigkeit von Koordinationsformen zu identifizieren und im folgenden weiter zu konkretisieren sowie auf die Koordinationsmuster anzuwenden[93].

5.3.1 Kostenbezogene Effizienzkriterien

Als kostenbezogene Effizienzkriterien, welche die F&E-bezogene Make-or-Buy-Entscheidung maßgeblich beeinflussen, sind Transaktionskosten und F&E-Kosten inclusive der aus Degressionsvorteilen resultierenden Kostensynergien zu identifizieren. Die Darstellung und Analyse dieser Kriterien zielt darauf ab, die verschiedenen Koordinationsalternativen auf ihr Potential zur Erzielung von Wettbewerbsvorteilen durch die Realisierung von Kostenvorteilen hin zu untersuchen[94].

---

93) Damit wird eine über einen reinen Kostenvergleich hinausgehende Analyse des Wahlproblems zwischen Eigen- und Fremd-F&E durchgeführt, um der Mehrdimensionalität des Entscheidungsproblems Rechnung zu tragen. Zur Mehrdimensionalität des Entscheidungsproblems vgl. Kapitel 3. Zur Notwendigkeit einer über einen Kostenvergleich hinausreichenden Betrachtung der F&E-bezogenen Make-or-Buy-Entscheidung vgl. z.B. auch Herden (1992), S. 10. Zu den Kritikpunkten an einem reinen Kostenvergleich als Entscheidungsgrundlage vgl. z.B. Picot/Franck (1993), S. 184.

94) Zu Kostenvorteilen als einem Grundtyp von Wettbewerbsvorteilen vgl. Porter (1992 b), S. 31 ff.

5.3.1.1 Transaktionskosten als Effizienzkriterium

5.3.1.1.1 Grundgedanken des Transaktionskostenansatzes

Der Transaktionskostenansatz, ein Teilgebiet der Neuen Institutionenökonomie[95], fußt im wesentlichen auf den Arbeiten von Coase und darauf aufbauend von Williamson[96]. Dieser Ansatz ist als ein konzeptioneller Rahmen zu charakterisieren, welcher ein mikroanalytisches Instrumentarium für die effiziente Koordination wirtschaftlicher Leistungsbeziehungen bereitstellen will[97]. Insofern sind die Aussagen des Transaktionskostenansatzes auch für Effizienzüberlegungen hinsichtlich der Auswahl zwischen verschiedenen institutionellen Koordinationsmustern der Versorgung mit technologischem Wissen von hoher Relevanz[98].

Ausgangspunkt des Transaktionskostenansatzes ist die Überlegung, daß jede Art der Koordination ökonomischer Aktivitäten mit spezifischen Kosten verbunden ist und daß deshalb aus ökonomischer Sicht diejenige Koordinationsform zu wählen ist, die cet. par. die geringsten Kosten der Organisation, auch als Transaktionskosten bezeichnet[99], nach sich zieht[100]. Zentrales Effizienzkriterium für die komparative wirtschaftliche Vorteilhaftigkeit alternativer Koordinati-

---

95) Vgl. Schmidt (1992), Sp. 1854; Williamson (1990), S. 18. Zu einem Überblick über institutionenökonomische Theorien der Organisation, zu denen neben dem Transaktionskostenansatz auch die Theorie der Verfügungsrechte (property rights theory) sowie die Agenturtheorie (principal-agent theory) gezählt werden, vgl. Ebers/Gotsch (1993), S. 193 ff. Siehe auch Kapitel 4.1.

96) Vgl. u.a. Coase (1937), S. 386 ff.; Coase (1972), S. 63 ff.; Williamson (1975); Williamson (1990). Im deutschsprachigen Raum ist v.a. Picot ein Verfechter des Transaktionskostenansatzes. Vgl. z.B. Picot (1982), S. 267 ff.; Picot (1985), S. 224 f.; Picot (1991 b), S. 336 ff.; Picot (1993), Sp. 4194 ff.

97) Vgl. z.B. Grote (1990), S. 66; Kaas/Fischer (1993), S. 686; Picot (1993), Sp. 4194; Williamson (1990), S. 1.

98) Zur Bedeutung transaktionskostentheoretischen Gedankengutes allgemein für Entscheidungen über alternative zwischenbetriebliche Koordinationsformen der Aufgabenabwicklung vgl. z.B. Benkenstein (1993), S. 39 ff.; Picot/Franck (1993), S. 213; Gerhardt/Nippa/Picot (1992), S. 136. Zum empirischen Nachweis der Relevanz von Transaktionskosten im Rahmen der Eigenfertigungs- und Fremdbezugsproblematik vgl. Picot/Laub/Schneider (1989), S. 192 ff. North schätzt den Anteil der Transaktionskosten am Bruttosozialprodukt auf etwa 50 %. Vgl. North (1984), S. 7.

99) Vgl. Michaelis (1985), S. 7.

100) Vgl. Picot (1982), S. 270; Michaelis (1985), S. 7; Kaas/Fischer (1993), S. 686. Der Transaktionskostenansatz ist dementsprechend seinem Wesen nach ein organisationstheoretischer Ansatz. Vgl. Michaelis (1985), S. 7; Schmidt (1992), Sp. 1854 f.

onsformen ökonomischer Aktivitäten ist demzufolge cet. par. die Minimierung der Transaktionskosten[101].

5.3.1.1.2 Transaktionskosten: Begriff und Arten

Da 'Transaktion' und 'Transaktionskosten' als Kernbegriffe des Transaktionsko-stenansatzes nur vage und uneinheitlich definiert sind[102], müssen sie im folgenden in bezug auf die Themastellung inhaltlich so ausgestaltet werden, daß sie die Grundlage für Effizienzaussagen bilden können.

Transaktion soll als eine "[...] Übertragung von Verfügungsrechten im Rahmen eines Leistungstausches zwischen ökonomischen Akteuren [...]"[103] verstanden werden, die dem physischen Gütertausch meist logisch und zeitlich vorausgeht[104]. Unter Verfügungsrechten oder property rights ist dabei ein Bündel von einem Gut anhaftenden Rechten zu verstehen, welches einzelnen Wirtschaftssubjekten aufgrund von Rechtsordnungen und Verträgen zugeordnet ist und ihnen somit Ansprüche auf Nutzung, Veränderung und Veräußerung sichert[105].

"*Transaktionskosten* sind die bei Bestimmung, Übertragung und Durchsetzung von Verfügungsrechten für einen bestimmten Leistungsaustausch entstehenden Kosten"[106]. Transaktionskosten, die im wesentlichen Kosten der Information

---

101) Vgl. z.B. Jones (1987), S. 199; Kaas/Fischer (1993), S. 686; Michaelis (1985), S. 7; Picot (1982), S. 270; Sydow (1992 a), S. 130.

102) Vgl. z.B. Bauer (1990), S. 43; Dorow/Weiermair (1984), S. 193; Gerum (1988), S. 35; de Pay (1989), S. 13; Picot (1982), S. 70; Richter (1991), S. 421.

103) Picot/Franck (1993), S. 188.

104) Auf eine ähnliche Definition rekurrieren z.B. auch Baur (1990), S. 43 f.; Michaelis (1985), S. 77; Picot (1982), S. 269; Picot (1993 b), Sp. 4195. Den Begriff der Transaktion führte Commons in die ökonomische Analyse ein. Vgl. Grote (1990), S. 27 und die Definition von Commons (1931), S. 652. Williamson zielt in seiner Definition auf den physischen Übergang eines Gutes oder einer Dienstleistung ab, wenn er Transaktion wie folgt definiert: "A transaction may thus be said to occur when a good or service is transferred across a technologically separable interface. One stage of processing or assembly activity terminates and another begins." Williamson (1981 a), S. 1544. Vgl. auch Williamson (1990), S. 1.

105) Vgl. z.B. Michaelis (1985), S. 41 ff.; Picot (1991 a), S. 145 f.; Tietzel (1981), S. 209 ff.; Wenger (1993), Sp. 4495 und 4499 f.

106) Picot (1993 b), Sp. 4195 (Kursive Schriftweise im Original). Vgl. z.B. auch Picot/Dietl (1990), S. 178; Tietzel (1981), S. 211; Wegehenkel (1980), S. 12. In der Literatur ist z.T. die Unterscheidung von Organisationskosten als Kosten der Koordination im Rahmen der Unternehmung, Transaktionskosten als Kosten der Koordination über Märkte sowie Koordinationskosten als Oberbegriff für Transaktions- und Organisationskosten verbreitet. Vgl. z.B. Bössmann (1983), S. 108. Im folgenden wird zugunsten eines um-

und Kommunikation sind[107], werden nach den Phasen einer Transaktion in verschiedene Transaktionskostenarten eingeteilt[108]. Hier ist eine Analogie zu den Teilphasen der Übertragungsphase im Rahmen des Technologietransferprozesses zu konstatieren[109]. Demnach werden Anbahnungs-, Vereinbarungs-, Abwicklungs-, Kontroll- und Anpassungskosten differenziert. Bei der Entscheidung zwischen verschiedenen Koordinationsmustern der Beschaffung technologischen Wissens lassen sich diese Kostenarten wie folgt konkretisieren[110].

Anbahnungskosten als Kosten der Suche nach geeigneten Transaktionspartnern entstehen z.B. durch die Suche nach Forschungsinstituten oder kooperationswilligen Unternehmungen und durch die Prüfung von deren Reputation und Kompetenz, durch Suche nach und Gesprächen mit potentiellen Bewerbern für Stellen im F&E-Bereich sowie durch Auswertungen von Projekten, falls personelle oder sachliche Investitionen in interne F&E erwogen werden.

Vereinbarungskosten als bei Vertragsabschluß entstehende Kosten manifestieren sich z.B. als mit der a priori-Definition der geforderten F&E-Leistungen und ihrer vertraglichen Fixierung verbundene Kosten.

Abwicklungskosten sind z.B. die durch Führung und Koordination kooperativer technologischer Beziehungen anfallenden Kosten.

Die nach Vertragsabschluß anfallenden **Kontrollkosten** werden insbesondere durch die Überwachung von Geheimhaltungsvereinbarungen und die Kontrolle von qualitativen Aspekten der zu erbringenden F&E-Leistungen sowie die Einhaltung aller übrigen vertraglichen Vereinbarungen verursacht.

Durch im Zeitablauf notwendig werdende Veränderungen oder Auflösung von F&E-Verträgen entstehen **Anpassungskosten**, z.B. in Form von nachträglichen Terminänderungen bei der kooperativen Erstellung von F&E-Leistungen.

---

fassenden Transaktionskostenbegriffs auf diese Differenzierung verzichtet. Zu einer Begründung vgl. z.B. Michaelis (1985), S. 91 ff.

107) Vgl. z.B. Kleer (1991), S. 77; Picot (1993 b), Sp. 4195; Picot/Dietl (1990), S. 178.

108) Die folgende Einteilung lehnt sich an die Ausführungen von Picot an. Vgl. Picot (1982), S. 271; Picot (1991 b), S. 344; Picot (1992), S. 111; Picot (1993 b), Sp. 4196. In der Literatur werden Transaktionskosten außerdem nach weiteren Merkmalen klassifiziert. Nach der zeitlichen Dimension der Transaktion werden ex ante- und ex post-Transaktionskosten unterschieden. Vgl. z.B. Williamson (1990), S. 22 ff. Nach der Entscheidungsrelevanz verschiedener Transaktionskostenbestandteile sind in bezug auf die vorliegende Wahlentscheidung entscheidungsrelevante von -irrelevanten Transaktionskosten zu differenzieren. Vgl. dazu z.B. die Ausführungen von Michaelis (1985), S. 94 ff.

109) Vgl. dazu Kapitel 2.3.2.

110) Vgl. im folgenden v.a. Schneider/Zieringer (1991 a), S. 48 f.

5.3.1.1.3 Ermittlung der Transaktionskosten

5.3.1.1.3.1 Grundproblematik

Es ist bisher noch nicht gelungen, Transaktionskosten direkt und eindeutig zu operationalisieren und damit zu quantifizieren und zu messen. Hierfür lassen sich mehrere Gründe anführen, die z.T. miteinander zusammenhängen.

Zum einen ist hier das Quantifizierungsproblem zu nennen, das u.a. darauf beruht, daß der den Transaktionskosten zugrundeliegende anglo-amerikanische Kostenbegriff auch Nachteile oder Schäden im Sinne von Opportunitätskosten[111] erfaßt, die der Kooperationswillige erleiden kann. Dies stellt eine Monetarisierung von Transaktionskosten vor erhebliche Probleme[112]. Konzeptionell können Transaktionskosten dennoch als Kosten im betriebswirtschaftlichen Sinne aufgefaßt werden. Dies ist damit zu begründen, daß sie einer Überprüfung anhand der drei Merkmale 'Güterverzehr', 'Leistungsbezogenheit' und 'Bewertung' des allgemeinen wertmäßigen Kostenbegriffs nach Kosiol standhalten, sofern für das Merkmal 'Bewertung' von dem Anspruch der ausschließlichen monetären Bewertung abgegangen wird[113].

Zum anderen ist es problematisch, Transaktionskosten von Nicht-Transaktionskosten, den Produktionskosten, abzugrenzen, da beide Kostenkategorien sich gegenseitig beeinflussen[114]. Ein Beispiel hierfür wäre das Spezifizieren des eventuell zu vergebenden Entwicklungsauftrags im Dialog mit den potentiellen Partnern. An dieser Stelle ist die Abgrenzung der Transaktions- von den Produktionskosten aber aus folgenden Gründen noch nicht erforderlich. Erstens wird durch die Berücksichtigung weiterer Effizienzkriterien gar nicht erst unter-

---

111) "Die Opportunitätskosten der gewählten Alternative werden an dem gesamten Nutzen der besten nicht gewählten Alternative gemessen." Münstermann (1966), S. 21. Zum Opportunitätskostenbegriff sowie zur Identifikation von Opportunitätskosten als Kosten im betriebswirtschaftlichen Sinne unter Bezug auf den wertmäßigen Kostenbegriff vgl. Münstermann (1966), S. 21 f. und 24 f.

112) Vgl. z.B. Baur (1990), S. 46; Ehrensberger (1993), S. 58 f.; Grote (1990), S. 35; Kaas/Fischer (1993), S. 688.

113) Vgl. Niebuer (1992), S. 13 ff.; Picot (1982), S. 271. Außerdem ist nicht zu vergessen "[...], daß auch bei der Ermittlung traditioneller Kostengrößen teilweise erhebliche Probleme auftauchen und mehr oder weniger gut gelöst werden. Das generelle Vorhandensein exakter Zahlenwerte sagt für sich genommen noch nichts darüber aus, ob diese Wertansätze eine verläßliche Entscheidungsgrundlage bilden oder nicht." Kappich (1989), S. 96. Zum allgemeinen wertmäßigen Kostenbegriff vgl. Kosiol (1958), S. 11. Zu einem Überblick über andere betriebswirtschaftliche Kostenbegriffe vgl. z.B. Rehkugler (1993), Sp. 2320 ff.

114) Vgl. z.B. Baur (1990), S. 44; Brand (1990), S. 3; Gerum (1988), S. 35; Niebuer (1992), S. 16.

stellt, daß die Form der Organisation ökonomischer Aktivitäten allein und ausschließlich durch Transaktionskostenüberlegungen zu bestimmen ist. Zweitens
werden die Produktionskosten für die Zwecke der Arbeit als F&E-Kosten im
Sinne von Kosten der Produktion neuen technologischen Wissens, die je nach
gewählter Koordinationsalternative sowohl unternehmungsintern als auch -ex-
tern begründet sein können, interpretiert und in Kapitel 5.3.2 isoliert thematisiert[115]. Demnach sind Transaktionskosten nur **ein** Effizienzkriterium unter
mehreren. Eben deshalb bedarf es einer komparativen Gesamtkostenbetrach-
tung hinsichtlich der entscheidungsrelevanten Kosten[116].

5.3.1.1.3.2 Kosteneinflußgrößen der Transaktionskosten

Zwecks Umgehung der o.a. Schwierigkeiten bei der Ermittlung von Transaktionskosten wird hier ein indirekter Weg eingeschlagen[117]. Er führt über die
Analyse der Kosteneinflußgrößen von Transaktionskosten, woraus dann auf
das Transaktionskostenniveau und auf das zweckmäßige, d.h. transaktions-
kostenminimierende institutionelle Koordinationsmuster geschlossen wird[118].
Als Gruppen solcher Kosteneinflußgrößen werden verhaltensbezogene, strukturelle und aufgabenspezifische Transaktionsdeterminanten unterschieden[119],
die in ihrem Zusammenwirken die Höhe der Transaktionskosten bestimmen.

---

115) Produktionskosten können allgemein als der bewertete Einsatz von Produktionsfaktoren, der für die Leistungserstellung i.S. der Endkombination und das Aufrechterhalten
der dafür notwendigen Vorkombination oder Betriebsbereitschaft erforderlich ist, verstanden werden. Vgl. Huch (1979), Sp. 1513. Picot/Laub/Schneider bezeichnen F&E-
Kosten als 'klassische Produktionskosten' neben Fertigungs-, Material-, Konstruktions-,
Prüf- und Meßkosten. Vgl. Picot/Laub/Schneider (1988), S. 160.

116) Vgl. auch Dorow/Weiermair (1984), S. 197; Grote (1990), S. 69; Rotering (1993),
S. 101. Damit relativiert sich gleichzeitig auch der Tautologievorwurf, der dem Transaktionskostenansatz vorgehalten wird. Vgl. Hanker (1990), S. 172. "Einerseits werden
nämlich die Transaktionskosten von den jeweiligen Organisationsformen determiniert,
andererseits wird aber die Bevorzugung einer bestimmten Organisationsform mit eben
diesen Transaktionskosten erklärt. Dieser Tautologie entkommt man im Grunde nur,
wenn man [...] zusätzliche Parameter einführt und diese dem Faktor Transaktionskosten gegenüberstellt." Hanker (1990), S. 172.

117) Vgl. Gerhardt/Nippa/Picot (1992), S. 136; Schmitz (1988), S. 229.

118) Vgl. z.B. Picot (1991 b), S. 349; Picot (1992), S. 116.

119) Vgl. z.B. Grote (1990), S. 47 ff. Von Williamson wird das Zusammenwirken dieser Determinanten unter der Bezeichnung 'organizational failures framework' thematisiert. Vgl.
Williamson (1975), S. 20 ff.

Als **verhaltensbezogene Transaktionsdeterminanten** postuliert der Transaktionskostenansatz drei Annahmen bezüglich des Invididualverhaltens; es sind dies die Annahmen über die begrenzte Rationalität, den Opportunismus sowie die Risikoneutralität der Transaktionspartner[120].

Strukturelle Transaktionsdeterminanten sind Rahmenbedingungen von Transaktionen, die je nach Ausprägung als Barrieren oder Verstärker und damit als indirekte Kosteneinflußgrößen auf die relative Vorteilhaftigkeit bestimmter Koordinationsformen wirken können[121].

Zentrale Bedeutung haben die **aufgabenspezifischen Transaktionscharakteristika**[122]. Diese als besondere Eigenschaften der Aufgabenstellung zu charakterisierenden Einflußgrößen von Transaktionskosten sind Faktorspezifität, Unsicherheit und Häufigkeit[123].

Spezifität als zentrale Transaktionseigenschaft zielt auf den Grad der Spezialisierung der für eine bestimmte Investition notwendigen Einsatzfaktoren und damit gleichzeitig auf den Grad ihrer Verwendbarkeit in alternativen Einsatzmöglichkeiten[124]. Spezifische Leistungsbeziehungen beruhen auf Investitionen, die speziell auf bestimmte Transaktionen zugeschnitten sind[125]. Transaktionsspezifität von Einsatzfaktoren kann in verschiedenen Ausprägungen auftreten, so u.a. als Standortspezifität, Sachkapitalspezifität, Humankapitalspezifität und Abnehmerspezifität[126], wobei insbesondere für den F&E-Be-

---

120) Vgl. dazu im einzelnen z.B. Ebers/Gotsch (1993), S. 218 f.; Grote (1990), S. 47 ff.; Williamson (1975), S. 21 ff.; Williamson (1990), S. 48 und 326 f.

121) Vgl. dazu z.B. Baur (1990), S. 84 ff.; Grote (1990), S. 63 ff.; Picot (1982), S. 271 f.; Zweipfennig (1991), S. 80 ff. Inhaltlich sind diese Rahmenbedingungen schon in Kapitel 3 z.B. in Form von rechtlich-politischen und technologischen Rahmenbedingungen sowie den verschiedenen Arten von Ressourcen behandelt worden.

122) Vgl. z.B. Baur (1991), S. 84 ff.; Gerhardt/Nippa/Picot (1992), S. 136; Michaelis (1985), S. 104.

123) Vgl. Williamson (1990), S. 59. In der Literatur finden sich noch weitere eigenständige Einflußgrößen, so z.B. Komplexität, Veränderlichkeit und strategische Bedeutung von Leistungen. Im folgenden werden diese Einflußgrößen aber unter den genannten Charakteristika subsumiert. Zur Komplexität als Einflußgröße von Transaktionskosten vgl. z.B. Baur (1990), S. 77 ff. Zur Veränderlichkeit und strategischen Bedeutung von Leistungen als Transaktionseigenschaften vgl. Picot (1991 b), S. 346 f. und Picot/Maier (1993), S. 9.

124) Vgl. z.B. Picot (1993 b), Sp. 4198; Ebers/Gotsch (1993), S. 220; Williamson (1990), S. 60 ff. Bei steigender Faktorspezifität tendieren die Opportunitätskosten gegen Null. Vgl. Siebert (1988), S. 95 f.

125) Solche Investitionen werden als idiosynkratische Investitionen bezeichnet. Vgl. Picot (1993 b), Sp. 4198.

126) Vgl. hierzu Williamson (1990), S. 62 und 108 f. Williamson bezeichnet abnehmerspezifische Investitionen als zweckgebundene Sachwerte. Vgl. Williamson (1990), S. 109.

reich Humankapital-, aber auch Sachkapitalspezifität von Bedeutung sind[127]. Eine F&E-Leistung ist in hohem Maße spezifisch, wenn sie exklusiv auf die Besonderheiten und Probleme einer Unternehmung zugeschnitten ist, und sie damit kaum alternativ zu verwenden ist[128]. Werden solche spezifischen F&E-Leistungen fremdbezogen, so ist die Abhängigkeitsgefahr und das Sicherungsbedürfnis zwischen den Unternehmungen wegen des sog. "Locked-in-Effektes" hoch[129]. Hohe Spezifität einer zu erstellenden F&E-Leistung, die mit steigenden Bewertungsproblemen einhergeht[130], wirkt also wegen der daraus resultierenden hohen Transaktionskosten bei marktlicher Koordination tendenziell in Richtung auf eine langfristige, enge Bindung oder Eigenerstellung der gewünschten F&E-Leistung[131]. Schließlich ist bei hochspezifischen Investitionen ein möglicher Trade off zwischen tendenziell hohen Transaktionskosten und Produktionskostenersparnis durch Einzweckinvestitionen zu berücksichtigen[132].

Unsicherheit wurde als zweites aufgabenspezifisches Transaktionscharakteristikum genannt. Es kann als parametrische Unsicherheit oder als Verhaltensunsicherheit auftreten[133] und bringt zum Ausdruck, daß mehrwertige Erwartun-

---

127) Vgl. Zweipfennig (1991), S. 54 f. So ist insbesondere die zwischenbetriebliche Übertragung spezifischen personengebundenen technologischen Wissens problematisch und tendenziell transaktionskostenintensiv. Vgl. dazu Baur (1990), S. 65.

128) Vgl. Kupsch/Marr/Picot (1991), S. 1119. Im Zusammenhang mit der Spezifität ist auch auf das sog. "small-numbers-Problem" hinzuweisen, welches zum einen schon vor Vertragsabschluß bestehen und sich zum anderen erst nach Vertragsschluß entwickeln kann. In beiden Fällen entsteht ein hoher Grad an Abhängigkeit vom Transaktionspartner und seinem Verhalten. Vgl. Williamson (1975), S. 28 f. "Small-numbers"-Situationen müssen allerdings nicht immer spezifitätsbedingt sein. Vgl. Baur (1990), S. 66 f.

129) Vgl. dazu Williamson (1981 b), S. 555.

130) Vgl. Baur (1990), S. 67 ff. Meß- und Bewertungsprobleme entstehen des weiteren auch durch die genannten Besonderheiten des F&E-Produktionsprozesses, die sowohl eine Input- als auch eine Outputmessung schwierig gestalten. Vgl. Baur (1990), S. 68; Meyer (1994), S. 16.

131) Vgl. Picot/Maier (1993), S. 9; Schneider/Zieringer (1991 a), S. 63. Ist die strategische Bedeutung von Leistungen hoch, d.h. haben sie starken Einfluß auf die Wettbewerbsposition der Unternehmung, so sind solche Leistungen meist auch unternehmungsspezifische Leistungen, wobei der umgekehrte Zusammenhang nicht unbedingt gelten muß. Vgl. dazu Picot/Maier (1993), S. 9 und Picot (1991 b), S. 347.

132) Vgl. Williamson (1990), S. 61 f. "Tendenziell sinken die Stückkosten einer Produktion um so stärker, je spezialisierter und damit inflexibler ein eingesetztes Betriebsmittel ist [...]" Kern (1992 a), S. 198.

133) Vgl. erläuternd hierzu z.B. Williamson (1990), S. 64 ff.; Ebers/Gotsch (1993), S. 221 f.; Baur (1990), S. 70 ff.

gen über zukünftige Datenkonstellationen existieren[134]. Mit F&E-Aktivitäten verbundene Unsicherheit bezieht sich auf Anzahl und Prognostizierbarkeit z.B. von Qualitäts-, Termin-, Mengen- und Preisänderungen bei der Produktion der F&E-Leistungen[135]. Mit zunehmender diesbezüglicher Unsicherheit steigen tendenziell die Transaktionskosten, v.a. die Kontroll- und Anpassungskosten[136]. Unsicherheit ist bei Transaktionen niedriger Spezifität von relativ geringer Bedeutung et vice versa[137]. In enger Beziehung zur Unsicherheit steht die Komplexität einer Transaktion: Ihre Wirkung ist analog, aber die Ursache ist eine andere[138].

Die Transaktionshäufigkeit als in Zusammenhang mit den anderen Einflußgrößen verstärkend wirkendes Transaktionscharakteristikum bezieht sich auf den Wiederholungsgrad einer Transaktion[139]. Sie zielt auf Lernkurveneffekte, Spezialisierungsvorteile und vertiefte Vertrauensbeziehungen ab, die tendenziell transaktionskostensenkend wirken[140].

Es bleibt festzuhalten, daß die über die o.a. Kosteneinflußgrößen zu operationalisierenden Transaktionskosten im Rahmen von F&E-bezogenen Make-or-Buy-Entscheidungen somit ein Effizienzkriterium sind, das zu berücksichtigen ist.

5.3.1.1.4 Transaktionskosten der Koordinationsmuster

Die Transaktionskosten variieren in ihrer Höhe und Struktur mit der Art des gewählten institutionellen Arrangements. Im folgenden werden nur die bei den

---

134) Vgl. dazu Kern (1974), S. 86. Zur Abgrenzung von Unsicherheit und Ungewißheit, die im folgenden gemäß der Terminologie des Transaktionskostenansatzes synonym verwendet werden, vgl. ebenda, S. 86 ff.

135) Vgl. Kupsch/Marr/Picot (1991), S. 1119. Unsicherheit entspricht damit dem Kriterium der Veränderlichkeit nach Picot. Vgl. Picot (1993 b), Sp. 4200 f.

136) Vgl. Baur (1991), S. 85; Ebers/Gotsch (1993), S. 221 f.; Kupsch/Marr/Picot (1991), S. 1119. Unsicherheit wurde in Kapitel 2.2.2.2.1 als ein wesentliches Kennzeichen von F&E-Aktivitäten identifiziert.

137) Vgl. Williamson (1990), S. 68; Ebers/Gotsch (1993), S. 222.

138) Vgl. Baur (1990), S. 77 f. "Der komplette Entscheidungsbaum kann nicht spezifiziert werden. Im Gegensatz zur Unsicherheit beruht diese Beschränkung jedoch nicht auf einer grundsätzlichen Unkenntnis aller möglichen Zustände, sondern auf der begrenzten Verarbeitungsfähigkeit aller entscheidungsrelevanten Faktoren." Baur (1990), S. 78.

139) Vgl. Baur (1990), S. 80 f.; Picot (1993 b), Sp. 4201.

140) Vgl. z.B. Kupsch/Marr/Picot (1991), S. 1119; Baur (1990), S. 80.

alternativen Koordinationsmustern am stärksten und offensichtlichsten in Erscheinung tretenden Transaktionskostenarten erörtert. Auf einen expliziten Rückgriff auf die Transaktionscharakteristika wird dabei verzichtet, da zum einen hierfür konkrete Angaben über die jeweils zu beschaffende Leistung und die Situationsspezifika erforderlich wären und zum anderen die Transaktionscharakteristika zwar die Höhe, nicht aber die grundsätzliche Existenz von Transaktionskosten beeinflussen.

5.3.1.1.4.1 Koordinationsmuster bei vorhandenem technologischem Wissen

Wird **Lizenzerwerb** erwogen, so entstehen Anbahnungskosten. Diese ergeben sich zum einen daraus, daß die Unternehmung Informationen darüber gewinnen muß, ob Lizenzen über das gesuchte Wissen überhaupt bestehen, und zum anderen durch die Suche nach potentiellen Lizenzgebern sowie deren Kontaktierung. Hierbei kann bei Patentlizenzen auf offizielle Patent- und Lizenzdatenbanken zurückgegriffen werden oder auch ggf. auf unternehmungsintern vorhandene Dokumentations- und Retrievalsysteme, wobei die letztgenannten unternehmungsinternen Informationsquellen v.a. bei Know how-Lizenzen Hilfestellung bieten können[141]. Die Anbahnungskosten entfallen für den potentiellen Lizenznehmer dann ganz oder wenigstens teilweise, wenn der Lizenzgeber seinerseits die Initiative ergreift, weil er seine Lizenzen aktiv vermarkten will[142]. Weiterhin werden durch eine Entscheidung für Lizenzerwerb Vereinbarungskosten verursacht[143]. So ist z.B. darüber zu verhandeln, ob eine einfache oder eine ausschließliche Lizenz erteilt wird oder ob ggf. ein Lizenzaustauschvertrag geschlossen werden kann. In diesem Zusammenhang ist insbesondere bei Verhandlungen über Know how-Lizenzen für den potentiellen Lizenzgeber die

---

141) Vgl. Schneider/Zieringer (1991 a), S. 101. Zu einem Überblick konkrete Patentdatenbanken im nationalen und internationalen Bereich vgl. z.B. Peckedrath (1989), S. 136 ff.; Schmoch u.a. (1988), S. 77 ff. Mit Gültigkeit für alle alternativen Koordinationsmuster ist an dieser Stelle zur Nutzung von externen Datenbanken als Instrument der Informationsgewinnung in der Anbahnungsphase darauf hinzuweisen, daß Datenbankrecherchen i.d.R. nicht kostenlos sind. Zu einem Überblick über die bei einer Online-Recherche anfallenden Kostenarten vgl. Peckedrath (1989), S. 129 ff.

142) Vgl. dazu Mittag (1985), S. 180 ff. Die Anbahnungskosten sind im internationalen Suchfeld ggf. höher als im nationalen Bereich.

143) Vgl. Atuahene-Gima/Patterson (1993), S. 329. Ausführlich zum Kommunikationsprozeß zwischen Nachfrager und Anbieter bei der Anbahnung von Lizenzgeschäften vgl. Mittag (1985), S. 190 ff.

Gefahr des Informationsparadoxons gegeben[144], die durch geeignete vertragliche Regelungen zu begrenzen versucht wird[145]. Abwicklungs- und Kontrollkosten sind v.a. beim Erwerb von Know how-Lizenzen aufgrund der Heterogenität der Trägermedien der damit verbundenen Problematik einer Kontrolle der vollständigen Übertragung wesentlich[146]. Anpassungskosten können z.B. bei Lizenzaustauschverträgen daraus resultieren, daß ein Vertragspartner seiner Verpflichtung zum Austausch nicht innerhalb der vertraglich vereinbarten Zeit nachkommt.

Die bei **Technologiekauf** als Koordinationsalternative entstehenden Arten von Transaktionskosten entsprechen im wesentlichen den bei Lizenzerwerb anfallenden Transaktionskosten, weshalb auf eine gesonderte Darstellung verzichtet wird. Diese Analogie beruht darauf, daß die Unterschiede zwischen diesen beiden Koordinationsalternativen in bezug auf die Beschaffungsaktivitäten, die Transaktionskosten verursachen, gradueller Art sind, denn dem Nutzungsrechtübergang bei Lizenzerwerb steht der Eigentumsrechtübergang bei Technologiekauf gegenüber[147].

5.3.1.1.4.2 Koordinationsmuster bei zu generierendem technologischem Wissen

Die **Vertragsforschung** verursacht Anbahnungskosten, die je nach Art der zu beschaffenden F&E-Leistung in Verbindung mit Merkmalen des potentiellen Auftragnehmers ein unterschiedliches Ausmaß annehmen können. So existieren auf bestimmte Gebiete spezialisierte staatliche und private Forschungsinstitutionen, wie z.B. die auf zahlreichen Gebieten forschende Fraunhofer-Gesellschaft zur Förderung der angewandten Forschung (FhG)[148]. Betrifft die zu erstellende oder beschaffende Forschungsleistung z.B. eines der von ihr ver-

---

144) Das **Informationsparadoxon** beruht darauf, daß der Wert von Informationen erst eingeschätzt werden kann, wenn die Informationen offengelegt und damit bekannt sind. Sind sie aber bekannt, brauchen sie nicht mehr erworben zu werden. Vgl. z.B. Picot/Reichwald (1991), S. 260.

145) Vgl. dazu z.B. Corsten (1982), S. 160; Schneider/Zieringer (1991 a), S. 65 f. Mittag empfiehlt ein stufenweises Vorgehen in bezug auf die Informierung des potentiellen Lizenznehmers. Vgl. dazu Mittag (1985), S. 197 f.

146) Vgl. Corsten (1982), S. 159 f.

147) Vgl. Hauschildt (1993), S. 35.

148) Vgl. dazu den Überblick bei Becker (1993), S. 158 f.

tretenen Gebiete, so sind die Anbahnungskosten gering, da diese Institutionen
sowie ihre Spezialgebiete und Reputation bekannt sind oder Informationen
hierüber relativ leicht zu beschaffen sind, so z.B. über Bibliometrie-Analysen in
Verbindung mit der Nutzung spezialisierter Datenbanken[149]. Vereinbarungskosten entstehen bei der Vertragsforschung in Form der vertraglichen a priori-
Fixierung der noch zu erbringenden F&E-Leistung. Je detaillierter diese Fixierung vorgenommen wird, desto höher werden die Vereinbarungskosten und
desto geringer wird das Risiko sein, daß die externe Institution aufgrund unvoll-
kommener oder fehlerhafter Informationen an den Bedürfnissen des Auftraggebers 'vorbeientwickelt'[150]. Erheblich dürften bei der Vertragsforschung im Vergleich zur internen F&E die Abwicklungs- und Kontrollkosten sein. Dies ist damit
zu begründen, daß unternehmungsübergreifende Kommunikation und Koordinationsaktivitäten aufgrund der zu überwindenden Schnittstellenprobleme zum
einen umfangreicher und zum anderen schwieriger zu steuern sind als Kommunikation und Koordination innerhalb einer Unternehmung[151]. Solche Aktivitäten sind aber notwendig, um den Erfolg der Leistungserstellung durch ständige
Rückkopplungen und Transfer von Zwischenergebnissen zu kontrollieren und
zu sichern[152]. Außerdem können durch die Überwachung von Geheimhaltungsvereinbarungen die Kontrollkosten weiter erhöht werden[153]. Anpassungskosten entstehen z.B., wenn der Auftragnehmer die fixierten Termine
nicht einhält oder Leistungsmodifikationen von einer der beiden Seiten ge-
wünscht werden.

Im Fall der meist anwendungsfernen und im Vorfeld des Wettbewerbs stattfin-
denden **Gemeinschaftsforschung** haben die Vereinbarungskosten das größte
Gewicht, da durch die Vereinbarungen die langfristige Richtung der Forschung
dieser speziellen Kooperationen oder gar Institutionen festgelegt wird, und dies

---

149) Informationen über private und staatliche deutsche Forschungsinstitutionen bieten die
Datenbanken VADEMECUM und INFOR an. Vgl. Becker (1993), S. 182. Zu einem
Überblick über entsprechende international ausgerichtete Datenbanken vgl. ebenda,
S. 182 ff.

150) Allerdings ist bei der Entwicklung innovativer Produkte aufgrund von Informationspro-
blemen eine a priori-Definition der zu erbringenden F&E-Leistungen schwierig. Vgl.
Gemünden (1990), S. 28.

151) Vgl. Corsten (1982), S. 168; Kern/Schröder (1977), S. 60.

152) Vgl. Wolfrum (1991), S. 301. In diesem Zusammenhang können auch Probleme durch
eine mangelnde Bereitschaft des eigenen F&E-Personals zum Informationsaustausch
mit dem Auftragnehmer sowie durch das schon in Kapitel 4.2.2.2.1 erwähnte "not-
invented-here"-Syndrom aufgeworfen werden.

153) Vgl. Kern/Schröder (1977), S. 60.

über den potentiellen Nutzen für die einzelne Unternehmung entscheidet[154]. Anbahnungskosten fallen weniger ins Gewicht, da über diese Institutionen Informationen verfügbar sind und sie grundsätzlich allen interessierten Unternehmungen oder Mitgliedern eines Wirtschaftszweiges offenstehen[155]. Dadurch, daß diese Institutionen relativ autonom arbeiten, sind die Abwicklungs- und Kontrollkosten ebenfalls als tendenziell gering einzustufen[156].

Aus den in der Literatur vorzufindenden Auflistungen von Gründen gegen **F&E-Kooperationen** geht hervor, daß ein gewichtiger Teil seinen Ursprung in den mit Kooperationen verbundenen tendenziell hohen Transaktionskosten hat[157]. Diese Aussagen sind auf die einzelnen Ausprägungen von F&E-Kooperationen hin zu präzisieren, wobei zu den Anbahnungskosten pauschal vorausgeschickt werden soll, daß Suche und Kontaktierung potentieller Kooperationspartner durch Kontaktinstrumente wie z.B. Kooperationsbörsen, -datenbanken sowie Messebesuche unterstützt werden[158]. Außerdem gehen die Kooperationspartner häufig aus früheren oder bestehenden Geschäftsbeziehungen hervor[159], so z.B. beim Outsourcing in der Kraftfahrzeugindustrie.

Bei der nicht koordinierten Einzel-F&E mit Ergebnis- und Erfahrungsaustausch entstehen Anbahnungskosten durch die Suche nach geeigneten Kooperationspartnern und Vereinbarungskosten durch die vertraglichen Regelungen über die den Austausch betreffenden F&E-Gebiete. Die Abwicklungskosten sind tendenziell gering, da die Forschungsaktivitäten per definitionem nicht laufend koordiniert werden[160]. Daraus folgt, daß sich wegen der vereinbarten Autonomie der

---

154) Außerdem sind ggf. vertraglich zu fixierende Eigenbeiträge der einzelnen Unternehmungen erforderlich.

155) Vgl. Kern/Schröder (1977), S. 56. Allerdings können die Zeitpunkte der Verfügbarkeit sowie der Möglichkeit des Zutritts divergieren.

156) Vgl. Kern/Schröder (1977), S. 56.

157) Allgemein zu solchen Aufzählungen von Gründen gegen F&E-Kooperationen vgl. z.B. Rotering (1990), S. 85; Wolfrum (1991), S. 304 f.; Corsten (1982), S. 176. Transaktionskostenspezifische Gründe gegen F&E-Kooperationen sind insbesondere die hiermit verbundenen hohen Such- und Verhandlungskosten sowie das Entstehen von Kosten, die durch immense Koordinations- und Kommunikationsbedarfe induziert werden. Vgl. z.B. Rotering (1990), S. 85.

158) Vgl. Rotering (1993), S. 159 f. Zu einem Überblick über konkrete Instrumente zur Kooperationsanbahnung vgl. Schaude (1991), S. 11 ff. Hinsichtlich der Suche und Reputationseinschätzung potentieller Partner bieten spezielle Datenbanken Hilfestellung. So ist z.B. die Datenbank BIKE (Biotechnologie-Knoten für Europa) zu nennen, die auf dem Gebiet der Biotechnologie Hinweise auf Veröffentlichungen, Forschungsinstitutionen und 'Experten' gibt. Vgl. Becker (1993), S. 175 f.

159) Vgl. Meyer-Krahmer/Walter (1982), S. 10.

160) Vgl. Düttmann (1989), S. 105.

Kooperationspartner und den damit per se sehr eingeschränkten Einflußnah-
memöglichkeiten die Kontroll- und Anpassungskosten ebenfalls in Grenzen
halten werden[161].

Bei der planmäßig koordinierten Einzel-F&E mit institutionalisiertem Ergebnis-
und Erfahrungsaustausch spezialisieren sich die F&E-Abteilungen der Partner
auf zu fixierende Forschungsgebiete und tauschen die Ergebnisse aus[162]. Es
entstehen Anbahnungskosten als Konsequenz der Suche nach geeigneten und
kooperationswilligen Partnerunternehmungen mit komplementären Forschungsgebieten, auf denen dann eine weitere Spezialisierung aufbauen kann. Da explizit festzulegen ist, wer auf welchen Gebieten forscht und ob die Kooperation
einzelne F&E-Projekte oder die gesamte F&E betrifft, werden die
Vereinbarungskosten im Rahmen einer vertraglichen Absicherung hoch sein,
vor allem da die gegenseitigen Abhängigkeiten immens sind[163]. Abwicklungskosten werden ebenfalls hervorgerufen, da die Zusammenarbeit koordinierter
Art ist. Allerdings treten aber zeitlich gesehen die Koordinationsaktivitäten
hauptsächlich jeweils zu Beginn der Spezialisierung z.B. auf unterschiedliche
Projekte auf, weniger jedoch nach erfolgter Aufteilung der Forschungsgebiete,
da die eigentlichen Forschungsgebiete relativ autonom bearbeitet werden[164].
Kontrollkosten und ggf. hierdurch ausgelöste Anpassungskosten werden durch
Fortschrittskontrollen hinsichtlich Quantität und Qualität der von den Partnern zu
erbringenden F&E-Leistungen und den dafür erforderlichen organisatorischen
und personellen Maßnahmen hervorgerufen. Anpassungskosten ergeben sich
vor allem dann, wenn die Ausrichtungen einzelner F&E-Projekte geändert werden müssen, z.B. da eine konkurrierende Unternehmung zwischenzeitlich die
gesuchte Technologie entwickelt hat und nun Lizenznahme als Koordinationsalternative in Betracht kommt.

---

161) Kontrollkosten entstehen hauptsächlich, um die getroffenen Vereinbarungen über die
Geheimhaltung zu überwachen.

162) Vgl. Boehme (1986), S. 115; Düttmann (1989), S. 105 f.; Schneider/Zieringer (1991 a),
S. 36.

163) Hohe wechselseitige Abhängigkeiten sind vor allem dadurch bedingt, daß die Partnerunternehmungen auf dem dem Partner zugewiesenen Forschungsgebiet nicht tätig
sind. Vgl. Düttmann (1989), S. 106.

164) Vgl. Boehme (1986), S. 115. Allerdings werden durch den der Kontrolle dienenden
Austausch von Zwischenergebnissen Abwicklungskosten hervorgerufen, z.B. durch
Aufbau und laufende Führung eines Kooperationskomitees. Auch ein möglicher zeitwei-
liger Personalaustausch zwischen den Partnern bedingt Koordinationsaktivitäten, die
die Abwicklungskosten steigern.

Bei einer F&E-Gemeinschaftsunternehmung als Koordinationsalternative, die zumindest zum Teil ein Substitut für interne F&E darstellt[165], sind im Vorfeld der Kooperation umfangreiche Anbahnungs- und Vereinbarungskosten zu erwarten. Zum einen müssen geeignete Kooperationspartner gefunden werden, wobei die Voraussetzungen für F&E-Kooperationen am günstigsten sind, wenn entweder Partner mit komplementären Fähigkeiten gesucht werden oder aber solche Partner, die durch die gemeinschaftliche Erforschung von Technologien mit Infrastrukturcharakter für eine ganze Branche (z.B. im Bereich von Werkstofftechnologien) im Vorfeld des eigentlichen Wettbewerbs eine Basis für die Entwicklung unterschiedlicher individueller Produkte schaffen wollen[166]. Zum anderen wird wegen der längerfristigen und erheblichen materiellen und immateriellen Verflechtungen zwischen den potentiellen Partnern ein umfangreiches Vertragswerk erforderlich[167]. Die Höhe der Vereinbarungskosten beeinflußt zu einem gewissen Grad die Höhe der Abwicklungskosten[168]. Je detaillierter die vertraglichen Regelungen fixiert wurden, desto höher sind die hierdurch entstehenden Vereinbarungskosten[169]. Bedingt durch die hohe Regelungsdichte dürften aber gleichzeitig die Abwicklungskosten, die durch die Steuerung der laufenden Leistungserstellung in der F&E-Gemeinschaftsunternehmung entstehen und deshalb hohe Kommunikations- und Abstimmungserfordernisse zwi-

---

165) Vgl. Rotering (1990), S. 122.

166) "Gerade komplementäres Erfahrungswissen kann das Kooperationsergebnis positiv beeinflussen." Heinzl/Sinß (1993), S. 62. Zur zunehmenden Bedeutung von F&E-Kooperationen im Vorfeld des eigentlichen Wettbewerbs vgl. Fusfeld/Haklisch (1985), S. 61. Es werden auch F&E-Kooperationen zwischen direkten Konkurrenten eingegangen, so z.B. zur Entwicklung und Einführung von Wettbewerbsstandards. Hier verzichten die Partner durch die gemeinschaftliche Entwicklung der F&E-Leistung untereinander auf den Erwerb von Wettbewerbsvorteilen, um diese gebündelt gegenüber anderen Konkurrenten z.B. mittels erhöhter Markteintrittsbarrieren zu realisieren. Vgl. Heinzl/Sinß (1993), S. 63 f.

167) So müssen z.B. Kooperationsvereinbarungen über die Kosten- und Ergebnisaufteilung, über einzubringende materielle und immaterielle Ressourcen, über Abwerbungsverzicht, über die Instrumente zur Sicherung der Geheimhaltung sowie über die Standortwahl getroffen werden. Vgl. Rotering (1990), S. 144.

168) "Die Kompetenzverteilung und Koordination wird bei vertraglichen Kooperationen weitgehend durch den Kooperationsvertrag geregelt." Heinzl/Sinß (1993), S. 65.

169) Es stellt sich allerdings grundsätzlich die Frage, wie detailliert solche vertraglichen Vereinbarungen aufgrund der Umweltunsicherheiten sowie der begrenzten Informationsverarbeitungskapazität und Voraussicht der hieran beteiligten Personen überhaupt zukünftiges Geschehen antizipieren und ex ante regeln können, zumal die Verträge auf längere Dauer angelegt sind. Vgl. dazu auch Schneider/Zieringer (1991 a), S. 78; Williamson (1990), S. 78 f.

schen den Partnern bedingen, sinken[170]. Durch ein sehr detailliertes Vertragswerk wird aber die Handlungsflexibilität der F&E-Gemeinschaftsunternehmung eingeschränkt[171]. Dies kann sich zum einen über das so begünstigte Entstehen bürokratischer Strukturen[172] negativ auf die für F&E-Aktivitäten erforderliche Kreativität der hier tätigen Personen auswirken. Zum anderen wird es den Flexibilitätserfordernissen nicht gerecht, die wegen der mit F&E-Aktivitäten einhergehenden hohen Unsicherheit notwendig sind[173]. Wird andererseits das Vertragswerk weniger detailliert und damit flexibler gehalten, so sinken zwar die Vereinbarungskosten, aber die Abwicklungskosten steigen. Zu den Anpassungskosten ist in diesem Zusammenhang anzumerken, daß auch sie bei eher offenen und flexiblen Kooperationsverträgen tendenziell geringer sind als bei sehr detaillierten Verträgen[174], da unbürokratischer und damit schneller reagiert werden kann[175]. Die Abwicklungskosten werden weiter durch die Notwendigkeit konfliktregelnder Koordinationsaktivitäten beeinflußt[176]. So kann es aufgrund von Unterschieden in Persönlichkeits- und Qualifikationsstrukturen sowie wegen divergierender Unternehmungskulturen zu Konflikten zwischen den aus unterschiedlichen Partnerunternehmungen in die F&E-Kooperation eingebrachten Mitarbeitern kommen[177]. Ein vorgelagertes Konfliktpotential besteht bei F&E-Mitarbeitern, die möglicherweise gegen ihren Willen in das Kooperationsvorhaben integriert werden, oder bei den Mitarbeitern, die davon ausgeschlossen werden[178].

---

170) Zu entsprechenden empirischen Befunden über die Intensität der Kontakte zwischen den an F&E-Gemeinschaftsunternehmungen beteiligten Partnern vgl. Rotering (1990), S. 161.

171) Porter spricht in diesem Zusammenhang von den Inflexibilitätskosten als potentiellen Kosten bei gemeinsamer Durchführung von Aktivitäten. Vgl. Porter (1992 b), S. 426 f. "Inflexibilität zeigt sich in zweierlei Gestalt: (1) mögliche Schwierigkeiten, auf Wettbewerbsmaßnahmen zu reagieren, und (2) Austrittsbarrieren." Porter (1992 b), S. 426.

172) Bürokratische Strukturen sollen hier als mechanistische Strukturen im Sinne von Burns und Stalker verstanden werden. Vgl. zu den Kennzeichen mechanistischer im Gegensatz zu organischen Strukturen Burns/Stalker (1968), S. 119 ff.

173) Vgl. Bidault/Cummings (1994), S. 36; Hakanson (1993), S. 284. "Durch einen allgemein gehaltenen Rahmen- oder Kooperationsvertrag können zukünftige Anpassungen leichter eingebracht und in Zukunft auftretende Unsicherheitspotentiale innerhalb von F&E-Kooperationen aufgefangen werden." Schneider/Zieringer (1991 a), S. 79.

174) Vgl. Schneider/Zieringer (1991 a), S. 80.

175) Vgl. Rotering (1993), S. 189.

176) Solche konfliktvorbeugenden oder -regelnden Koordinationsaktivitäten können z.B. im Setzen von Anreizen finanzieller Art bestehen.

177) Vgl. Heinzl/Sinß (1993), S. 66 f.

178) Vgl. Heinzl/Sinß (1993), S. 66.

Durch technologieorientierten **Beteiligungserwerb** als Koordinationsalternative entstehen Transaktionskosten hauptsächlich als Such- und Vereinbarungskosten. Suchkosten werden dadurch verursacht, daß sich die Unternehmung Informationen darüber beschaffen muß, welche Unternehmungen auf dem gesuchten F&E-Gebiet tätig sind, wie ihre Reputation ist sowie ob und in welcher Form eine Beteiligung möglich ist[179]. Die Höhe der Vereinbarungskosten kann stark variieren. Wird z.B. eine Risiko-Kapitalbeteiligung durch Erwerb eines Aktienpaketes erwogen, so sind keine individuellen Verträge zwischen den beteiligten Unternehmungen zu schließen, und die Vereinbarungskosten sind dementsprechend tendenziell niedrig. Beim Venture Nurturing entstehen Vereinbarungskosten, da die Form der Betreuung und Beratung der jungen Unternehmung vertraglich festzulegen ist. Noch höher sind die Vereinbarungskosten bei Venture Spin-Offs, da aufgrund der höheren gewollten Verflechtungen der Umfang der zu fixierenden Vertragsinhalte größer ist. Abwicklungs-, Kontrollund Anpassungskosten variieren zwar in Abhängigkeit von den konkreten Ausprägungsformen des Beteiligungserwerbs, sie werden aber tendenziell aufgrund der mit der Minderheitsbeteiligung verbundenen relativen Autonomie und den damit nur schwach ausgeprägten Einflußnahme- und Kontrollmöglichkeiten gering sein.

Technologieorientierte Unternehmungsakquisitionen setzen die Suche nach innovativen, noch selbständigen Unternehmungen voraus, die potentielle Übernahmekandidaten sind[180]. Sie implizieren tendenziell hohe Anbahnungskosten, was damit zu begründen ist, daß zur Informationsgewinnung oft externe Vermittler wie Wirtschaftsprüfungsgesellschaften, Investmentbanken und Beratungsunternehmungen herangezogen werden müssen[181]. Die in die Suchphase fallenden Aktivitäten zur Einschätzung und Bewertung potentieller Akquisitionskandidaten hinsichtlich ihrer technologischen Position sind als sehr schwierig einzustufen, da die vorhandenen legalen Informationsquellen zum einen i.d.R. spärlich sind und zum anderen ihre Analyse mit großen Unsicher-

---

179) Diese Suchkosten entfallen allerdings weitgehend bei Venture Spin-Offs, da hier die Initiative aus der Unternehmung selbst hervorgeht.

180) Vgl. Hauschildt (1993), S. 45.

181) Vgl. Rotering (1990), S. 160 f.; Zimmerer (1993), Sp. 4296. Zu den verschiedenen Arten von Informationen, die vor einer Kontaktierung eingeholt werden müssen vgl. Zimmerer (1993), Sp. 4297.

heiten behaftet ist[182]. Solche möglichen Informationsquellen sind z.B. die Angaben über F&E im Lagebericht, die Analyse der Quantität und Qualität der Veröffentlichungen, die von den in der potentiell zu akquirierenden Unternehmung tätigen Forschern publiziert werden, oder die Analyse der Anzahl der angemeldeten Patente[183]. Bewertungsprobleme ergeben sich bei der Übernahme innovativer Unternehmungen insbesondere dadurch, daß der Wert der Unternehmung zu einem wesentlichen Teil durch immaterielle Wirtschaftsgüter wie das Potential der dort tätigen Forscher und Entwickler bestimmt wird[184]. Auch die durch Verhandlungen und Vertragsabschluß entstehenden Vereinbarungskosten sind als hoch einzustufen[185]. Der Erfolg der Akquisition hängt wesentlich von einmaligen und laufenden Aktivitäten zur Integrationsgestaltung ab, durch welche die mittels Akquisition erlangten Wertschöpfungspotentiale in konkrete Wertsteigerungen umgesetzt werden[186]. Solche Aktivitäten wie z.B. die Angleichung von Anreiz- und Entlohnungssystemen sowie von Weiterbildungsmöglichkeiten für das F&E-Personal und regelmäßige Treffen von Forschern und Entwicklern aus beiden Unternehmungen zwecks Informationsaustausch, Barrierenabbau etc. bedingen aufgrund der ihnen immanenten Koordinationserfordernisse hohe Abwicklungskosten[187]. Kontrollkosten entstehen, da aufgrund abnehmender Überschaubarkeit der Gesamtunternehmung bei zunehmender Unternehmungsgröße zusätzliche personelle und/oder orga-

---

182) Diese Vorabbewertung in der Suchphase wird in der Phase der Verhandlungen durch vom Verkäufer vorzulegende interne Unterlagen sukzessive konkretisiert. Zum Inhalt solcher Unterlagen vgl. Zimmerer (1993), Sp. 4298.

183) Zu den Vor- und Nachteilen von Patenten und Forschungsberichten als Maße für den Erfolg von F&E-Tätigkeiten vgl. Conen (1986), S. 72 ff. Da die gesetzlichen Vorschriften über die Angaben zu F&E im Lagebericht einen großen individuellen Gestaltungsfreiraum lassen, ist die Aussagefähigkeit solcher Angaben sehr unterschiedlich und nur einzelfallbezogen zu beurteilen. Vgl. Kuhn (1992), S. 82 f.

184) Vgl. Hauschildt (1993), S. 45. Da diese Personen wesentlich das Technologiepotential der Unternehmung prägen, werden diesbezügliche Bewertungsüberlegungen dadurch verkompliziert, daß nach erfolgter Akquisition möglicherweise das Verbleiben dieser Personen in der Unternehmung nicht gewährleistet werden kann. Vgl. Hauschildt (1993), S. 45.

185) Vgl. Rotering (1993), S. 162, der dies im Rahmen einer explorativen Studie im Vergleich von Kooperation und Akquisition feststellt. Rotering ermittelt drei Gründe für relativ hohe Vereinbarungskosten bei Akquisitionen. Vgl. dazu im einzelnen Rotering (1993), S. 162 f. Zu einer Aufzählung der Aktivitäten im Rahmen von Verhandlungen und Vertragsabschluß vgl. Zimmer (1993), Sp. 4297 ff.

186) Vgl. dazu sowie zum Begriff der Integrationsgestaltung Gerpott (1993), S. 120.

187) Vgl. Gerpott (1993), S. 104; Rotering (1993), S. 165. Andere integrationsförderliche Gestaltungsmaßnahmen sind z.B. Karriereberatung, Mitarbeiterbefragungen, Einrichtung einer zeitlich befristeten Integrationsorganisation mit Projektcharakter. Zu diesen und weiteren Maßnahmen vgl. den strukturierten Überblick bei Gerpott (1993), S. 130.

nisatorische Maßnahmen erforderlich werden, um Kontrolle und daran gekop-
pelte Sanktionen und Anreize zu ermöglichen[188]. So kann z.B. die Einrichtung
einer Zentralabteilung 'F&E-Controlling' eine solche Maßnahme darstellen. Das
Entstehen von Anpassungskosten resultiert z.B. aus der relativ eingeschränkten
Flexibilität bei notwendigen Anpassungen an sich ändernde Rahmenbedingungen sowie aus Kosten für die Auflösung der Akquisition[189].

5.3.1.2 F&E-Kosten als Effizienzkriterium

Die F&E-Kosten, die in der Literatur als ständig steigend charakterisiert werden[190], müssen als Effizienzkriterium gleichfalls Berücksichtigung finden, da
die Wahl der Koordinationsformen auch ihre Höhe und Struktur beeinflußt.

5.3.1.2.1 F&E-Kosten: Arten und Struktur

F&E-Kosten sollen im Sinne des schon in Kapitel 5.3.1.1.3.1 erläuterten wertmäßigen Kostenbegriffs als leistungsbezogener, bewerteter Güterverzehr verstanden werden, der durch Bemühungen für das Erlangen neuen technologischen Wissens verursacht wird. Damit umfassen F&E-Kosten nach der hier zu-
grundegelegten weiten Auslegung nicht nur die verschiedenen Arten von
Kosten, die durch eigene F&E-Tätigkeiten der Unternehmung induziert werden,
sondern auch F&E-Kosten, die der Unternehmung dadurch entstehen, daß eigene F&E-Aktivitäten durch die verschiedenen möglichen Koordinationsformen
der externen Beschaffung neuen technologischen Wissens substituiert werden
sowie die hieraus resultierenden Kostenstrukturwirkungen. So werden z.B.
durch die Inanspruchnahme von Vertragsforschungsleistungen interne fixe
F&E-Kosten vermieden, die sich durch eine ggf. erforderliche Erweiterung interner personeller und sachlicher F&E-Potentiale ergeben würden. Diese vermie-

---

188) Vgl. Gerpott (1993), S. 104 f. Kontrollkosten bei Akquisitionen entsprechen den Büro-
        kratiekosten nach Williamson, die z.B. durch die Tendenz zum Verfolgen individueller
        Ziele und durch Insichgeschäfte entstehen, wobei Williamson letztere unter dem Stich-
        wort 'wechselseitige Gefälligkeiten' behandelt. Vgl. dazu Williamson (1990), S. 169 ff.
        Zur These der Anreiznachteile unternehmungsinterner Transaktionen vgl. z.B. Dietl
        (1993), S. 120; Porter (1992 a), S. 391.

189) Vgl. dazu Rotering (1993), S. 168 f.

190) Zur Tendenz steigender F&E-Kosten und möglichen Gründen hierfür vgl. z.B. Casson
        (1991), S. 19; Schmelzer (1992), S. 5 f.; Männel (1993), S. 165 f.; Wolfrum (1991),
        S. 293.

denen internen F&E-Kosten werden aber dadurch substituiert, daß dem Vertragsforschungsinstitut das Erbringen der gewünschten F&E-Leistung zu entgelten ist[191].

Anknüpfend an dem herkömmlichen Konzept kostentheoretischer Kalküle darf aber nicht verkannt werden, daß zunehmend Investitionskalküle für Make-or-Buy-Entscheidungen empfohlen werden[192]. F&E-bezogene Make-or-Buy-Entscheidungen sind dann Investitions- oder auch Desinvestitionsentscheidungen, wenn sie den Auf- oder Abbau unternehmungsinterner F&E-Potentiale nach sich ziehen[193].

Eine Konzeption zur Verknüpfung von Kosten- und mehrperiodigen Investitionsrechnungen stellt das sog. **Lücke-Theorem** dar[194]. "Das Theorem von Lücke gibt [...] die Bedingungen an, unter denen eine Kapitalwertberechnung auf der Basis von [...] Leistungen und Kosten [...] stets genau zu den gleichen optimalen Investitionsentscheidungen wie die zahlungsorientierte Kapitalwertberechnung führt"[195]. Diese Bedingungen bezüglich Kauf und Nutzung eines Investitionsobjektes sind zum einen, daß die Summe der Zahlungsüberschüsse aller Perioden gleich der Summe aller Periodengewinne ist und zum anderen, daß kalkulatorische Zinsen auf den Kapitalbestand der jeweiligen Vorperiode angesetzt werden, um die dann der Periodengewinn als Differenz zwischen Leistungen und Kosten vermindert wird[196].

Im folgenden wird für die weiteren Ausführungen von der Annahme ausgegangen, daß die o.g. Bedingungen des Lücke-Theorems erfüllt sind. Demzufolge kann im weiteren der kostentheoretischen Terminologie folgend mit F&E-Kosten

---

191)   Siehe dazu und zu entsprechenden Wirkungen bei anderen Koordinationsmustern die Ausführungen in den Kapiteln 5.3.1.2.2.1 und 5.3.1.2.2.2.

192)   Zum Investitionsbegriff siehe S. 46, Fn. 58. Zu Ansatzpunkten für eine Abgrenzung von Investitions- und Kostenrechnungen vgl. Küpper (1990), S. 254 f.

193)   Da aber sowohl Investitions- als auch Kostenrechnungen an der übergeordneten Zielgröße 'Erfolg der Unternehmung' ausgerichtet sind, stellt sich an dieser Stelle die Frage der Verknüpfung beider Rechnungssysteme, die in der Betriebswirtschaftslehre unterschiedlichen Gebieten zugeordnet werden. Vgl. Küpper (1990), S. 253 f.

194)   Vgl. dazu Lücke (1955), S. 310 ff.; Kloock (1981), S. 876 ff.; Küpper (1990), S. 256 f. Zu anderen Ansätzen für eine Verknüpfung beider Rechnungssysteme vgl. z.B. Küpper (1990), S. 255 ff.

195)   Kloock (1981), S. 877.

196)   Vgl. hierzu und zur formalen Darstellung des Lücke-Theorems Lücke (1955), S. 313 ff.; Küpper (1990), S. 256 f.; Kloock (1981), S. 876 f. *"Die Bedeutung der kalkulatorischen Zinsen liegt in der Ausgleichsfunktion. Ist sie erfüllt, dann ist es unwesentlich, ob man die Investitionsrechnung mit Ausgaben oder mit Kosten durchführt."* Lücke (1955), S. 315 (Kursive Schriftweise im Original).

argumentiert werden, ohne daß dadurch investitionstheoretische Überlegungen ausgeklammert sind.

Durch den potentiellen Übergang von Eigen-F&E zu den verschiedenen Koordinationsformen von Fremd-F&E werden die F&E-Kosten in ihrer Höhe und Struktur tangiert. Des weiteren werden die F&E-Kosten auch in dem Fall tangiert, daß für ein Gewinnen neuen technologischen Wissens eigene F&E-Facilitäten ggf. erst geschaffen werden müßten, was Zeit beanspruchen würde. Deshalb sind Kostenminderungen durch Fremd-F&E den Kostensteigerungen, die der Unternehmung hierdurch entstehen, gegenüberzustellen[197].

Systematisiert nach Kostenarten sind für den F&E-Bereich v.a. Personal-, Energie-, Material-, Reparatur-, Informations- und Dokumentationskosten sowie Kosten für die Errichtung und Nutzung von Gebäuden und Kosten für Anlagen und Meßgeräte (Abschreibung) inklusive der anfallenden Installationskosten relevant[198]. Die Kostenstruktur dieser F&E-Kosten in ihrer Gesamtheit ist dadurch gekennzeichnet, daß die F&E-Kosten überwiegend Fixkostencharakter aufweisen[199]. Dies ist vor allem auf den hohen Anteil von Personalkosten an den F&E-Kosten, aber auch auf die Kosten für Anlagen und Ausstattung zurückzuführen[200]. Die folgenden Ausführungen konzentrieren sich wegen der aufgezeigten Bedeutung der fixen F&E-Kosten hauptsächlich auf diese.

Grundsätzlich bewirkt ein Übergang zur unternehmungsexternen Beschaffung technologischen Wissens eine Veränderung des Verhältnisses variabler zu fixen Kosten[201]. Diese Kostenstrukturveränderung ist dergestalt, daß der Anteil der durch F&E-Tätigkeiten innerhalb der Unternehmung verursachten variablen F&E-Kosten relativ zum Ausgangszustand steigt, da v.a. die fixkostenintensiven unternehmungsinternen Lohnkosten variabel werden, weil sie nun in die fremd-

---

197) Vgl. Corsten (1982), S. 464.

198) Vgl. z.B. Corsten (1982), S. 463; Mellerowicz (1958), S. 64 f.

199) Vgl. z.B. Arbeitskreis Hax (1968), S. 561; Corsten (1982), S. 464; Männel (1993), S. 166; Wolfrum (1991), S. 296. Werden im folgenden fixe und variable Kosten thematisiert, so wird implizit als zugrundeliegende Kosteneinflußgröße eine Variation der Beschäftigung unterstellt.

200) Vgl. Arbeitskreis Hax (1968), S. 561; Corsten (1982), S. 463 f.; Männel (1993), S. 166; Tanski (1984), S. 123 f.; Wolfrum (1991), S. 296. Variabel sind z.B. Energie- und Materialkosten, deren Anteil an den F&E-Kosten jedoch als tendenziell gering eingestuft wird. Vgl. Corsten (1982), S. 464.

201) Die weitere Argumentation erfolgt analog zu den Argumenten über Wirkungen einer Verkürzung der Produktionstiefe. Vgl. dazu z.B. Adam (1993), S. 96; Semlinger (1989), S. 519.

zubeziehende F&E-Leistung einfließen[202]. Höhere variable Kosten ziehen wegen ihrer leichteren Abbaubarkeit an sich eine Erhöhung der Flexibilität der Unternehmung nach sich. Die Kostenstrukturwirkungen sind de facto aber differenzierter zu betrachten, da sie mit der durch die zu wählende Koordinationsalternative implizierten Bindungsintensität variieren. De facto wird nämlich bei engen und langfristigen Bindungsformen zur Beschaffung neuen technologischen Wissens, wie z.b. F&E-Gemeinschaftsunternehmungen, der scheinbar erhöhte Anteil unternehmungseigener variabler F&E-Kosten substituiert durch die vertragliche Verpflichtung der Übernahme der durch das Betreiben der F&E-Gemeinschaftsunternehmung verursachten F&E-Kosten. Diese können aber vertragsabhängig kurz- und mittelfristig ebenso schwer abbaubar sein wie die durch Eigen-F&E entstehenden fixen F&E-Kosten.

5.3.1.2.2 F&E-Kosten der Koordinationsmuster

Bei einem Vergleich der Kostenhöhe der alternativen Koordinationsmuster sind die durch die Wahl der einzelnen Alternativen verursachten F&E-Kosten zu berücksichtigen[203].

5.3.1.2.2.1 Koordinationsmuster bei vorhandenem technologischem Wissen

Bei **Lizenzerwerb** werden F&E-Kosten z.B. als Lizenzgebühren, Adaptionskosten sowie weitere unternehmungsinterne F&E-Kosten verursacht[204]. Die als Lizenzgebühren entstehenden F&E-Kosten lassen sich in Abhängigkeit ihrer Bemessungsgrundlage unterschiedlich gut antizipieren. Die Bemessung kann nach Umsatz, Stückzahl oder als einmalige Zahlung erfolgen und vertraglich fixierten oder marktpreisabhängigen Schwankungen un-

---

202) Vorausgesetzt wird bei dieser Argumentation allerdings, daß die unternehmungsintern fixe F&E-Kosten verursachenden F&E-Potentiale aufgrund der Langfristigkeit der Betrachtung bis zum potentiellen Beginn eines Fremdbezugs abzubauen sind.

203) Dabei ist der Vergleich auf Basis der entscheidungsrelevanten F&E-Kosten vorzunehmen, d.h. der zusätzlichen F&E-Kosten, welche bei der Entscheidung gegen eine bestimmte Koordinationsalternative nicht entstehen würden. Vgl. Corsten (1982), S. 469 f.; Kleer (1991), S. 76.

204) Vgl. Corsten (1982), S. 472. Zum Begriff der Technologieadaption und ihrer Abgrenzung gegenüber F&E-Aktivitäten vgl. Corsten (1982), S. 144 ff.

terliegen[205]. Meist wird eine Umsatzabhängigkeit der Lizenzgebühren vereinbart, wodurch die hierdurch entstehenden F&E-Kosten weitgehend den Charakter variabler Kosten annehmen[206]. Beim Erwerb von einfachen Lizenzen
muß die Unternehmung im Vergleich zur internen F&E über die Lizenzgebühren
"[...] vielfach nur einen Teil der gesamten F&E-Kosten [...] tragen"[207]. Vermei-
det der Auftraggeber durch Lizenznahme die Erweiterung eigener F&E-Poten-
tiale, so sind auch diese vermiedenen F&E-Kosten zu berücksichtigen.

Bei **Technologiekauf** entstehen F&E-Kosten zum einen über den Kaufpreis,
sobald dieser über Abschreibungen periodisiert wird, und zum anderen über
eventuell notwendig werdende Adaptionskosten[208]. Auch hier trägt die Unternehmung bei nicht exklusivem Erwerb über den Beschaffungspreis nur einen
Teil der insgesamt entstandenen F&E-Kosten[209]. Wie bei der Koordinationsalternative Lizenzerwerb sind auch beim Technologiekauf eventuell vermiedene
Investitionsausgaben und Kosten des Aufbaus oder der Erweiterung unternehmungsinterner F&E-Potentiale in die Betrachtungen einzubeziehen.

5.3.1.2.2.2 Koordinationsmuster bei zu generierendem technologischem Wissen

Im Rahmen der **Vertragsforschung** bestehen die F&E-Kosten aus dem vertraglich festgelegten Preis, sofern der Auftragnehmer sich auf einen starr fixierten Kostenrahmen verpflichten läßt[210]. Außerdem sind die beim Auftraggeber
vermiedenen F&E-Kosten respektive Ausgaben in die Überlegungen einzubeziehen. Unter der Annahme der Auslastung der vorhandenen internen F&E-Ka-
pazitäten unterbleibt ein durch auszahlungsintensive sachliche und personelle
Investitionen verursachter Aufbau von Fixkostenblöcken, und mögliche Folgekosten z.B. als Leerkosten bei Nichtauslastung werden vermieden[211]. Außerdem entstehen dem Auftraggeber insofern Opportunitätskosten, als daß er auf

---

205) Vgl. Kroitzsch (1976), S. 32; Kern/Schröder (1977), S. 79; Schneider/Zieringer (1991 a),
S. 33.

206) Vgl. Arbeitskreis Hax (1968), S. 562.

207) Kern/Schröder (1977), S. 54.

208) Vgl. Corsten (1982), S. 472.

209) Vgl. Kern/Schröder (1977), S. 54.

210) Vgl. Corsten (1982), S. 472; Herden (1992), S. 35.

211) Vgl. Corsten (1982), S. 473; Kern/Schröder (1977), S. 59.

die Realisierung von Lerneffekten verzichtet, die durch eigene F&E-Tätigkeit auf dem betreffenden Gebiet erzielt würden und bei anderen Forschungen kostensenkend wirken können[212].

Im Fall einer **Gemeinschaftsforschung** werden "[...] die Kosten der eigenen F&E-Tätigkeit durch die anteiligen F&E-Kosten an den mit der Gemeinschaftsforschung verbundenen Kosten substituiert"[213]. Zusätzlich fallen noch Adaptionskosten und Kosten für weitere interne F&E-Tätigkeiten an, die aufgrund der tendenziellen Anwendungsferne der Gemeinschaftsforschung erheblich sein können[214].

Bei **F&E-Kooperationen** ist ein Reduzieren der F&E-Kosten ein gewichtiger Grund für das Eingehen solcher Kooperationen[215], wobei die zu antizipierenden F&E-Kosten bei den verschiedenen Ausprägungsformen von F&E-Kooperationen in Abhängigkeit von der Bindungsintensität variieren. Grundsätzlich können solche Kostenreduktionen zum einen aus der Aufteilung der anfallenden F&E-Kosten auf die Kooperationspartner und zum anderen aus der Realisierung von Economies of Scale resultieren[216].

Kostenreduktion über Kostenteilung ist für den F&E-Bereich v.a. aufgrund des hohen Anteils fixer F&E-Kosten relevant. Dies kann insbesondere bei der Gründung einer F&E-Gemeinschaftsunternehmung zum Tragen kommen, wenn hier z.B. durch Poolung der sachlichen und personellen F&E-Ressourcen die Notwendigkeit eines separaten Aufbaus dieser fixkostenintensiven Potentiale vermindert wird und somit die von der einzelnen Unternehmung anteilig zu tragenden Fixkosten der gepoolten Ressourcen geringer sind, als es die Fixkosten bei Eigen-F&E wären[217]. Auch bei F&E-Gemeinschaftsunternehmungen sind die

---

212) Vgl. z.B. Corsten (1982), S. 168; Schneider/Zieringer (1991 a), S. 32; Wolfrum (1991), S. 301.

213) Corsten (1982), S. 473. Zu den Einflußfaktoren auf die Kostenverteilung vgl. Corsten (1982), S. 474.

214) Vgl. Corsten (1982), S. 475.

215) Vgl. z.B. Rotering (1990), S. 82 f.; Wolfrum (1991), S. 305.

216) Vgl. z.B. Bühlmann/Moning/von Waldkirch (1993), S. 30; Corsten (1994), S. 119; Düttmann (1989), S. 161; Gemünden/Heydebreck/Herden (1992), S. 360; Heinzl/Sinß (1993), S. 62; Wolfrum (1991), S. 305. Kostenteilung und Economies of Scale sind nicht unabhängig voneinander. Sie können sich gegenseitig in ihren Wirkungen auf die F&E-Kosten auch verstärken.

217) Dieses durch Kostenteilung erzielte Potential zur Reduktion der F&E-Kosten kann durch die Realisierung von Economies of Scale weiter vergrößert werden. "Studies carried out

Ergebnisse der Zusammenarbeit noch an die individuellen Verwendungszwecke anzupassen[218], wodurch Adaptionskosten und interne F&E-Kosten entstehen. Im Rahmen der planmäßig koordinierten Einzel-F&E mit institutionalisiertem Ergebnis- und Erfahrungsaustausch können z.B. Forschungsergebnisse auf spezialisierten Teilgebieten wechselseitig von den Partnern erbracht und ausgetauscht werden, wodurch eine auszahlungsintensive Erweiterung eigener Potentiale begrenzt werden kann und Doppelforschungen vermieden werden[219]. Adaptionskosten und weitere interne F&E-Kosten sind auch hier zu erwarten. Außerdem ist an den zeitweiligen Austausch personeller und sachlicher Ressourcen zu denken, so daß bei der Lösung von Spezialproblemen z.B. auf eine Erweiterung des unternehmungseigenen F&E-Personalstamms mit einem spezialisierten Forscher durch Festanstellung verzichtet werden kann und somit die damit verbundenen fixen Personalkosten vermieden werden. Allerdings sind hier entweder anteilig die entsprechenden, dem Partner entstehenden Kosten mitzutragen oder aber die Opportunitätskosten gegenüberzustellen, die durch die Überlassung eigenen F&E-Personals und den damit verbundenen zeitweiligen Verzicht auf internen Einsatz in der bestmöglichen Verwendung entstehen. Die nicht koordinierte Einzel-F&E mit Ergebnis- und Erfahrungsaustausch bietet verhältnismäßig wenig Potentiale für eine Senkung der F&E-Kosten. Da hier hauptsächlich Informationen ausgetauscht werden und diese in jedem Fall unternehmungsintern weiterverarbeitet werden müssen[220], wird der Aufbau eigener sachlicher und personeller F&E-Potentiale hierdurch kaum tangiert. Allenfalls die Auslastung der internen Potentiale kann berührt werden, wenn durch verwertbare Informationen des Partners F&E-Tätigkeiten auf bestimmten Gebieten beschleunigt werden können und so die Forscher und Entwickler früher auf neuen Gebieten eingesetzt werden können[221]. Adaptionskosten sowie interne F&E-Kosten sind in erheblichem Ausmaß zu erwarten.

---

on the aerospace and arms industries reveal that the total cost of joint-R&D tends to increase in relation to the number of partners." Bidault/Cummings (1994), S. 41.

218) Vgl. Kern/Schröder (1977), S. 56.

219) Vgl. Schneider/Zieringer (1991 a), S. 67.

220) Vgl. Rotering (1990), S. 116.

221) An dieser Stelle wird die Interdependenz zwischen kosten- und zeitbezogenen Effizienzkriterien deutlich.

Es kann festgehalten werden, daß bei abnehmender Intensität der Formen von F&E-Kooperationen ihr Potential als Koordinationsformen, welche die F&E-Kosten mittels Kostenteilung senken können, immer geringer wird[222].

Kostenreduktion über eine Realisierung von Economies of Scale[223], die als eine Synergievariante interpretiert werden können[224], werden durch eine Zentralisierung gleichartiger, vorher getrennt erbrachter Leistungen erzielt[225]. Sie basieren auf Spezialisierungsvorteilen, die durch die Zentralisierung zu erzielen sind, und die sich in verschiedenen Arten von Degressionseffekten niederschlagen[226]. Konkret sind hier v.a. Fixkostendegressionseffekte sowie Kostendegressionen, beruhend auf Erfahrungskurveneffekten, zu nennen[227]. Fixkostendegressionen beruhen auf einer Verteilung der fixen Kosten auf ein zunehmendes Niveau einer Ausbringungsmenge[228]. Aufgrund der Ergebnisunsicherheit als Kennzeichen von F&E-Aktivitäten in Verbindung mit den hochgradig stochastischen Beziehungen zwischen F&E-Input und -Output sowie der zeitlich verzögerten Inputwirkung muß angezweifelt werden[229], ob

---

222) Gleichzeitig nimmt mit abnehmender Bindungsintensität und damit sinkenden gegenseitigen Einwirkungs- und Kontrollmöglichkeiten die Unsicherheit über den Erfolg der F&E-Aktivitäten der Partner zu.

223) Economies of Scale oder Skalenvorteile "[...] liegen vor, wenn die langfristigen Durchschnittskosten [...] fallen." Grote (1990), S. 81. Zu einer kritischen Diskussion über das Vorliegen von Skalenvorteilen in F&E vgl. Frisch (1993), S. 69 ff.

224) Vgl. Gerpott (1993), S. 82; Bühner (1993 b), S. 142 f.; Vizjak (1990), S. 95. Economies of Scale werden auch als materielle Synergien gekennzeichnet, da sie durch Verknüpfungen von Teilen der Wertketten verschiedener Unternehmungen entstehen und konkret bei F&E auf technologischen Verflechtungen beruhen. Vgl. Vizjak (1990), S. 97. Zum Konzept der Wertkette und der Einordnung von F&E, welche als Technologieentwicklung bezeichnet wird, vgl. Porter (1992 b), S. 63 ff. Auf eine weitere Synergievariante sowie den Synergiebegriff als solchen wird im Rahmen der leistungsbezogenen Kriterien weiter eingegangen.

225) Vgl. Gerpott (1993), S. 79. Da sowohl bei der nicht koordinierten Einzel-F&E mit Ergebnis- und Erfahrungsaustausch als auch bei der planmäßig koordinierten Einzel-F&E mit institutionalisiertem Ergebnis- und Erfahrungsaustausch eine solche Zentralisierung allenfalls in Ansätzen vorliegt, sind die folgenden Ausführungen über das Vorliegen von Economies of Scale hauptsächlich auf die F&E-Gemeinschaftsunternehmung zu beziehen.

226) Vgl. z.B. Bühner (1993 b), S. 143; Gerpott (1993), S. 79. Zu einem Überblick über die verschiedenen Arten von Degressionseffekten aus kostentheoretischer Sicht vgl. Adam (1979), Sp. 949 ff.

227) Vgl. z.B. Bühner (1993 b), S. 143; Gerpott (1993), S. 79. Als weitere Ursache für Economies of Scale werden Marktmachtvorteile aufgrund gestiegener Unternehmungsgröße angeführt. Vgl. Gerpott (1993), S. 79.

228) Vgl. Adam (1979), Sp. 949; Kloock/Sabel/Schuhmann (1987), S. 19.

229) Vgl. Brockhoff (1992), S. 217; Kern/Schröder (1977), S. 16 f.; Schröder (1973), S. 60 ff.

eine Übertragung solcher Zusammenhänge auf F&E-Aktivitäten aufgrund ihres spekulativen Charakters überhaupt möglich und zweckmäßig ist. Außerdem ist fraglich, inwiefern durch Zusammenlegung von F&E-Ressourcen ein höherer mengenmäßiger Output an Forschungsergebnissen erzielt werden kann oder überhaupt soll[230]. Wegen der Dominanz qualitativer Aspekte in bezug auf die Ausbringung von F&E-Aktivitäten sind die "[...] Möglichkeiten mengenmäßiger Variationen [...] sowohl auf der Faktoreinsatz- als auch auf der Ausbringungs- seite beschränkt; an ihre Stelle treten qualitative Veränderungen."[231] Das be- deutet, daß die Quantität nur in Verbindung mit höherer Qualität der For- schungsergebnisse relevant ist[232].

Zusammenfassend bleibt zu den Fixkostendegressionseffekten bei der Be- schaffung neuen technologischen Wissens festzuhalten, daß sie "[...] sich vor allem aus einer tendenziell besseren Auslastung von Spezialisten sowie spe- ziellen Apparaturen, Geräten und Instrumenten ergeben"[233] können, wobei diese Auslastungsverbesserungen auf Unteilbarkeitsbedingungen beruhen[234]. Kostendegressionen durch Erfahrungskurveneffekte[235] resultieren aus sin- kenden variablen Kosten aufgrund wachsender Erfahrung bei steigender kumu- lierter Ausbringung[236]. Zum einen ist hier hinsichtlich des Kriteriums der stei- genden quantitativen Ausbringung auf die diesbezüglichen voranstehenden Ausführungen zum Fixkostendegressionseffekt zu verweisen. Zum anderen stellt sich grundsätzlich die Frage, inwieweit die Erfahrungskurve bei F&E-Tä-

---

230) Zur Problematik der Outputmessung für F&E-Tätigkeiten vgl. z.B. Conen (1986), S. 72 ff.; Schröder (1973), S. 51 ff.

231) Schröder (1973), S. 76 (Hervorhebung im Original).

232) Die Wirkung qualitativer Aspekte der F&E-Tätigkeit auf die Entscheidung zwischen ver- schiedenen Bereitstellungswegen neuen technologischen Wissens wird unter den lei- stungsbezogenen Effizienzkriterien explizit behandelt.

233) Kern/Schröder (1977), S. 112. Vgl. auch Frisch (1993), S. 71. Im Extremfall kann die Beschaffung teurer Spezialanlagen überhaupt erst ab einer bestimmten Unterneh- mungsgröße finanziell realisierbar und wirtschaftlich sein. Vgl. Kern/Schröder (1977), S. 112.

234) Vgl. Bühner (1993 b), S. 33.

235) Die Formulierung der Erfahrungskurve geht auf Henderson zurück. Vgl. Henderson (1974), S. 19 ff. Der empirische Nachweis der Erfahrungskurve ist umstritten. Vgl. Kloock/Sabel/Schuhmann (1987), S. 3.

236) Vgl. Adam (1979), Sp. 950. Kloock/Sabel/Schuhmann (1987), S. 23. Ursachen sinken- der Kosten als Folge steigender Gewöhnung sind verringerte Störungen und vermin- derter Ausschuß sowie sinkende Produktionszeiten und Verbesserungen im Produkti- onsablauf. Vgl. Adam (1979), Sp. 950; Kloock/Sabel/Schuhmann (1987), S. 23. Ein Spezialfall der Erfahrungskurve ist das Lerngesetz der industriellen Produktion. Vgl. Kern (1992 a), S. 183.

tigkeiten, die durch ihren Kreativitätsgehalt sowie durch ständigen Wandel der ihnen zugrundeliegenden informationellen Bedingungen charakterisiert werden[237], überhaupt zum Tragen kommt. Lerneffekte im Bereich von F&E-Aktivitäten können weniger über steigende Ausbringungsmengen, verstanden als eine Mehrzahl von Forschungsprojekten, bei Zentralisierung gleichartiger Ressourcen erzielt werden als vielmehr durch die Möglichkeit gegenseitiger 'Befruchtung' bei der Zusammenarbeit mit Forschern aus den an der F&E-Kooperation beteiligten Unternehmungen. Diese Aussage trifft allerdings - aber nur eingeschränkt - auf Entwicklungsaktivitäten zu; hier sind solche Degressionseffekte möglich.

Bei den verschiedenen Formen des reinen technologieorientierten **Beteiligungserwerbs** überläßt die betrachtete Unternehmung anderen Unternehmungen finanzielle Mittel und erwirbt dafür gewisse, im Einzelfall jeweils zu konkretisierende Rechte[238]. Dies können etwa Informationsrechte, Rechte zur Einflußnahme auf die Ausrichtung der F&E-Aktivitäten und Rechte zur Partizipation an den F&E-Ergebnissen sein[239]. Die finanziellen Mittel, welche die sich beteiligende Unternehmung aufbringt, sind im Sinne der weiten Interpretation F&E-Kosten[240]. Sie sind in ihrer Höhe einfach prognostizierbar, da sie durch die Höhe der vereinbarten finanziellen Einlage bestimmt sind. Des weiteren sind noch Adaptionskosten und v.a. aber weitere interne F&E-Kosten zu berücksichtigen, da durch Beteiligungserwerb oft nur Anstöße für neue oder zu vertiefende Stoßrichtungen eigener F&E gegeben werden. So kann z.B. beim Venture Nurturing durch Betreuung und Beratung der jungen Unternehmung Einblick in die F&E-Tätigkeit der Unternehmung genommen und so Know how erworben werden, welches dann durch interne F&E-Aktivitäten weiterverwertet werden kann. Gleiches gilt in noch stärkerer Form für Venture Spin-Offs, da hier die Unterstützung durch die Muttergesellschaft noch ausgeprägter ist.

---

237) Vgl. Kern/Schröder (1977), S. 20 f. und die Ausführungen in Kapitel 2.2.2.2.1. Die F&E-Tätigkeit als solche kann als Lernprozeß interpretiert werden, wobei die dort ablaufenden Lernprozesse allerdings weitaus unregelmäßiger verlaufen als Lernprozesse z.B. bei industrieller Massenproduktion, die dem idealtypischen Lernkurvenverlauf viel eher entsprechen. Vgl. Geschka (1970), S. 175 f.

238) Diese Rechte variieren in Abhängigkeit von der Rechtsform und von individuellen Vereinbarungen.

239) Da unter Beteiligungserwerb nur Fälle von Minderheitsbeteiligungen subsumiert wurden und somit kaum von einer Durchgriffsmöglichkeit auszugehen ist, kann vermutet werden, daß hauptsächlich Informationsrechte bezüglich der F&E-Tätigkeiten eingeräumt werden.

240) Dies gilt allerdings nur unter der Voraussetzung, daß der Erwerb nur wegen der F&E-Potentiale erfolgte.

Bei der **technologieorientierten Unternehmungsakquisition** ist eine Isolierung der F&E-Kosten schwierig und mit großen Unsicherheiten bezüglich der Schätzung ihrer Höhe behaftet. Dies hat seinen Grund darin, daß nicht die gesamten hierfür aufzuwendenden Mittel als F&E-Kosten interpretiert werden können, da das vorrangige Akquisitionsmotiv zwar technologieorientierter Natur sein kann, aber zwangsweise auch solche Unternehmungsteile wie z.B. Vertrieb und Marketing mit erworben werden müssen, die keinen direkten Bezug zur Beschaffung und Produktion neuen technologischen Wissens aufweisen[241]. Theoretisch denkbar wäre eine Schätzung des F&E-Potentials als Anteil am vorher ermittelten Unternehmungswert[242]. Zur Problematik der Ermittlung von Unternehmungswerten als solchen kommt erschwerend hinzu, daß das Potential eines F&E-Bereichs hauptsächlich von immateriellen, nicht bilanzierungsfähigen Werten abhängt und somit nur schwer zu bewerten ist[243]. Für die Postakquisitionsphase müssen Ressourcentransferkosten im Sinne von Kosten der Reorganisation ins Kalkül einbezogen werden, die durch solche Maßnahmen wie z.B. "[...] Restrukturierungen verbunden mit Entlassungen, Sozialplänen, Frühpensionierungsregelungen, Versetzungen, Trainingsprogrammen, Anpassung von EDV-Systemen [...]"[244] bedingt sind. Weiterhin müssen die nach erfolgter Akquisition eventuell über Skalenvorteile zu realisierenden Reduktionen der F&E-Kosten in die ex ante-Betrachtung einbezogen werden. Hier ist auf die Ausführungen zu den potentiellen Economies of Scale durch Zentralisierung gleichartiger Ressourcen bei F&E-Kooperationen zu verweisen (siehe S. 141 f.).

5.3.2 Leistungsbezogene Effizienzkriterien

Alternative Koordinationsmuster der Beschaffung technologischen Wissens haben nicht nur unterschiedliche Kostenwirkungen, sondern sie stiften auch über mögliche Leistungssteigerungen unterschiedlichen Nutzen[245]. Deshalb sind

---

241) Nach vollzogener Akquisition kann allerdings dann die Möglichkeit bestehen, diese Unternehmungsteile wieder zu veräußern.

242) Zur Unternehmungsbewertung allgemein vgl. den Überblick bei Sieben (1993), Sp. 4315 ff.

243) Solche immateriellen Werte sind u.a. Leistungsfähigkeit und -willen sowie Know how der im F&E-Bereich tätigen Personen. Diese Werte sind Komponenten des sog. 'Goodwill'. Zum Begriff des Goodwill und seiner Bedeutung für die Ermittlung des Unternehmungswertes vgl. Döring (1993), Sp. 811 ff.

244) Gerpott (1993), S. 104.

245) Vgl. Schmitz (1988), S. 222 f.; Zweipfennig (1991), S. 27.

bei der F&E-bezogenen Make-or-Buy-Entscheidung zusätzlich zu den kostenbezogenen leistungsbezogene Effizienzkriterien zu berücksichtigen. Unter leistungsbezogenen Effizienzkriterien, die aufgrund ihres Nutzenstiftungspotentials die Entscheidung zwischen Eigen- und/oder Fremd-F&E beeinflussen, werden im folgenden zum einen Anforderungen an die auszubringende F&E-Leistung verstanden und zum anderen Anforderungen, die an den Leistungserstellungsprozeß selbst erhoben werden[246].

5.3.2.1 Exkurs: Erschließung technologischer Synergiepotentiale

Grundsätzlich bedarf es beim Betrachten der Leistungsseite einer Berücksichtigung der Synergieproblematik. Sie ist bei einer Entscheidung zwischen verschiedenen Koordinationsformen der Beschaffung technologischen Wissens deshalb relevant, weil die potentielle Realisierung von Synergien ein wichtiges Kriterium gegen ausschließlich interne F&E sein kann und somit den F&E-Leistungsumfang mitbestimmt[247], für welchen sich eine Unternehmung durch Aus- und Eingliederungen sowie kooperative Verbindungen entscheidet.

Die Ausführungen über Synergie werden dabei aus zwei Gründen im Rahmen eines Exkurses vorgenommen.
Zum einen soll nicht der Eindruck erweckt werden, daß das komplexe und mit den verschiedensten Vorstellungen verbundene Synergiephänomen im Rahmen dieser Arbeit erschöpfend behandelt wird. Das hier verwendete Synergieverständnis beruht auf einer engen Begriffsauslegung, die zudem nur die leistungssteigernde Dimension von Synergie betrachtet und sich damit lediglich auf einen Ausschnitt des Gesamtphänomens beschränkt[248].
Zum anderen soll aber dem Faktum Rechnung getragen werden, daß das Synergieargument immer wieder im Zusammenhang mit der Beurteilung von Ge-

---

246) Die meisten betriebswirtschaftlichen Problemstellungen können sowohl von der Kosten- als auch von der Nutzenseite her formuliert werden. Vgl. Schmitz (1988), S. 223. Die folgenden leistungsbezogenen Effizienzkriterien haben zwar auch Kostenwirkungen, schlagen sich aber vornehmlich auf der Nutzenseite nieder, weshalb sie isoliert unter dem Leistungsaspekt analysiert werden.

247) Allgemein zur Charakterisierung von Synergie als Bestimmungsfaktor des Leistungsumfanges von Unternehmungen vgl. Arbeitskreis Hax (1992), S. 966 f.

248) Einer weiten Begriffsauslegung folgend müßte das Effizienzkriterium der Realisierung von Synergiepotentialen als ein alle anderen Effizienzkriterien umspannendes 'Metakriterium' aufgefaßt werden, welches dann wieder durch die im Rahmen dieser Arbeit analysierten und weitere Kriterien zu operationalisieren wäre.

staltungsalternativen der Beschaffung technologischen Wissens fällt[249] und infolgedessen auch im Rahmen dieser Arbeit nicht unerwähnt bleiben darf. Im folgenden wird deshalb dahingehend ein Kompromiß eingegangen, als daß das Synergiephänomen nach einer begrifflichen und inhaltlichen Klärung exemplarisch nur auf die Koordinationsalternative der F&E-Kooperation hin näher präzisiert wird.

Obwohl die betriebswirtschaftlich-wissenschaftliche Auseinandersetzung mit dem Synergiephänomen schon seit etwa dreißig Jahren geführt wird[250], ist das Synergiekonzept begrifflich wie auch inhaltlich vage und uneinheitlich geblieben[251]. Für die Zwecke dieser Arbeit soll unter Synergie das zielorientierte Zusammenwirken mindestens zweier Unternehmungen durch gemeinsame Nutzung wirtschaftlicher Potentiale verstanden werden[252], wobei es sich bei den gemeinsam genutzten wirtschaftlichen Potentialen um Potentialfaktoren im produktionswirtschaftlichen Sinne handelt[253]. "Das Grundprinzip ist es, bereits vorhandene Potentiale bzw. notwendige Mindestpotentiale effizienter zu nutzen."[254] Ein positiver oder negativer Synergieeffekt ist das Ergebnis eines Zusammenwirkungsprozesses[255]. Die Unterscheidung von Synergien und Synergieeffekten weist darauf hin, daß durch Synergien Wertschöpfungspoten-

---

249) Vgl. z.B. Gemünden (1990), S. 27 f.; Herden (1992), S. 69 f.; Meyer (1994), S. 16 f.; Dolata (1992), S. 251 und die dort aufgeführten Praxisbeispiele. Vor allem im Zusammenhang mit Kooperationen und Akquisitionen wird das Synergieargument ins Feld geführt. Vgl. Rotering (1993), S. 38. Zu einer kritischen Auseinandersetzung mit dem Synergieargument zur Begründung von Kooperationen vgl. Gerybadze (1991), S. 149.

250) Unter der Bezeichnung "2+2=5"-Effekt setzte sich Ansoff als erster Autor ausführlich mit dem Synergiekonzept auseinander. Vgl. Ansoff (1965), S. 75 ff.

251) Vgl. z.B. Ehrensberger (1993), S. 4 ff.; Ropella (1989), S. 188 ff.; Sandler (1991), S. 1. Zu einem Überblick über mögliche Varianten und ausgewählte Definitionen des Synergiebegriffs vgl. Ehrensberger (1993), S. 16 ff. sowie die dort aufgeführten Literaturverweise.

252) Auf ähnliche Definitionen rekurrieren z.B. auch Ehrensberger (1993), S. 23; Ropella (1989), S. 21 und 188 ff. Die Verbundenheit zwischen Unternehmungen als Voraussetzung für Synergie muß nicht bestimmte formaljuristische oder organisatorische Merkmale aufweisen. Vgl. Ehrensberger (1993), S. 24. Ökonomisch relevant ist allein, "[...] daß ein gewisses Maß an kooperativer Beziehung [...] besteht, so daß noch von einer gemeinsamen Disposition der Partner über die gemeinsam genutzten wirtschaftlichen Potentiale gesprochen werden kann." Ehrensberger (1993), S. 24.

253) Vgl. Ehrensberger (1993), S. 64; Ropella (1989), S. 249 ff., der allerdings sog. 'Kuppelverbrauchsfaktoren' eine Zwitterstellung zuschreibt. Vgl. Ropella (1989), S. 254 f. Zum Begriff und zu Arten von Potentialfaktoren vgl. Kern (1992 a), S. 15 und 17. Wissen oder Know how wurde in Kapitel 2.1.1 als Potentialfaktor identifiziert und ist somit grundsätzlich synergierelevant.

254) Kaufmann (1993), S. 104.

255) Vgl. Ehrensberger (1993), S. 23; Ropella (1989), S. 190; Sandler (1991), S. 17.

tiale geschaffen werden, die durch weitere organisatorische und koordinierende Aktivitäten erst erschlossen und in die angestrebten positiven Synergieeffekte transformiert werden müssen[256]. Weiter konkretisiert soll unter den hier gewählten Synergiebegriff nur das Zusammenwirken verschiedenartiger Leistungen, d.h. Leistungen mit unterschiedlichen Eigenschaften, gefaßt werden[257]. Hierdurch realisierte Synergieeffekte werden auch als Economies of Scope oder Verbundvorteile bezeichnet[258], wobei das Synergiepotential durch uni- oder multilaterale Übertragung von Know how geschaffen wird[259]. Dementsprechend werden immaterielle Synergien fokussiert[260], bei denen der Transfer von Wissen und sein Potential zur Verbesserung der relativen Wettbewerbsposition im Vordergrund stehen. Konkret ist hier v.a. die Übertragung von nichtmaterialisiertem, personengebundenem technologischen Wissen anzusprechen[261].

---

256) Vgl. Bühner (1993 b), S. 34.

257) Vgl. Ropella (1989), S. 225. Wirken gleichartige Leistungen oder Prozesse zusammen, so können hierdurch die im Zusammenhang mit F&E-Kosten schon erläuterten Economies of Scale realisiert werden. Zum Teil werden sie in der Literatur als Synergievariante oder Synergie im weiten Sinne interpretiert. Vgl. z.B. Gerpott (1993), S. 79 ff.; Bühner (1993 b), S. 143; Vizjak (1990), S. 95. Andere Autoren wiederum klammern Economies of Scale-Effekte aus dem Synergiephänomen aus. Vgl. z.B. Ropella (1988), S. 225; Grote (1990), S. 82 f. Da die Identifikation von Economies of Scale-Vorteilen als Synergieeffekte umstritten ist und weil Economies of Scale-Vorteile vorrangig Kostenwirkungen haben, wurden sie aus Zweckmäßigkeitsüberlegungen bereits unter den kostenbezogenen Effizienzkriterien analysiert. Trotzdem bleibt die eindeutige und praktikable Abgrenzung zwischen Economies of Scale und Economies of Scope letztendlich ungelöst, und die Differenzierung ist eher stetiger als diskreter Art. Vgl. dazu Gerpott (1993), S. 81 f.

258) Vgl. Ropella (1989), S. 234; Gerpott (1993), S. 81. Das Konzept der Economies of Scope geht auf Panzar und Willig zurück. Vgl. dazu z.B. Panzar/Willig (1981), S. 268 ff. Zu einer kritischen Betrachtung der Bedeutung des Konzeptes der Economies of Scope für das Synergiephänomen vgl. Ehrensberger (1993), S. 35 ff.; Grote (1990), S. 84. Mit dem Zusammenwirken verschiedenartiger Leistungen wird eine Degression der Gemeinkosten angestrebt. Vgl. Gerpott (1993), S. 81; Kaufmann (1993), S. 104.

259) Vgl. Vizjak (1990), S. 95. Die Bedeutung von Know how-Transfer als Quelle von Synergiepotentialen wird auch durch Ergebnisse einer Studie von Hirzel u.a. unterstrichen, da im Rahmen dieser Studie 90 % der befragten Unternehmungsvertreter Know how-Transfer als Synergiequelle bezeichneten. Vgl. Hirzel u.a. (1989), o.S.

260) Vgl. dazu Vizjak (1990), S. 115 ff. Porter bezeichnet dies als immaterielle Verflechtungen. Vgl. Porter (1992 b), S. 444 ff. In der Realität können immaterielle Synergien, die über verschiedene Formen von Know how-Transfer geschaffen werden sollen, durchaus mit materiellen Synergien, die durch Aufgabenzentralisierung realisiert werden, einhergehen. Die Trennung ist demnach analytischer Art.

261) Auch durch den Transfer quasi-materialisierten Wissens z.B. in Form von Lizenzen oder speziellen Ausprägungen des Technologiekaufs können Synergiepotentiale entstehen.

Im folgenden verbleiben die Ausführungen bei einem exemplarischen Aufzeigen von Synergiepotentialen einer F&E-Kooperation, da Aussagen über die Transformation dieser Potentiale in konkrete Synergieeffekte auf allgemeiner Ebene nicht zu treffen sind. Dies würde eine genaue Analyse der zum Zwecke der Transformation einzusetzenden Koordinationsinstrumente sowie ihrer Kostenwirkungen bedingen, die dann den leistungssteigernden Synergiewirkungen gegenübergestellt werden müßten. Ein positiver Synergieeffekt würde dann vorliegen, wenn die leistungssteigernden Synergiewirkungen diese Kosten, die zum großen Teil Transaktionskosten in der Ausprägung als Abwicklungs- und Kontrollkosten sind, überkompensieren[262].

Den verschiedenen Formen von F&E-Kooperationen sind insbesondere dann Synergiepotentiale immanent, wenn die Partner spezifische komplementäre Kenntnisse und Erfahrungen in die Kooperation einbringen[263] und damit das relevante Know how durch relativ schwache Appropriierbarkeit gekennzeichnet ist[264].

Zum einen entstehen Synergiepotentiale dadurch, daß sich die Partner mittels Kooperationsvereinbarungen Zugang zum vorhandenen Know how-Potential der Partner sichern und dies für die eigenen Zwecke nutzen[265].

Zum anderen entstehen Synergiepotentiale in bezug auf die zukünftige gemeinsame Generierung technologischen Wissens dadurch, daß mittels Austausch von personengebundenem Know how und wechselseitiger Stimulierung Lernprozesse individueller und kollektiver Art auf allen beteiligten Seiten beschleunigt oder erst initiiert werden können, die in ähnlichem Umfang und zeitlichem Anfall bei ausschließlich unternehmungsinterner Durchführung von F&E-Aktivi-

---

262) Vgl. Bühner (1993 b), S. 34 f. Zur Problematik der Messung und Bewertung von Synergiepotentialen vgl. Grote (1990), S. 94 ff.; Ropella (1989), S. 272 ff.

263) Vgl. Gahl (1990), S. 37; Heinzl/Sinß (1993), S. 62; Rotering (1990), S. 80; Düttmann (1989), S. 89. "Dies ist häufig dann der Fall, wenn mehrere ehemals getrennte Technologiefelder zusammenwachsen, wie dies beispielsweise für die Produktionsautomation oder die Bürokommunikation zutrifft." Gahl (1990), S. 37.

264) Schwache Appropriierbarkeit bedeutet, daß das Know how stark codifiziert, personengebunden und nicht legal abgesichert ist und somit eine Aneignung dieses Know hows unternehmungsexternen Institutionen schwerfällt. Vgl. Gerybadze (1991), S. 156. Schwache Appropriierbarkeit und Komplementarität von Know how sind Charakteristika, die zur Stabilität von F&E-Kooperationen beitragen. Zu diesen und weiteren Charakteristika mit stabilisierender Wirkung vgl. Gerybadze (1991), S. 154 ff.

265) Vgl. Rotering (1993), S. 45.

täten nicht realisiert werden könnten[266]. Es sollen also sog. 'Economies of team'-Effekte erschlossen werden[267].

Eine solche Aussage beruht allerdings auf zwei Gruppen miteinander zusammenhängender Annahmen. Zum einen sind dies Annahmen darüber, daß durch das Lernen von anderen und mit anderen Forschern, welche unterschiedlichen Unternehmungen angehören, positive Wirkungen auf die Nutzung ihres Kreativitätspotentials und die Anzahl und Qualität zu generierender neuer Ideen ausgehen[268]. "Eine breite, heterogene Wissensbasis führt zu einer Anreicherung der 'Phantasie-Kapazität' und erleichtert die kreative Ideenfindung."[269] Zum anderen liegen hier Annahmen über generelle Merkmale von Forschern wie z.B. kosmopolitische Haltung, Bedürfnis nach Anerkennung auch außerhalb der eigenen Unternehmung, Interesse an vielseitigem Einsatz, Offenheit und Neugier zugrunde[270], die eine grundsätzlich positive Einstellung gegenüber der kooperativen Zusammenarbeit mit unternehmungsexternem F&E-Personal begründen[271]. Treffen diese Annahmen zu, so kann ein großes Synergiepotential in den 'befruchtenden' Wirkungen kooperativer F&E liegen[272].

Solche pauschalen und intra- wie interindividuelle sowie situative Unterschiede vernachlässigenden Annahmen sind aber problembehaftet. "Um solche Synergien zu nutzen, bedarf es allerdings einer intensiven Problemlösungsinteraktion"[273]. Deshalb ist es ebenso denkbar, daß die kooperative F&E 'lähmende'

---

266) Vgl. Contractor/Lorange (1988), S. 13.

267) Zu einer Darstellung von 'Economies of team'-Effekten als Synergieeffekte im Rahmen von Kooperationen vgl. Kaufmann (1993), S. 108 f.

268) Vgl. Düttmann (1989), S. 90. Es werden also die Erkenntnisse über die Vorteile der Gruppenarbeit für innovative Problemlösungsprozesse auf interorganisationale Zusammenhänge übertragen. Zu einer Analyse der Problemlösungsfähigkeit von Gruppen und zu einer Diskussion synergetischer Effekte von Gruppen bei der Lösung komplexer Probleme vgl. Schlicksupp (1977), S. 152 ff. "Das Lernen von Kollegen aus anderen Unternehmen ist ein wesentliches Element der Kooperation". Heinzl/Sinß (1993), S. 62.

269) Bleicher (1990), S. 59. Betriebsblindheit verstanden in dem Sinne, daß sich in einer Unternehmung im Zeitablauf ein Konsens darüber gebildet hat, wie Problemlösungen angegangen werden, könnte so durchbrochen werden. Vgl. Frisch (1993), S. 240.

270) Zu diesen und weiteren Merkmalen von Forschern vgl. Kern/Schröder (1977), S. 315 f.; Herzhoff (1991), S. 277. Solchen Merkmalskatalogen liegt eine Homogenitätsprämisse zugrunde, die in der Realität nicht aufrechtzuerhalten ist. Vgl. Kern/Schröder (1977), S. 316.

271) Gründe, welche Mitarbeiter zu einer Beteiligung an F&E-Kooperationen motivieren, zeigen Heinzl und Sinß beispielhaft anhand von Kooperationen zur Entwicklung von Anwendungssystemen auf. Vgl. Heinzl/Sinß (1993), S. 64 f.

272) "Dieser Effekt [...] dürfte umso größer ausfallen, je komplementärer sich das Know How der Partnerunternehmen zueinander verhält." Vizjak (1990), S. 111.

273) Gemünden (1990), S. 27.

Wirkungen entfaltet, wenn die Qualifikations- und Persönlichkeitsprofile zu stark differieren und die F&E-Mitarbeiter gegen- statt miteinander arbeiten, wenn einzelne Kooperationspartner verfügbares Wissen zurückhalten, wenn das ausgetauschte oder erweiterte Know how nicht oder nur unvollständig in die eigene Unternehmung zurückfließt und wenn durch Kooperationspartner hochqualifiziertes eigenes F&E-Personal abgeworben wird[274]. "Wenn Kooperationen im F+E-Bereich scheitern, sind meist mentale Barrieren und *Kommunikationsschwierigkeiten* [...] die Ursache"[275].

Festzuhalten bleibt, daß allgemeingültige Aussagen über die Realisierung des dem Know how-Transfer immanenten Synergiepotentials nicht zu treffen sind und daß vielmehr die Realisierung v.a. von dem Erfolg der einzusetzenden Koordinationsmaßnahmen organisatorischer und personeller Art abhängt[276].

5.3.2.2 Qualität als Effizienzkriterium

"Die Qualität einer Leistung verkörpert eine der zentralen Determinanten des Unternehmenserfolgs [...]"[277]. Da die Qualität eines zu beschaffenden technologischen Wissens in Abhängigkeit von der zu wählenden Bereitstellungsalternative differieren kann, sind die verschiedenen Koordinationsmuster wiederum, jetzt aber hinsichtlich ihres Potentials zur Gewährleistung qualitativer Anforderungen, zu überprüfen[278].

5.3.2.2.1 Notwendigkeit einer derivativen Qualitätsbeurteilung

Qualität wird generell definiert von DIN ISO 8402 als die "[...] Gesamtheit von Eigenschaften und Merkmalen eines Produktes oder einer Dienstleistung, die

---

274) Vgl. Vizjak (1990), S. 111; Heinzl/Sinß (1993), S. 65 ff.

275) Bühlmann/Moning/von Waldkirch (1993), S. 33 (Kursive Schriftweise im Original).

276) Beispiele für solche Maßnahmen sind z.B. Teamtraining sowie die Gewährung von Anreizen materieller und immaterieller Art. "Die Erschließung von Synergie-Effekten hängt von einer möglichst nutzenbringenden Zusammenführung unterschiedlicher F&E-Potentiale ab." Meyer (1994), S. 17.

277) Dichtl (1993), Sp. 3525.

278) Zur Relevanz qualitätsbezogener Kriterien bei einer Entscheidung zwischen Eigenfertigung und Fremdbezug im allgemeinen vgl. z.B. Gambino (1980), S. 37 ff.; Kleer (1991), S. 80 ff.; Männel (1981), S. 49 ff.; Weiß (1993), S. 82; Welker (1993), S. 29. Speziell zu qualitativen Aspekten der Eigen- und Fremd-F&E vgl. Corsten (1982), S. 490 ff.

sich auf deren Eignung zur Erfüllung festgelegter oder vorausgesetzter Erfordernisse beziehen"[279]. Sie ist ein mehrdimensionales, komplexes und immer
relativ zu interpretierendes Phänomen[280]. Dieser weite Qualitätsbegriff erfordert zum einen eine Spezifikation der konkreten Anforderungen, welche durch
eine zu beschaffende F&E-Leistung erfüllt werden sollen, und zum anderen
eine Präzisierung der Merkmale der Leistung, durch die diese Erfüllung gewährleistet werden soll. Die Merkmale einer Leistung werden durch Teilqualitä-
ten wie Funktionalqualität, Dauerqualität, Integrationsqualität etc. näher charakterisiert[281].

Die ex ante-Fixierung sowohl der Merkmale als auch der Anforderungen und
eine darauf aufbauende Qualitätsbeurteilung sind aber äußerst schwierig, da
jeder Prozeß der Produktion technologischen Wissens durch F&E-Aktivitäten
mit großen Unsicherheiten behaftet ist, F&E-Ergebnisse durch Singularität
gekennzeichnet sind und v.a. das potentielle Beschaffungsobjekt technologisches Wissen von einer Dominanz immaterieller Bestandteile geprägt ist[282].
Vor allem letzteres bewirkt, daß die Qualität des technologischen Wissens vor
der Beschaffung kaum hinreichend beurteilt werden kann[283]. Des weiteren ist
die Qualitätsbeurteilung ungleich stärker von Subjektivismen geprägt als dies
bei einer Beurteilung der Qualität von Sachgütern der Fall ist[284].

---

279) DIN ISO 8402 (1989), S. 6. Zu einem Überblick über Qualitätsdefinitionen vgl. z.B.
Müller-Böling (1993), Sp. 3626 ff.

280) Vgl. Kern (1992 a), S. 111.

281) Vgl. hierzu Kern (1992 a), S. 112 f.; Corsten (1982), S. 491 ff. Zu einer anderen Einteilung von Produktmerkmalen vgl. Schmelzer (1994), S. 118.

282) Vgl. Corsten (1982), S. 492 f. Diese Aussage relativiert sich jedoch mit zunehmender
Anwendungsnähe der F&E-Aktivitäten. Corsten betont, daß potentielle Technologienehmer in der Regel kaum in der Lage sind, die qualitativen Anforderungen zu bestimmen,
welche das zu beschaffende technologische Wissen erfüllen soll. Vgl. Corsten (1982),
S. 493. Schon aus diesem Grund kann bei der hier zugrundeliegenden Problemstellung
die Forderung nach Qualität der zu beschaffenden Leistung im Sinne der genannten
Qualitätsdefinition nur als Leitlinie gelten.

283) Technologisches Wissen als zu beschaffende Leistung kann als Erfahrungs- oder als
Vertrauensgut charakterisiert werden. Erfahrungsgüter (Experience Quality) zeichnen
sich im Gegensatz zu Inspektionsgütern (Search Quality) dadurch aus, daß eine Nut-
zenabschätzung vor der Beschaffung kaum möglich ist. Eine Beurteilung der Leistung
ist nur über vorhandene eigene oder anderweitig vorliegende Erfahrungen, Lern- und
Vertrauenseffekte möglich. Bei Vertrauensgütern (Credence Quality) ist eine Qualitäts-
prüfung vor der Beschaffung nicht möglich. Vgl. dazu Zeithaml (1981), S. 186 f.; Welker
(1993), S. 123.

284) Vgl. Corsten (1990), S. 86; Maleri (1991), S. 88. Existente Methoden zur Qualitätsmessung knüpfen fast ausnahmslos an der materiellen Substanz von Gütern an, weshalb
sie zur Beurteilung der Qualität immaterieller Güter nicht eingesetzt werden können.
Vgl. Maleri (1991), S. 87 f.

Eine ex ante-Einschätzung des wahrscheinlichen qualitativen Niveaus des im Rahmen verschiedener Koordinationsalternativen noch zu beschaffenden Wissens kann aus diesen Gründen nur indirekt und unter Rückgriff auf Hilfsgrößen, die als Qualitätsindikatoren herangezogen werden, erfolgen[285]. Ein solches Vorgehen wird auch als **derivative Qualitätsbeurteilung** bezeichnet[286].

Ausgehend von der Unterscheidung in Potential-, Prozeß- und Ergebnisqualität[287] ist die den verschiedenen Koordinationsalternativen immanente Potentialqualität eine wichtige Hilfsgröße zur Qualitätsbeurteilung[288]. Da diese Potentiale eine Leistungsbereitschaft im Sinne einer Vorkombination von Produktionsfaktoren begründen, kann die Potentialqualität auch als qualitative Kapazität interpretiert werden[289]. Bei der Beurteilung der Koordinationsalternativen muß also einerseits an den materiellen Potentialen wie z.B. Laboreinrichtungen angesetzt werden und andererseits an den immateriellen Potentialen, wobei insbesondere die qualitative Kapazität des F&E-Personals bedeutsam ist[290]. Für die im F&E-Bereich vorhandenen materiellen Potentiale wie z.B. Forschungs-, Versuchs- und Großrechenanlagen kann sich die Beurteilung der qualitativen Kapazität z.B. an den wechselnden Einsatzmöglichkeiten, dem Leistungsspektrum sowie dem Grad der Veraltung der Anlagen orientieren[291]. Wichtigster Faktor der qualitativen Kapazität im F&E-Bereich ist aber die durch Erfahrung

---

285) Die folgenden Ausführungen werden in Analogie zu Aussagen über die Qualitätsbeurteilung von Dienstleistungen entwickelt, da die qualitativen Beurteilungsprobleme sowohl bei Dienstleistungen als auch bei Wissen ihre Hauptursache in der Immaterialität der Leistungen haben. Damit soll allerdings keine synonyme Verwendung von Dienstleistungen und immateriellen Gütern suggeriert werden. Zu einer Abgrenzung des Dienstleistungsbegriffes gegenüber anderen immateriellen Gütern wie Rechten, Informationen und Arbeitsleistungen vgl. z.B. Corsten (1985), S. 167 ff.; Gruhler (1990), S. 31 ff.

286) Vgl. Corsten (1990), S. 117.

287) Vgl. zu einer solchen Unterscheidung z.B. Corsten (1991), S. 179 f.; Kleer (1991), S. 80.

288) Vgl. Corsten (1982), S. 494. Die Ergebnisqualität ist als Beurteilungskriterium nicht geeignet, da die Beschaffungsentscheidung wegen der erwähnten Immaterialität des technologischen Know how der Erlangung des Ergebnisses zeitlich vorgelagert ist. Denkbar ist allerdings die Anwendung von Proxykriterien der Ergebnisqualität, wie die Qualitätsbeurteilung aufgrund früherer oder bestehender Geschäftsbeziehungen, was jedoch wegen der Singularität und Unsicherheit von F&E-Aktivitäten mit Problemen behaftet ist. Die Prozeßqualität eignet sich ebenfalls nicht als Beurteilungskriterium, da sie zum einen aufgrund des stochastischen Charakters von F&E-Prozessen kaum meßbar ist und zum anderen von der Potentialqualität beeinflußt wird.

289) Vgl. dazu Kern (1992 a), S. 21 f.

290) Vgl. Corsten (1982), S. 494 f.

291) Letzteres ist v.a. aufgrund des stark gestiegenen Einsatzes der Datenverarbeitung im F&E-Bereich, z.B. in Form von CAD-Systemen und Expertensystemen, relevant. Vgl. Engelke (1991), S. 133 ff.

und Ausbildung determinierte Qualifikation des Forschungspersonals[292], wobei das vorhandene Eignungspotential weiterhin von inter- und intrapersonellen Schwankungen der Leistungsfähigkeit und -bereitschaft sowie von situativen Faktoren beeinflußt wird[293]. Ansatzpunkte für eine Beurteilung der Qualität des F&E-Personals, die allerdings mit nicht unerheblichen Unsicherheiten und Subjektivismen behaftet sind, können z.B. das Ausbildungsniveau, die Anzahl der Qualitätsschulungen, die Zahl der in der Vergangenheit angemeldeten Patente, die Qualität von Publikationen und Vorträgen sowie die einzelnen Forschern zuerkannten Preise sein[294]. Die Validität einer Abschätzung der qualitativen Kapazität des F&E-Personals anderer Institutionen hängt außerdem stark davon ab, inwieweit der potentielle Technologiegeber bereit ist, interne Informationen darüber offenzulegen.

Als weitere Qualitätsindikatoren können z.B. das Image einer Unternehmung, Erfahrungen aus früheren Geschäftsbeziehungen oder die Qualität schon auf dem Markt befindlicher Produkte fungieren.

5.3.2.2.2 Qualitative Aspekte der Koordinationsmuster

Da sich ein Qualitätsvergleich von Koordinationsalternativen immer an den spezifischen Bedingungen des zu transferierenden technologischen Wissens ausrichten muß, entzieht sich die Frage der Vorteilhaftigkeit von interner oder externer F&E unter qualitativen Aspekten einer generellen Beantwortung[295]. Im folgenden können daher nur punktuell alternativenspezifische Anhaltspunkte für die Möglichkeiten und Grenzen einer qualitätsorientierten Beurteilung aufgezeigt werden.

---

292) Vgl. Conen (1986), S. 88; Corsten (1982), S. 495; Engelke (1991), S. 131; Schröder (1973), S. 77; Tanski (1984), S. 125.

293) Vgl. Schröder (1973), S. 39 ff. Diese Faktoren werden aber im folgenden nicht weiter berücksichtigt, da sie - wenn überhaupt - allenfalls individuell und zeitpunktbezogen zu erfassen sind. Vgl. Conen (1986), S. 69.

294) Zur Problematik der Qualitätsmessung von F&E-Tätigkeiten unter Rückgriff auf Patente, Publikationen, Vorträge, Ehrungen etc. vgl. Conen (1986), S. 73 ff.

295) Vgl. Corsten (1982), S. 495. Gleiches konstatiert Männel auf allgemeiner Ebene für Entscheidungen zwischen Eigenfertigung und Fremdbezug. Vgl. Männel (1981), S. 51.

5.3.2.2.2.1 Koordinationsmuster bei vorhandenem technologischem Wissen

Die Möglichkeit einer Qualitätsbeurteilung bei **Lizenzerwerb** wird von der Art der Lizenz beeinflußt.

Bei Patentlizenzen besteht ein Zwang zur Offenlegung des zu schützenden technologischen Wissens[296]. Dies ermöglicht es dem potentiellen Lizenznehmer, durch sorgfältige Analyse der Patentschrift oder über die in Patentdatenbanken enthaltenen Informationen Anhaltspunkte über Funktions- und Integrationsqualität als Merkmale der zu beschaffenden Leistung zu erlangen[297]. Zusätzlich könnte bei wiederholter Lizenznahme eventuell auf vorangegangene Erfahrungen mit der Qualität des so erworbenen technologischen Know how zurückgegriffen werden, was wegen der Singularität von F&E-Ergebnissen jedoch schwierig sein kann.

Bei Know how-Lizenzen ist eine ex ante-Qualitätsbeurteilung noch schwieriger, da der potentielle Lizenzgeber sich schon in der Phase der Verhandlungen dem Informationsparadoxon ausgesetzt sieht. Liegt das Know how in quasi-materialisierter Form vor, also z.B. in Konstruktionsunterlagen und Erfahrungsberichten, so ermöglicht der Einblick in solche Unterlagen während der Verhandlungsphase dem potentiellen Lizenznehmer Rückschlüsse auf Qualitätsmerkmale und ihre Eignung zur Erfüllung seiner Anforderungen. Ist das Know how nicht materialisiert und soll demnach durch Personen übertragen werden, kann eine Qualitätsbeurteilung nur über die Abschätzung der qualitativen Kapazität des potentiellen Lizenzgebers erfolgen, wobei eventuelle Qualitätseinbußen infolge von Transferproblemen einzukalkulieren sind.

Bei **Technologiekauf** in der Ausprägung als Kauf materieller Technologien ist eine Qualitätsbeurteilung unproblematischer, da hier z.B. auf Konstruktionsunterlagen und die Inspektion von Referenzanlagen zurückgegriffen werden kann. Außerdem können Rückschlüsse von eventuell vorhandenen Qualitätszertifizierungen auf die Qualität der zu erwerbenden materiellen Technologien gezogen

---

296) Vgl. Kern/Schröder (1977), S. 67. Das Patentwesen ist also nicht nur mit einem Schutz-, sondern auch mit einem Informationseffekt verbunden. Vgl. Corsten (1982), S. 430.

297) Solche Informationen können auch schon vor der eigentlichen Patenterteilung gewonnen werden, da bereits bei der Bekanntmachung der Anmeldung im Patentblatt der wesentliche Antragsinhalt inklusive Beschreibungen und Zeichnungen veröffentlicht wird. Bei nicht erfolgter Bekanntmachung nach Anmeldung erfolgt nach Ablauf einer gesetzlich vorgeschriebenen Zeitspanne die Offenlegung der Akten der Patentanmeldung durch das Patentamt. Vgl. dazu Kroitzsch (1976), S. 21 f.

werden[298]. Beim Kauf immaterieller Technologien sind die Probleme der Qualitätsbeurteilung ähnlich gelagert wie bei Know how-Lizenzen.

5.3.2.2.2.2 Koordinationsmuster bei zu generierendem technologischem Wissen

Im Rahmen der **Vertragsforschung** als Instrument zur Wissensbeschaffung unter Rückgriff auf spezialisierte private oder staatliche Forschungsinstitutionen sind mehrere Qualitätsindikatoren denkbar. Zum einen können über die Reputation der Institutionen sowie über vorangegangene eigene Erfahrungen mit diesen Institutionen Rückschlüsse auf die zu erwartende Qualität der Leistungen gezogen werden. Zum anderen kann vermutet werden, daß sich die Inanspruchnahme von Forschern, die auf bestimmte Forschungsgebiete spezialisiert sind, positiv auf die Qualität der von ihnen hervorzubringenden F&E-Ergebnisse auswirkt[299]. Kann die Übermittlung und Diskussion von Zwischenergebnissen vertraglich vereinbart werden, welche durch stärkeren Konkretisierungsgrad Hinweise auf die zu erwartende Qualität der zu erbringenden Leistung liefern können, so kann in Grenzen aktiv auf die Qualität der zu erzielenden Ergebnisse eingewirkt werden[300], indem z.B. zusätzliches Know how auch von seiten des Auftraggebers eingebracht wird.

Bei der **Gemeinschaftsforschung** als Koordinationsalternative erschwert die tendenziell anwendungsferne Forschung eine ex ante-Qualitätsbeurteilung. Eine Informationsquelle sind die zu Aus- und Weiterbildungszwecken in die Institutionen der Gemeinschaftsforschung oder auch in Arbeitskreise entsandten F&E-Mitarbeiter der eigenen Unternehmung. Des weiteren kann wiederum nur von Vergangenheitserfahrungen oder der Existenz von Spezialisten und materieller Ausstattung auf die mögliche Qualität des zu generierenden Know how geschlossen werden. Da Institutionen der Gemeinschaftsforschung relativ autonom arbeiten und zudem meist eine eigene Rechtspersönlichkeit z.B. als e.V.

---

298) Zur Zertifizierung von Qualitätssicherungs-Systemen durch neutrale Institutionen vgl. z.B. Jahn (1988), S. 927 ff.; Petrick (1994), S. 1022 ff.

299) So findet sich in der Literatur immer wieder der Hinweis, daß Vertragsforschung ein Instrument sei, um die eigene F&E-Kapazität qualitativ zu erweitern. Vgl. z.B. Corsten (1982), S. 166 f.; Kern/Schröder (1977), S. 59.

300) Wurde vertraglich außerdem eine Option fixiert, welche die Fortführung der F&E-Aktivitäten an den Ausgang der Zwischenergebnisse bindet, so können sich konkretisierende Qualitätsmängel Anlaß zum Abbruch des Vorhabens geben.

besitzen[301]), sind die Möglichkeiten der aktiven Einflußnahme einzelner Unternehmungen auf die Qualität des sich im Generierungsstadium befindenden Know how sehr eingeschränkt.

Bei den einzelnen Formen der **F&E-Kooperation** ist die Qualitätsbeurteilung hinsichtlich des zu beschaffenden technologischen Wissens ebenfalls schwierig. Bei der nicht koordinierten Einzel-F&E mit Ergebnis- und Erfahrungsaustausch können nur die Potentialqualität, bestehende Geschäftsbeziehungen und das Image Anhaltspunkte für die Qualität einer zu erbringenden Leistung bieten. Aktive Einwirkungsmöglichkeiten in den laufenden Forschungsprozeß und damit auf die Qualität des entstehenden technologischen Know how bestehen nicht. Sowohl bei der koordinierten Einzel-F&E mit institutionalisiertem Ergebnis- und Erfahrungsaustausch als auch bei F&E-Gemeinschaftsunternehmungen kann davon ausgegangen werden, daß aufgrund der damit einhergehenden Abhängigkeitsverhältnisse und Risiken solche Kooperationsformen fast ausschließlich aus bereits existierenden Geschäftsbeziehungen heraus eingegangen werden, da sie "[...] oft die einzige Beurteilungsgrundlage der erwarteten Qualität und Riskanz der Zusammenarbeit"[302]) bilden[303]). Es wird also auch hier aus Erfahrungswerten sowohl über die Potentialqualität der Partner als auch über die Qualität konkreter Ergebnisse früherer F&E-Aktivitäten als Proxykriterium der Ergebnisqualität auf die zukünftig zu erwartende Outputqualität geschlossen. Die Möglichkeit aktiver Einflußnahme auf qualitative Merkmale des sich im Entstehungsprozeß befindenden technologischen Wissens ist bei F&E-Gemeinschaftsunternehmungen viel stärker gegeben als bei wechselseitiger Spezialisierung auf Forschungsgebiete, da der Grad der Autonomie bei der Aufgabenerfüllung in der F&E-Gemeinschaftsunternehmung relativ niedrig ist[304]). Damit zusammenhängend kann über die aus der eigenen Unternehmung in die Gemeinschaftsunternehmung abgestellten Forscher ein ständiger Informationsfluß über den Stand der F&E-Aktivitäten in qualitativer Hinsicht erfolgen, was die Voraussetzung für ein mögliches Eingreifen darstellt. Außerdem kann durch die Kombination eigener Problemlösungskompetenz mit dem Know how·anderer Unternehmungen, insbesondere wenn es sich um komplementäres Know

---

301)   Vgl. Kern/Schröder (1977), S. 56.

302)   Kaufmann (1993), S. 71.

303)   Vgl. Rotering (1990), S. 95. In der Terminologie des Transaktionskostenansatzes greift hier das Transaktionscharakteristikum der Häufigkeit, wonach bei häufiger Zusammenarbeit eine Vertrauensbasis aufgebaut wird, die die Angst vor opportunistischem Verhalten reduziert. Vgl. Schneider/Zieringer (1991 a), S. 87.

304)   Vgl. Kern/Schröder (1977), S. 57.

how handelt, die Qualität des zu erwartenden Outputs positiv beeinflußt werden[305]. Allerdings besteht bei starken Qualifikationsunterschieden zwischen
dem F&E-Personal aus verschiedenen Unternehmungen die Gefahr, daß die
Qualität des gemeinsam zu generierenden technologischen Wissens niedriger
sein wird als bei einer internen F&E. In diesem Fall werden vorrangig die Unternehmungen, deren F&E-Personal schlechter qualifiziert ist, von der F&E-Ge-
meinschaftsunternehmung profitieren[306].

Bei technologieorientiertem **Beteiligungserwerb** können am ehesten die Venture Spin-Offs in qualitativer Hinsicht beurteilt werden, da die Spin-Offs aus der
eigenen Unternehmung hervorgehen und deshalb vor allem die Qualität des
Personals aufgrund von oft langjährigen Erfahrungen mit diesen Forschern
während ihrer Tätigkeit in der Mutterunternehmung durch diese einzuschätzen
ist. Über Erfahrungsaustausch und Beratung kann auch indirekt auf die Qualität
des zu generierenden technologischen Wissens eingewirkt werden[307]. Bei
reinen Risiko-Kapitalbeteiligungen ist die Qualität potentieller Ergebnisse dagegen lediglich über die Qualitätsindikatoren Reputation der Unternehmung und
ihrer F&E-Mitarbeiter sowie deren Spezialisierung auf ein bestimmtes Forschungsgebiet abzuschätzen. Aktive Einwirkungsmöglichkeiten auf den Prozeß
der Produktion des technologischen Wissens bezüglich Qualitätskontrolle und
-steuerung bestehen aufgrund der Minderheitsbeteiligung nicht. Das Venture
Nurturing stellt in bezug auf die Qualitätsbeurteilung eine Zwischenform der
beiden genannten Ausprägungen technologieorientierten Beteiligungserwerbs
dar. Hinsichtlich der ex ante-Beurteilung der zu erwartenden Qualität von Leistungen sind die Qualitätsindikatoren ähnlich denen bei Risiko-Kapitalbeteiligungen. Es bestehen jedoch begrenzte Möglichkeiten zur Einflußnahme auf
den Produktionsprozeß neuen technologischen Wissens, da über Betreuung
und Beratung Informationen über qualitative Merkmale des zu generierenden
technologischen Wissens in die kapitalgebende Unternehmung zurückfließen
und diese bei sich andeutenden qualitativen Defiziten Hilfestellung z.B. über
einen Wissenstransfer leisten können.

Im Rahmen einer **technologieorientierten Unternehmungsakquisition** sind
sowohl die materiellen als auch die immateriellen F&E-Potentiale der zu akqui-

---

305) Vgl. Heinzl/Sinß (1993), S. 62. Vgl. auch die Ausführungen in Kapitel 5.3.2.1.

306) Vgl. Heinzl/Sinß (1993), S. 65.

307) Von einem direkten Eingriffsrecht ist aufgrund der Minderheitsbeteiligung nicht auszu-
      gehen.

rierenden Unternehmung unter qualitativen Gesichtspunkten a priori zu beurteilen, wobei sich die Informationen hierüber im Laufe der Akquisitionsverhand-
lungen sukzessive konkretisieren. Bei der Einschätzung der materiellen F&E-
Potentiale, z.B. der technischen Ausstattung der Laboratorien, kann auf die o.a.
Qualitätsindikatoren zurückgegriffen werden. Rückschlüsse von der Höhe der
materiellen F&E-Aufwendungen auf das zu erzielende Leistungsniveau sind
problembehaftet[308].

Bei den immateriellen Potentialen sind zum einen quasi-materialisierte Potentiale wie z.B. die vorhandenen Patente und zum anderen die qualitative Kapazität des F&E-Personals zu beurteilen[309]. Letzter kommt eine hohe Bedeutung
zu, denn der "[...] Wert der zu kaufenden Unternehmung liegt weniger im Schatz
der vorhandenen Patente, als vielmehr in den Talenten der Forscher und Entwickler"[310]. Eine Beurteilung des qualitativen personellen Potentials anhand
der Höhe der F&E-Personalaufwendungen ist nicht aussagefähig[311], so daß
wiederum auf die o.a. Qualitätsindikatoren zurückzugreifen ist. Bei technologieorientierten Unternehmungsakquisitionen kann allerdings nach erfolgter
Akquisition und Integration verstärkt Einfluß auf die Qualität des zu generierenden technologischen Wissens ausgeübt werden, indem z.B. aufbauend auf einer regelmäßigen Kontrolle von Zwischenergebnissen bei Qualitätsdefiziten
Korrekturmaßnahmen eingeleitet werden können, etwa mittels einer Einstellung
zusätzlicher spezialisierter Forscher oder über Qualifizierungsmaßnahmen.
Weiterhin können ähnlich wie bei F&E-Gemeinschaftsunternehmungen von der
Kombination des unterschiedlichen Know how positive Effekte auf die Qualität
des zu generierenden technologischen Wissens ausgehen[312].

---

308) Vgl. Bleicher (1990), S. 81.

309) Zur Problematik der Beurteilung der Qualität von Patenten vgl. Schröder (1973), S. 56 f.
Mögliche, allerdings nicht F&E-spezifische Quellen zur Beschaffung von Informationen
über personelle Potentiale von Akquisitionskandidaten stellt Gerpott dar. Vgl. Gerpott
(1993), S. 341.

310) Hauschildt (1993), S. 45. Außerdem ist abzuschätzen, ob und unter welchen Bedingungen diese Schlüsselpersonen nach einem Eigentumswechsel und den damit verbundenen Änderungen in der Unternehmung verbleiben. Vgl. Hauschildt (1993), S. 45.

311) Aussagefähig wäre eine solche Beziehung nur unter der Annahme, daß sich unterschiedliche Qualitäten der Faktoren im Preis dieser Faktoren, der ihrer Entlohnung entspricht, widerspiegeln. Praktisch ist diese Annahme aber nicht aufrechtzuerhalten. Vgl.
Conen (1986), S. 69.

312) Dies hängt aber zum einen von der Art der organisatorischen Einbindung des F&E-Be-
reichs der akquirierten Unternehmung in die akquirierende Unternehmung ab, die den
Grad der Autonomie bei den laufenden F&E-Aktivitäten bestimmt. Zum anderen ist hier
der Erfolg der notwendigen personenorientierten Integrationsmaßnahmen maßgeblich,
da anderenfalls das gemeinsam zu erzielende Qualitätsniveau technologischen Wissens im Vergleich zur früheren Eigen-F&E absinken kann.

Zusammenfassend zur Analyse alternativer Koordinationsmuster unter qualitativen Aspekten kann als Tendenzaussage festgehalten werden, "[...] daß ein Fremdbezug unter qualitativen Aspekten der Eigenforschung überlegen ist, je weiter das F&E-Projekt von dem üblichen Forschungsbereich abweicht und externe Forschungsinstitutionen, die auf diesem Gebiet arbeiten, existieren und je spezialisierter die angestrebten Erkenntnisse sind und der benötigte Vorbereitungsgrad nicht besteht"[313].

5.3.3 Zeitbezogene Effizienzkriterien

F&E-Aktivitäten werden zunehmend mit der sog. Zeitschere konfrontiert, da Produktlebenszyklen sich ständig verkürzen und Entwicklungszeiten gegenüberstehen, die sich aufgrund der Komplexität der Produkte und der Verfahren zu ihrer Produktion verlängern[314]. Ein mögliches Instrument zur Beeinflussung der Zeiten, die für F&E-Aktivitäten erforderlich sind[315], kann der Fremdbezug technologischen Wissens in seinen verschiedenen institutionell-organisatorischen Ausprägungsformen sein[316]. Deshalb sind die alternativen Koordinationsmuster auf ihr Potential zur Erzielung von Wettbewerbsvorteilen durch die Nutzung zeitlicher Gestaltungsmöglichkeiten hin zu analysieren.

---

313) Corsten (1982), S. 495.

314) Zur Zeitschere vgl. z.B. Kern (1992 c), S. 43. Ergänzt um mit Marktzyklenkontraktion und Entstehungszyklenexpansion einhergehender Explosion der Vorbereitungskosten wird die Zeitschere zu einem sog. Magischen Dreieck von Produktinnovationen. Vgl. Pfeiffer/Weiss (1990), S. 9; Kern (1992 b), S. 21. Zu Integrationsmaßnahmen zwecks Beschleunigung von Produktentstehungsprozessen vgl. auch Arbeitskreis 'Integrationsmanagement' (1992).

315) Weitere Instrumente zur Beeinflussung der für F&E-Aktivitäten erforderlichen Zeiten sind z.B. **informationstechnische Instrumente** wie Simulation, CAD- und CASE-Werkzeuge sowie relationale Datenbanken. Vgl. hierzu z.B. Kern/Antweiler (1992), S. 196 ff.; Schmelzer (1990), S. 49 ff. Des weiteren existieren **organisatorische Instrumente** wie z.B. Simultaneous Engineering, Consensus Management und der Einsatz von Rugby Teams. Zu organisatorischen Instrumenten im allgemeinen vgl. z.B. Schmelzer (1990), S. 42 ff. Zu Simultaneous Engineering vgl. Warschaat/Wasserloos (1991), S. 22 ff. Zum Consensus Management vgl. Hübner (1989), S. 152 ff. Zu Rugby Teams vgl. Schmelzer/Buttermilch (1988), S. 56. Weiterhin können **personelle Instrumente** wie etwa Qualifizierung eingesetzt werden. Zu personellen Instrumenten vgl. Schmelzer (1990), S. 47 ff.; Schmelzer/Buttermilch (1988), S. 62 ff. Auch **controllingorientierte Instrumente** wie z.B. zeitorientiertes F&E-Benchmarking und der Einsatz der Netzplantechnik finden Anwendung. Zu controllingorientierten Instrumenten allgemein und zur Netzplantechnik vgl. Schmelzer/Buttermilch (1988), S. 58 ff. Zu F&E-Benchmarking vgl. Horváth/Gentner (1992), S. 179 f.

316) Vgl. Schmelzer (1990), S. 40; Schmelzer/Buttermilch (1988), S. 51 f.; Brockhoff/Urban (1988), S. 17.

5.3.3.1 Zeit als Handlungsdimension für F&E

Zeit kann als eine Handlungsdimension charakterisiert werden, die durch geschickte Nutzung zu einem Wettbewerbs- und Erfolgsfaktor für unternehmerische Aktivitäten werden kann[317]. Für die Realisierung des Ziels der Erlangung bzw. des Erhaltes der F&E-Wettbewerbsfähigkeit ist die Analyse zweier zeitbezogener Aspekte und ihrer ökonomischen Konsequenzen in Form von Zeitnutzen und Zeitkosten von Relevanz[318]. Zum einen ist eine Zeitdauerbetrachtung und zum anderen eine Zeitpunktbetrachtung vorzunehmen[319].

Die Zeitdauer bezieht sich auf den für die Durchführung von F&E-Aktivitäten benötigten Zeitraum[320]. Sie wird durch die Geschwindigkeit der Aufgabenerfüllung und durch Geschwindigkeitsveränderungen beeinflußt[321]. Die Inventionszeit, verstanden als die Zeitdauer, die notwendig ist, um einen technisch funktionsfähigen und somit anwendungsreifen Prototypen herzustellen, beeinflußt v.a. die Dauer der Bindung knapper F&E-Personal- und Sachressourcen, die F&E-Kosten sowie den Markteintrittszeitpunkt[322]. Durch die mit ausgedehnten Inventionszeiten einhergehende längere Bindung von personellen und sachlichen F&E-Ressourcen kommt es zum sog. 'Dominoeffekt' dergestalt, daß die Ressourcen erst verspätet für andere F&E-Projekte zur Verfügung stehen und somit weitere Verzögerungen verursachen[323]. Demnach verursachen längere Inventionszeiten Opportunitätskosten[324]. Neben den durch lange Inventionszeiten verursachten Opportunitätskosten der Ressourcenbindung wirkt

---

317) Vgl. Kern (1992 c), S. 44. Zu Zeit als Wettbewerbsfaktor vgl. auch Simon (1989), S. 123 ff.; Hübner (1989), S. 149 f. "Ist eine Unternehmung in der Lage, die knappe Zeit qualifizierter zu nutzen als die Konkurrenz, so wird von 'economies of speed' gesprochen." Sandler (1991), S. 129.

318) Zur Bedeutung der Verkürzung von F&E-Zeiten für das genannte Ziel und weitere F&E-Ziele vgl. Bauer/Hannig/Mierzwa (1991), S. 24. Zur Problematik der Ermittlung von Zeitnutzen und Zeitkosten vgl. Lassmann (1992), S. 148 f.

319) Vgl. z.B. Sandler (1991), S. 129; Lassmann (1992), S. 148; Simon (1989), S. 123 ff.; Reichwald (1990), S. 11 ff.

320) Vgl. Reichwald (1990), S. 11.

321) Vgl. Kern (1992 c), S. 45.

322) Vgl. Gerpott/Wittkemper (1991), S. 119 f. Des weiteren kann die Inventionszeit auch Wirkungen auf die Qualität des hervorzubringenden technologischen Wissens haben. Die Verkürzung von Inventionszeiten muß nicht per se negativ auf die Ergebnisqualität wirken. Hier ist eine differenzierte Analyse erforderlich, die qualitätsunabhängige und -abhängige Zeitbestandteile unterscheidet. Vgl. dazu Nippa/Reichwald (1990), S. 95 f.

323) Vgl. dazu Gerpott/Wittkemper (1991), S. 120; Picot/Reichwald/Nippa (1988), S. 114.

324) Vgl.Gerpott/Wittkemper (1991), S. 120; Bleicher (1990), S. 83; Schmelzer (1990), S. 53.

sich eine längere Inventionszeit auch direkt kostensteigernd auf die F&E-Kosten aus, da sich z.B. die zeitabhängigen F&E-Personalkosten direkt proportional zur Dauer der Ressourcenbindung verhalten[325]. Außerdem kann eine Überschreitung der geplanten Zeiten für F&E-Aktivitäten weitere Folgekosten nach sich ziehen, wenn z.B. zwischenzeitlich geänderte Marktanforderungen zu berücksichtigen sind[326]. Die Wirkung einer Verkürzung der F&E-Zeiten, die durch den Einsatz von geeigneten Instrumenten erzielt wird, auf die F&E-Kosten ist nicht eindeutig zu bestimmen. Eine Senkung der F&E-Kosten als Folge von Zeitstauchungen tritt z.B. durch verringerte Kosten der Ressourcenbindung ein. Allerdings sind auch die meist höheren Kosten des Instrumenteneinsatzes ins Kalkül einzubeziehen[327], welche die Senkungen der F&E-Kosten nicht überkompensieren dürfen, wenn ein positiver Gesamteffekt gewährleistet werden soll[328].

F&E-bezogene Zeitpunktüberlegungen beziehen sich in der Regel auf eine Analyse der ökonomischen Vorteilhaftigkeit eines frühen oder späten Markteintrittes[329]. Der Markteintrittszeitpunkt ist ökonomisch deshalb relevant, weil er u.a. die erzielbaren Produktpreise, den Marktanteil sowie das Image beeinflußt[330]. Im Einfluß der Inventionszeit auf den Markteintrittszeitpunkt zeigt sich die Verwobenheit von Zeitdauer- und Zeitpunktbetrachtungen. Eine im Vergleich zur Konkurrenz kurze Inventionszeit läßt der betreffenden Unternehmung hinsichtlich der Wahl des Markteintrittszeitpunktes alle Optionen offen[331]. Der Markteintrittszeitpunkt ist aber nicht nur von der Inventionszeit abhängig, sondern er ist in die technologiestrategischen Prioritätssetzungen der Unternehmung eingebunden[332]. Dabei ist ein früher Markteintrittszeitpunkt nicht per se

---

325) Vgl. Nippa/Schnopp (1990), S. 118; Gaiser (1993), S. 107.

326) Hierzu und zu weiteren Folgekosten vgl. Schmelzer/Buttermilch (1988), S. 46 f.

327) Wird die Zeitverkürzung z.B. durch einen erhöhten Einsatz von F&E-Personal bewirkt, so steigen als Folge dieser Maßnahme die F&E-Kosten.

328) Vgl. Nippa/Schnopp (1990), S. 118; Schmelzer (1992), S. 50.

329) Vgl. Reichwald (1990), S. 12.

330) Vgl. Gerpott/Wittkemper (1991), S. 120; Kern (1992 b), S. 22; Schmelzer (1992), S. 47. Ein verspäteter Markteintritt verursacht auch Opportunitätskosten, so z.B. in Form nicht erzielter oder verlorener Marktanteile und entgangener Gewinne. Vgl. Bleicher (1990), S. 83.

331) Vgl. Gerpott/Wittkemper (1991), S. 120; Schmelzer/Buttermilch (1988), S. 44; Perillieux (1991), S. 36.

332) Des weiteren ist die Wahl des Markteintrittszeitpunktes z.B. auch von den fertigungstechnischen quantitativen und qualitativen Kapazitäten und von der Leistungsfähigkeit des Vertriebsnetzes abhängig. Vgl. dazu Reichwald (1990), S. 12 f.

anzustreben, da er in ökonomischer Sicht sowohl mit Vorteilen verbunden, aber auch mit Gefahren behaftet sein kann[333]. Als Vorteile einer Technologieführerstrategie, die einen frühen Markteintritt erfordert, sind dabei kurzfristig die Vorteile aus einer befristeten technologischen Monopolstellung und langfristig hierauf aufbauend Erfahrungskurvenvorteile, Imagevorteile sowie der Ausbau von Beziehungen zu Kunden zu nennen[334]. Nachteilig sind v.a. Akzeptanzrisiken, Marktöffnungskosten, hohe F&E-Kosten sowie die Gefahr, daß Produkte 'zu früh' auf den Markt gebracht werden[335]. Dementsprechend bestehen die Vorteile einer Technologiefolgerstrategie mit spätem Markteintritt in der Partizipation an den Erfahrungen des Technologieführers, wodurch die als Nachteile der Führerstrategie aufgezeigten Risiken für den Technologiefolger weitgehend entfallen[336]. Spezifische Risiken des Technologiefolgers liegen in der Überwindung der Markteintrittsbarrieren, in der Beeinflussung der Kundenpräferenzen für die Führerinnovation sowie in der verkürzten Marktphase an sich[337].

Resultante aus den vorgenannten Zeitpunkt- und Zeitdauerüberlegungen ist die Aktions- und Reaktionsschnelligkeit der Unternehmung, welche die zeitliche Dimension der unternehmerischen Flexibilität auf dem Gebiet der F&E-Aktivitäten widerspiegelt[338]. So wird höhere Flexibilität als positiver Effekt der Verkürzung von Inventionszeiten herausgestellt[339]. "Die steigende Bedeutung der

---

333) Vgl. Perillieux (1987), S. 123 ff.

334) Vgl. Perillieux (1987), S. 124 ff.; Perillieux (1991), S. 33 ff.; Schmelzer (1992), S. 49.

335) Vgl. Perillieux (1987), S. 127 f.; Schmelzer (1992), S. 49. Ein Markteintritt kann in zweierlei Hinsicht verfrüht sein. Zum einen ist dies der Fall, wenn das Produkt technisch noch nicht ausgereift ist. Zum anderen ist es möglich, daß der Markt generell noch nicht aufnahmebereit für radikale Produktinnovationen mit weitreichenden Auswirkungen ist. Hier ist das Beispiel der Xerox Corp. zu nennen, deren zu früher Entwicklung und Einführung eines Personal Computer kein kommerzieller Erfolg beschieden war. Vgl. zu diesem Beispiel ausführlich Smith/Alexander (1988), S. 13 ff.

336) Vgl. Perillieux (1987), S. 126 f.; Perillieux (1991), S. 34. Zu einer kritischen Auseinandersetzung der Befürwortung einer Folgerstrategie mit den Argumenten der Vermeidung von Pionierkosten und -fehlern vgl. Pfeiffer/Weiß (1990), S. 15 ff.

337) Vgl. Perillieux (1987), S. 128 f.; Perillieux (1991), S. 35. Die aus der verkürzten Marktphase resultierenden Risiken der Folgerstrategie sind mit Pfeiffer und Weiss dahingehend zu explizieren, daß einerseits in späteren Marktzyklusphasen Tendenzen zum Preisverfall bestehen und andererseits die Technologiefolger eine potentiell schlechtere Kostenposition aufgrund zeitlich verzögerter Erfahrungskurveneffekte einnehmen. Vgl. Pfeiffer/Weiss (1990), S. 22 f.

338) Zur Definition von Flexibilität und zum Einbezug der Zeit in das Flexibilitätspostulat vgl. z.B. Kern (1992 a), S. 23.

339) Vgl. Reichwald (1990), S. 16; Schmelzer (1990), S. 31.

(Re-)Aktionsschnelligkeit von Unternehmen ist darauf zurückzuführen, daß die Änderungsgeschwindigkeit auf vielen Märkten zunimmt"[340].

Es bleibt also festzuhalten, daß die Koordinationsalternativen einer Zeitdauerbetrachtung hinsichtlich der ihnen innewohnenden Potentiale zur Beeinflussung der Inventionszeiten zu unterziehen sind. Darauf aufbauend ist die Bedeutung der so gewonnenen Aussagen unter Beachtung der zeitlichen Implikationen der verschiedenen möglichen Technologiestrategien zu relativieren.

5.3.3.2 Zeitliche Aspekte der Koordinationsmuster

5.3.3.2.1 Koordinationsmuster bei vorhandenem technologischem Wissen

Wird technologisches Wissen durch **Lizenzerwerb** erlangt, so kann aufgrund der externen Existenz des benötigten Wissens grundsätzlich davon ausgegangen werden, daß der Lizenzerwerb die Zeitunsicherheit als eine Variante der mit der Durchführung von F&E-Aktivitäten verbundenen Unsicherheit im Vergleich zur Eigen-F&E erheblich reduziert[341]. Die Zeitunsicherheit wird "[...] auf den Zeitraum der Adaptionsvorgänge, eventuellen Weiterentwicklungen und der Implementierung"[342] reduziert und ist somit geringer als bei originären F&E-Prozessen.

Dies gilt vor allem dann, wenn eigene sachliche und/oder personelle F&E-Potentiale noch aufgebaut oder erweitert werden müßten[343]. Selbst wenn in quantitativer und qualitativer Hinsicht ausreichend interne F&E-Potentiale vorhanden sind, ist die Frage zu stellen, ob es nicht aus zeitlicher Perspektive ökonomisch richtiger ist, diese Ressourcen direkt in solche F&E-Projekte zu lenken, deren Erforschung eine spätere Inventionsführerschaft und somit eventuelle Wettbewerbsvorteile begründen könnte[344]. Allerdings sind auch die zeitbeanspruchenden Suchprozesse nach Lizenzgebern sowie die Verhandlungsprozesse mit in das Kalkül einzubeziehen.

---

340) Gerpott/Wittkemper (1991), S. 119.

341) Vgl. Kern/Schröder (1977), S. 54; Schröder (1979 b), Sp. 1831. Zur Zeitunsicherheit und weiteren Arten F&E-prozeßinterner Unsicherheit vgl. Kern/Schröder (1977), S. 16 sowie die Ausführungen in Kapitel 2.2.2.2.1.

342) Corsten (1982), S. 486.

343) Vgl. Schneider/Zieringer (1991 a), S. 78. "Jeder Aufbau von Potentialen beansprucht Zeit." Kern (1993 b), Sp. 4778.

344) Vgl. Schneider/Zieringer (1991 a), S. 141.

Da Lizenznahme eine Form der Übernahme bereits existierenden technologischen Wissens ist, fallen aus dem Spektrum möglicher Technologiestrategien die durch Inventionsführerschaft auf dem betreffenden Forschungsgebiet gekennzeichneten Strategievarianten zwingend heraus[345]. Hinsichtlich der Innovationsdimension der Technologiestrategie, die auf den Markteintrittszeitpunkt abstellt, wird Lizenznahme in der Regel als Element einer F&E-Folgerstrategie mit spätem Markteintritt charakterisiert[346]. Es ist aber trotz Inventionsfolgerschaft auch eine mit frühem Markteintritt verbundene Strategie der Innovationsführerschaft denkbar[347]. Mangelndes Interesse des Lizenzgebers an der eigenen Verwertung der Lizenz in Kombination mit der Möglichkeit einer exklusiven Lizenznahme oder einer Lizenznahme mit Gebietsschutz bieten die Voraussetzungen zur Verfolgung einer Strategie der Innovationsführerschaft[348]. Außerdem kann durch Lizenznahme erworbenes und dann durch eigene F&E ständig inkrementell verbessertes technologisches Wissen einen Grundstock für eine zeitlich nachgelagerte Technologieführerstrategie bilden[349]. "So hat ein Teil der japanischen Industrie mittlerweile eine führende Position in Technologiebereichen erlangt, zu denen man sich auf Lizenzbasis Zugang verschafft hatte"[350].

Beim **Technologiekauf** ist die Argumentation hinsichtlich zeitlicher Aspekte ähnlich gelagert wie beim Lizenzerwerb, weshalb auf eine ausführliche separate Diskussion verzichtet wird. Die Zeitunsicherheit im Vergleich zur Eigen-F&E reduziert sich beim Technologiekauf auf die zeitliche Ausdehnung des Such- und Vereinbarungsprozesses sowie auf die Dauer von Adaptionsvorgängen, Weiterentwicklungen und Implementierungsaktivitäten[351]. Da Technologiekauf die Übernahme bereits existenten Wissens impliziert, ist er als ein Instrument zur Unterstützung einer Inventionsfolgerstrategie zu charakterisieren[352].

---

345) Vgl. Wolfrum (1991), S. 312.

346) Vgl. Perillieux (1987), S. 133; Perillieux (1991), S. 47; Michel (1987), S. 98; Schneider/Zieringer (1991 a), S. 146; Wolfrum (1991), S. 345.

347) Vgl. Perillieux (1987), S. 133.

348) Vgl. Michel (1987), S. 98; Perillieux (1987), S. 133.

349) Vgl. Michel (1987), S. 98; Schneider/Zieringer (1991 a), S. 146; Wolfrum (1991), S. 313.

350) Michel (1987), S. 98.

351) Vgl. Corsten (1982), S. 486.

352) Vgl. Perillieux (1987), S. 133; Wolfrum (1991), S. 342.

5.3.3.2.2 Koordinationsmuster bei zu generierendem technologischem Wissen

Vertragsforschung hat insofern ein Potential zur Verkürzung von Inventionszeiten relativ zur Eigen-F&E inne, als daß eine aus der Spezialisierung der beauftragten Institute und der dort tätigen Forscher resultierende kurze Auftragsbearbeitungszeit zu erwarten ist[353]. Dabei ist allerdings zu bedenken, daß vertraglich zwar Termine fixiert werden und Terminüberschreitungen an Sanktionen verschiedener Art gekoppelt sein können, die Problematik der realistischen Antizipation dergestalt fixierter Zeiträume jedoch ähnlich wie bei Eigen-F&E ist[354]. Außerdem kann die Inventionszeit auch dadurch verkürzt werden, daß ein Bearbeitungsbeginn sofort oder zu vereinbarter Zeit realisiert wird, da Einarbeitungszeiten dann weitgehend entfallen[355]. Dies setzt jedoch voraus, daß der Auftragnehmer über freie Kapazitäten verfügt[356]. Weiterhin sind die für Such- und Verhandlungsprozesse benötigten Zeitspannen zu berücksichtigen. Dazu kommen die durch Koordinationsaktivitäten ausgelösten Zeitbedarfe[357].

Die genannten Potentiale zur Verkürzung der Inventionszeit kommen aber v.a. dann zum Tragen, wenn entweder zum einen die unternehmungseigenen quantitativen und qualitativen F&E-Kapazitäten erst aufgebaut werden müßten oder zum anderen die vorhandenen Kapazitäten ausgelastet sind und somit Opportunitätskostenüberlegungen in zeitlicher Hinsicht ausgelöst werden.

Vertragsforschung als Instrument der Gewinnung technologischen Wissens ist grundsätzlich mit allen identifizierten Typen von Technologiestrategien kompatibel. Auf der Basis einer verkürzten Inventionszeit kann sowohl ein früher als auch ein später Markteintritt gewählt werden[358]. Da Vertragsforschung aber in der Regel nur ergänzend zu Eigen-F&E und weiteren Koordinationsformen der Beschaffung technologischen Wissens in Erwägung gezogen wird[359], prägt sie nicht eigenständig eine bestimmte Technologiestrategie, sondern unterstützt vielmehr die vorrangig durch andere Koordinationsformen geprägte Technolo-

---

353) Vgl. z.B. Corsten (1982), S. 167; Corsten (1994), S. 117; Perillieux (1987), S. 132; Rotering (1990), S. 13; Wolfrum (1991), S. 300, Fn. 305.

354) Vgl. dazu Corsten (1982), S. 487.

355) Vgl. Corsten (1982), S. 167; Corsten (1994), S. 117; Wolfrum (1991), S. 300, Fn. 305.

356) Vgl. Corsten (1982), S. 167, Fn. 4.

357) Vgl. Corsten (1994), S. 118; Kern/Schröder (1977), S. 60.

358) Vgl. Perillieux (1991), S. 47.

359) Vgl. Kern/Schröder (1977), S. 59; Wolfrum (1991), S. 301.

giestrategie. So kann Vertragsforschung im Rahmen einer Technologieführer-strategie als Mittel zur Entlastung der unternehmungsinternen F&E-Bereiche betrachtet werden, die sich so auf unternehmungsspezifische und differenzie-rungsrelevante Forschungsbereiche konzentrieren können[360].

Bei **Gemeinschaftsforschung** kann die "[...] mit dem Faktor Zeit verbundene Unsicherheit [...] zwar als grundsätzlich mit der Eigenforschung gleich erachtet werden, jedoch ist es denkbar, daß aufgrund einer Poolung von Ressourcen bei der Gemeinschaftsforschung auftretenden zeitlichen Verzögerungen eher ent-gegengewirkt werden kann."[361] Eventuell sind analog der Vertragsforschung durch den Einsatz von Spezialisten Verkürzungen der Inventionszeiten möglich. Allerdings kommen diese Verkürzungen allen beteiligten Unternehmungen zu-gute. Deshalb können sich die verkürzten Inventionszeiten nur in bezug auf nicht an der Gemeinschaftsforschung beteiligte Unternehmungen, z.B. auslän-dische Konkurrenten, direkt als Wettbewerbsvorteile auswirken. Für die betei-ligten Unternehmungen bilden die gemeinschaftlichen Verkürzungen der Inven-tionszeiten lediglich eine technologische Grundlage, deren effiziente Nutzung und Umwandlung in Wettbewerbsvorteile von den hierauf aufbauenden indivi-duell durchzuführenden F&E-Aktivitäten abhängt. Da durch Gemeinschaftsfor-schung allgemein gehaltene und eher anwendungsferne Probleme bearbeitet werden und sie demnach kein Substitut für eigene F&E-Aktivitäten darstellt, sind über Optionen hinsichtlich des Markteintrittszeitpunktes kaum Aussagen zu treffen.

Bei allen Formen von **F&E-Kooperationen** bestehen Potentiale zur Beschleu-nigung der Inventionsprozesse, da durch Rückgriff auf das beim Partner schon vorhandene materialisierte, quasi-materialisierte und nicht-materialisierte Know how die für Informationsgewinnungsprozesse benötigte Zeitdauer verkürzt wird[362]. "F&E-Kooperationen werden häufig mit dem Argument einer Realisie-rung von Zeitvorteilen begründet"[363]. Der Effekt der verkürzten Zeit für Infor-mationsgewinnung kann durch eine Ressourcenpoolung mit daraus resultieren-der Spezialisierung und gegenseitiger Stimulierung des F&E-Personals insbe-

---

360) Vgl. Schneider/Zieringer (1991 a), S. 141. "Durch gezielte Entlastungsstrategien kann die Zeitintensität von Entwicklungsprozessen reduziert werden." Schneider/Zieringer (1991 a), S. 141.

361) Corsten (1982), S. 487.

362) Vgl. Corsten (1994), S. 119; Gemünden (1990), S. 28; Gerybadze (1991), S. 153; Wel-ker (1993), S. 42; Zörgiebel (1983), S. 219.

363) Meyer (1994), S. 18.

sondere bei F&E-Gemeinschaftsunternehmungen verstärkt werden. Bei planmäßig koordinierter Einzel-F&E mit institutionalisiertem Erfahrungs- und Ergebnisaustausch werden durch wechselseitige Spezialisierung auf verschiedene
Forschungsgebiete ebenfalls Verkürzungen der Inventionszeiten möglich[364].
Als Beispiel für den Erfolg speziell von vertikalen F&E-Kooperationen im Hinblick auf Zeitverkürzungen werden die F&E-Kooperationen zwischen Zulieferern
und Herstellern in der japanischen Automobilindustrie angeführt[365]. Bei einer
Analyse von F&E-Kooperationen unter zeitlichen Aspekten sind aber zum einen
die zeitaufwendigen Partnersuch- und Verhandlungsphasen sowie zum anderen
die oft umfangreichen und deshalb Zeit beanspruchenden Prozesse der laufenden Koordination im Rahmen von F&E-Kooperationen zu berücksichtigen[366].

Durch F&E-Kooperationen kann eine Technologiestrategie der Inventions- und
Innovationsführerschaft unterstützt werden[367], wenn es der Unternehmung
gelingt, die durch die F&E-Kooperation aufgebaute Wissensbasis durch weiterführende eigene F&E-Aktivitäten so zu spezifizieren, daß sie mit ihrer darauf
aufbauenden Produktinnovation Wettbewerbsvorteile im Rahmen einer generellen oder segmentspezifischen Technologieführerschaft erzielen kann.

Bei technologieorientiertem **Beteiligungserwerb** sind Zeitverkürzungspoten-
tiale gegenüber einer Eigen-F&E darin zu sehen, daß die Prozesse der Infor-
mationsgewinnung und der eigenen zeitaufwendigen Suche nach zu-
kunftsträchtigem technologischem Wissen auf stark risikobehafteten Gebieten
reduziert werden. Sollten sich die so beobachteten Unternehmungen und deren
Forschungsgebiete als wachstumsträchtig herausstellen, so kann Beteiligungserwerb zum Baustein einer späteren Technologieführerstrategie auf den
genannten Forschungsgebieten werden. Dies kann dann der Fall sein, wenn
der Anteilseigner sich auf der Grundlage der bestehenden Kontakte das Know
how der Unternehmung frühzeitig über F&E-Kooperationen oder eine
technologieorientierte Akquisition sichern kann.

Bei technologieorientierten **Unternehmungsakquisitionen** sind Zeitvorteile gegenüber ausschließlich unternehmungsinterner F&E unter bestimmten Bedin-

---

364) Vgl. Welker (1993), S. 42.

365) Vgl. z.B. Gerpott/Wittkemper (1991), S. 132 ff.

366) "Der Aufbau und die Durchführung einer Entwicklungskooperation kann aber auch zum
zeitraubenden Prozeß werden, wenn die Voraussetzungen beim Zulieferer erst noch zu
schaffen sind." Pampel (1993), S. 107.

367) Vgl. Perillieux (1987), S. 132; Perillieux (1991), S. 47.

gungen denkbar[368]. Ist z.B. der Akquisitionskandidat in einem Technologiebereich tätig, der komplementär zum eigenen Aktionsfeld ist oder in dem die eigene technologische Kompetenz gering ist, so kann mittels Akquisition der
zeitintensive Aufbau eigener Kapazitäten vermieden werden[369]. Das auf diese
Weise akquirierte technologische Wissen ist aber nicht in jedem Fall direkt in
der eigenen Unternehmung umsetzbar. "In manchen Fällen wird die betreffende
Technologie erst im Rahmen eigener, anwendungsorientierter F&E im Hinblick
auf die Erfordernisse in den Zielmärkten weiterentwickelt bzw. modifiziert werden müssen"[370], was andere, zeitbeanspruchende eigene F&E-Aktivitäten
erfordert. Außerdem sind bei Akquisitionen der Zeit beanspruchende Prozeß einer Suche nach und Verhandlung mit Akquisitionskandidaten sowie die durch
Integrationsmaßnahmen und laufende Koordinationsaktivitäten ausgelösten
Zeitbedarfe zu berücksichtigen. Eine Akquisition kann grundsätzlich sowohl eine
Technologieführer- als auch eine Technologiefolgerstrategie unterstützen[371].
Konkret hängt das Potential zur Unterstützung der jeweiligen Technologiestrategien v.a. davon ab, welchen Reifegrad das technologische Wissen, über welches die übernommene Unternehmung verfügt, zum Übernahmezeitpunkt auf-
weist[372].

5.4 Kritische Würdigung der Effizienzkriterien

Im Rahmen der voranstehenden Analyse potentieller Effizienzkriterien zur Unterstützung der F&E-bezogenen Make-or-Buy-Entscheidung sind die konkret mit
den einzelnen Kriterien verbundenen Probleme jeweils schon thematisiert worden. Um die Grenzen bezüglich der Konzeption und Anwendung der kosten-,
leistungs- und zeitbezogenen Effizienzkriterien zu akzentuieren, werden die
Effizienzkriterien im folgenden auf einer Metaebene unter Konzentration auf die
wesentlichsten Problemkategorien kritisch diskutiert.

---

368) "In contrast to internal development, acquisition can take weeks rather than years to
execute. This approach may be attractive not only because of its speed [...]"
Roberts/Berry (1985), S. 5.

369) "Häufig ist eine Unternehmensakquisition der einzige Weg zum Einstieg in Zukunfts-
technologien mit hoher Innovationsattraktivität und hohem Weiterentwicklungspotential."
Wolfrum (1991), S. 316.

370) Wolfrum (1991), S. 316.

371) Vgl. Wolfrum (1991), S. 346.

372) Vgl. Wolfrum (1991), S. 346. Zum Reifegrad als transferobjektspezifisches Merkmal und
seinem Einfluß auf Technologiequellenentscheidungen vgl. auch Kapitel 3.3.3.1.

5.4.1 Prognoseproblem

Die Vorbereitung der F&E-bezogenen Make-or-Buy-Entscheidung, die auch als Planung i.e.S. interpretiert werden kann[373], hat den Charakter einer Planung unter Unsicherheit. Unsicherheit besteht sowohl über die Kontextbedingungen als auch über die erwarteten ökonomischen Konsequenzen der Wahl alternativer Koordinationsmuster. Unsicherheit bei Planungsvariablen bedingt, daß die Planung Prognoseproblemen unterliegt, welche durch eine Erhöhung des Informationsstandes und einer damit einhergehenden Reduzierung des Unsicherheitsgrades bewältigt werden müssen[374]. Demnach sind Informationen das Bindeglied zwischen Planung und Entscheidungsvorbereitung[375].

Die aufgezeigten kosten-, leistungs- und zeitbezogenen Effizienzkriterien, welche die Entscheidungsvorbereitung im Rahmen der F&E-bezogenen Make-or-Buy-Entscheidung unterstützen sollen, unterliegen dem Prognoseproblem insofern, als daß a priori eine hinreichend konkrete und exakte Abschätzung der Input-Output-Relationen in bezug auf F&E-Aktivitäten praktisch unmöglich ist[376]. Schon die antizipative Beurteilung der als Referenzfall verwendeten internen F&E-Aktivitäten anhand der Effizienzkriterien ist aufgrund der genannten Merkmale von F&E-Aktivitäten und der daraus resultierenden Singularität von Informationen im Bereich von F&E spekulativ[377]. Weitaus problematischer, da mit noch größeren prognostischen Problemen und tendenziell geringerem Informationsstand behaftet, ist die Wirkungsprognose in bezug auf extern orientierte institutionelle Koordinationsmuster zur Beschaffung technologischen Wissens. Zum einen stehen viele Informationen über F&E-Aktivitäten anderer Unternehmungen per se nicht zur Verfügung, da sie sensible Informationen darstellen, die nicht preisgegeben werden. Zum anderen ist auch die Anwendung von Hilfsgrößen wie z.B. der vergangenen Erfahrungen mit einer Unternehmung und ihr Image mit Problemen behaftet. Dies bedingt, daß die Anwendung der

---

373) Funktional interpretiert bedeutet Planung i.e.S. die systematische Vorbereitung von Entscheidungen zur Bestimmung zukünftigen Geschehens. Vgl. z.B. Mag (1993 a), Sp. 3201; Hahn (1994), S. 42. Zur Planung i.w.S., die das Fällen von Entscheidungen mit einbezieht, vgl. z.B. Hahn (1994), S. 41.

374) Vgl. dazu Mag (1993 a), Sp. 3206. Prognoseprobleme können generell in Probleme der Lage- und Entwicklungsprognose, der Wirkungsprognose sowie der Wahrscheinlichkeitsprognose differenziert werden. Vgl. Mag (1993 a), Sp. 3202.

375) Vgl. dazu Mag (1993 a), Sp. 3206 ff.

376) Vgl. Meyer (1994), S. 16. Zu den Charakteristika der Input-Output-Beziehungen für F&E vgl. z.B. Schröder (1973), S. 60 ff.

377) Zur Singularität von Informationen im Bereich von F&E vgl. Clausius (1993), S. 186 f.

Effizienzkriterien keine allgemeingültigen und eindeutigen Schlußfolgerungen in bezug auf die relative ökonomische Vorteilhaftigkeit einzelner Koordinationsmuster ermöglicht[378]. Somit ist die Entwicklung von Handlungsanweisungen rezepthafter Natur für F&E-bezogene Make-or-Buy-Entscheidungen nicht möglich.

Zur Handhabung der Prognoseprobleme sind entsprechende Informationen über die Wirkungsrichtungen der Effizienzkriterien bei alternativen Koordinationsmustern der Beschaffung technologischen Wissens erforderlich. Die Beschaffung diesbezüglicher Informationen fällt in den Aufgabenbereich des strategischen F&E-Controlling[379]. Mögliche Informationsquellen in bezug auf die zur Verfügung stehenden Koordinationsalternativen sind bei der Analyse und Anwendung der entwickelten Effizienzkriterien schon ausführlich erörtert worden. So unterstützen unternehmungsintern z.B. Dokumentations- und Retrievalsysteme sowie die Informationen, über die einzelne F&E-Mitarbeiter verfügen, die Informationsbeschaffung. Unternehmungsexterne F&E-Quellen sind z.B. Fachzeitschriften und Fachliteratur, Patentinformationen, Datenbanken sowie persönliche Informationsquellen.

Aus theoretischer Sicht müssen diese Informationen den Entscheidungsträgern in geeigneter Quantität, Qualität[380], zur richtigen Zeit und am richtigen Ort bereitgestellt werden[381], d.h. die Informationsstruktur muß problemgerecht sein[382]. Die ökonomische Dimension dieses Informationsbedarfs äußert sich darin, daß Kosten und Nutzen der Gewinnung und Bereitstellung dieser Infor-

---

378) Vgl. Meyer (1994), S. 16.

379) Vgl. z.B. Berlien (1993), S. 114; Singer (1993), S. 289. Zur Problematik der Begriffsbestimmung und der Aufgabenabgrenzung eines F&E-Controlling vgl. z.B. Brockhoff (1992), S. 320 ff.

380) In bezug auf Informationen ist das Kriterium der Quantität nicht im Sinne gleich-, sondern verschiedenartiger Informationen auszulegen. Demnach kann eine so verstandene Quantität als eine spezielle Ausprägung des Kriteriums der Qualität interpretiert werden, wenn unter Qualität nicht nur die Güte, sondern auch die Art von Informationen verstanden wird. Zu den Problemen, die mit der Ermittlung der Quantität und Qualität von Informationen verbunden sind, vgl. Bode (1993), S. 44.

381) In Analogie zum materialwirtschaftlichen Optimum kann diese Forderung als originäre Aufgabe einer Informationsbeschaffung charakterisiert werden. Vgl. zum materialwirtschaftlichen Optimum Grochla (1978 b), S. 18.

382) Zur Problematik der problemgerechten Informationsstruktur vgl. z.B. Frese (1993), S. 15 ff. Aus entscheidungstheoretischer Sicht liegt also eine Entscheidung bei variabler Informationsstruktur und innerhalb dieses Problemkomplexes des weiteren eine Informationsbeschaffung bei unvollkommenen Informationssystemen vor. Vgl. dazu Bamberg/Coenenberg (1992), S. 119 ff.

mationen gegeneinander abzuwägen sind[383]. So sind mit exzessiven Informationsbeschaffungsaktivitäten, durch deren Resultat eine Annäherung an den theoretischen Idealzustand vollkommener Information angestrebt wird, tendenziell hohe Kosten und damit zusammenhängend immense Zeitbedarfe der Informationsbeschaffung verbunden[384]. Der Nutzen zusätzlicher Informationen nimmt aber z.B. aufgrund einer Informationsüberlastung in Verbindung mit individuell begrenzten Informationsverarbeitungskapazitäten der Entscheidungsträger ab einem bestimmten Punkt ab[385]. In diesem Fall liegt eine nicht problemgerechte, da zu feine Informationsstruktur vor.

Die theoretische Optimallösung im Sinne eines Informationsoptimums ist dort, wo die Grenzkosten weiterer Informationsbeschaffungsaktivitäten gleich den Grenznutzen zusätzlicher Informationsbeschaffungsaktivitäten sind[386]. Dies wird auch als Informationsregel bezeichnet[387]. Demnach kann auch die Entscheidung über die Informationsbeschaffung, welche die Vorbereitung der F&E-bezogenen Make-or-Buy-Entscheidung unterstützen soll, selbst wieder als Entscheidung unter Unsicherheit charakterisiert werden[388].

Die vorstehenden theoretischen Ausführungen versagen aber in praxi an der generellen Problematik der Bestimmung von Informationskosten und -nutzen[389]. Sie sind somit nur als theoretische Leitlinie zu interpretieren, durch

---

383) Dies spiegelt analog zum materialwirtschaftlichen Optimum die ökonomische oder derivative Aufgabe der Informationsbeschaffung wider.

384) Vgl. Bamberg/Coenenberg (1992), S. 127. F&E-Informationen können unterschiedliche Grade von Zeitsensibilität aufweisen. Bei zunehmender Zeitempfindlichkeit hängt der Nutzen der Information für die Entscheidungsträger zunehmend von der Aktualität und rechtzeitigen Verfügbarkeit der Informationen ab. Zur Zeitempfindlichkeit von F&E-Informationen vgl. Clausius (1993), S. 207.

385) Zum Zusammenhang zwischen objektivem Informationsbedarf, subjektivem individuellen Informationsbedürfnis und Informationsangebot vgl. z.B. Michaelis (1985), S. 165 f. Die individuell begrenzten Fähigkeiten zur Informationsverarbeitung können durch den Einsatz von Informations- und Kommunikationstechnologien erweitert werden. Vgl. Michaelis (1985), S. 169. Informationsüberlastung, auch als 'information overload' bezeichnet, stellt eine Art von Informationspathologien dar. Vgl. dazu und zum Konzept der Informationspathologien Scholl (1992), Sp. 901 ff.

386) Vgl. Mag (1993 a), Sp. 3214; Mag (1993 b), S. 33; Michaelis (1985), S. 158 f.

387) Vgl. z.B. Michaelis (1985), S. 158.

388) Vgl. Mag (1993 b), S. 33.

389) Insbesondere die Erfassung des Nutzens einer Information ist problematisch. Vgl. z.B. Michaelis (1985), S. 160. Des weiteren ist in diesem Zusammenhang auf die Problematik des Informationsparadoxons zu verweisen. Vgl. dazu die Ausführungen in Kapitel 5.3.1.1.4.1.

welche die ökonomische Dimension des Informationsbedarfs zur Bewältigung der F&E-bezogenen Make-or-Buy-Entscheidung hervorgehoben wird[390].

5.4.2 Problem der monetären Quantifizierbarkeit

Monetäre Quantifizierbarkeit der ökonomischen Konsequenzen der einzelnen Effizienzkriterien erleichtert die Entscheidungsfindung im Rahmen der F&E-bezogenen Make-or-Buy-Entscheidung insofern, als daß bei einem Vorliegen quantifizierbarer Größen traditionelle Verfahren für Wirtschaftlichkeitsbetrachtungen zur Unterstützung der Entscheidungsvorbereitung herangezogen werden können.

Probleme bei der Möglichkeit einer praktischen Umsetzung der Effizienzkriterien ergeben sich aber dadurch, daß die Effizienzkriterien nur zum geringen Teil direkt quantifizierbare Größen darstellen und zum großen Teil qualitativer Art sind[391]. Dies gilt insbesondere für die leistungs- und zeitbezogenen Effizienzkriterien. So ist z.B. die Bestimmung der ökonomischen Konsequenzen der Zeit im Sinne von Kosten und Nutzen verschiedener Zeitbedarfe mit erheblichen Problemen verbunden[392]. Des weiteren unterliegen aber auch die Transaktionskosten aufgrund der Spannweite des ihnen zugrundeliegenden Kostenbegriffes sowie wegen ihres Charakters als Informations- und Kommunikationskosten dem Quantifizierungsproblem[393]. Zudem sind auch die F&E-Kosten nur teilweise direkt ex ante quantifizierbar, z.B. bei Technologiekauf in Form des Kaufpreises, wobei allerdings die Quantifizierung der Adaptionskosten und der weiteren unternehmungsinternen F&E-Kosten schon wieder mit Unsicherheiten und den daraus resultierenden Problemen behaftet ist. Die Probleme bei der Quantifizierung der F&E-Kosten beruhen zum großen Teil darauf, daß die zu beziehende Leistung technologisches Wissen nicht klar definiert, bewertbar und vergleichbar ist.

Die aufgezeigten Probleme bedingen, daß sich die Effizienzkriterien nur teilweise direkt in wirtschaftlichen Größen wie Kosten oder Nutzen niederschlagen. Meist ist der Zusammenhang zwischen den Effizienzkriterien und ökonomi-

---

390) Vgl. dazu auch Gemünden (1993), Sp. 1727 f.

391) Monetär nicht zu quantifizierende Kriterien werden als qualitative Kriterien bezeichnet. Vgl. Lackes (1988), S. 385.

392) Vgl. Corsten/Reiß (1992 b), S. 220 f.; Lassmann (1992), S. 148 f.

393) Vgl. zu den konkreten Problemen die Ausführungen in Kapitel 5.3.1.1.3.

schen Größen nur mittelbarer und nicht eindeutiger Art. Die Konsequenz hieraus ist, daß ein Vergleich prognostizierter relevanter Kosten bzw. Auszahlungsströme der alternativen Koordinationsformen, wie er in der Praxis aufgrund des Vorherrschens einer produktionskostendominierten Sichtweise traditionell das dominierende Instrument der Entscheidungsfindung bei Make-or-Buy-Entscheidungen ist[394], schwierig ist und zudem der Komplexität der Problemstellung nicht gerecht wird[395]. Daraus folgt, daß im Rahmen einer konkreten Beurteilung auf solche Verfahren zur Auswahl effizienter Koordinationsalternativen zurückgegriffen werden muß, die zum einen diesen Quantifizierungsproblemen Rechnung tragen und somit das Problem zugleich nicht auf die ausschließliche Berücksichtigung quantifizierbarer Größen reduzieren sowie zum anderen auch die unterschiedlichen Nutzeffekte in die Betrachtung einbeziehen[396]. Hier sind also Verfahren zur Lösung komplexer, schlecht-strukturierter und multikriterieller Entscheidungsprobleme angesprochen, die ergänzend zu den Verfahren für quantifizierbare Kriterien im Rahmen der Entscheidungsvorbereitung herangezogen werden können[397]. Solche heuristischen Verfahren zur Unterstützung der Auswahl effizienter Koordinationsalternativen im Hinblick auf zunächst nicht zu quantifizierende, aber dennoch entscheidungsrelevante Aspekte sind z.B. Kosten-Wirksamkeits-Analysen, Kosten-Nutzen-Analysen, Sensibilitätsanalysen, Fragelisten, Argumentenbilanzen sowie die Verfahren der Nutzwertanalyse[398]. Das Problem der Quantifizierbarkeit wird durch den Rückgriff auf solche Verfahren allerdings nicht gelöst, sondern auf die Ebene der Adäquanz subjektiver Einschätzungen verlagert. Diese Ebene, die ihrerseits wieder Anlaß zu Kritik gibt, spiegelt sich z.B. bei Punktbewertungsverfahren v.a. in der Abbil-

---

394) Picot (1991 b), S. 340. Bei Entscheidungen, die den Auf- und Abbau von Potentialen betreffen, können Verfahren der dynamischen Investitionsrechnung Hilfestellung bei der Beurteilung quantitativer Zielbeiträge der Effizienzkriterien bieten. Vgl. dazu Nuhn (1987), S. 308 ff.

395) Zur Kritik an produktionskostenorientierten kostenrechnerischen Verfahren im Rahmen von Make-or-Buy-Entscheidungen vgl. z.B. Baur (1990), S. 13 ff.; Fischer (1993), S. 20 ff.; Picot (1992), S. 108 f.

396) "[...] daß das Entscheidungsproblem zwischen internem und externem Erwerb der benötigten neuen Kenntnisse in aller Regel nicht auf einen eindimensionalen Kostenvergleich reduziert werden kann; auch die unterschiedlichen Nutzeffekte der [...] Alternativen müssen berücksichtigt werden." Kern/Schröder (1977), S. 60 f.

397) "Weil der Nutzen eines Objekts im allgemeinen mit seinen Kosten korreliert, sollten die Kostendaten [...] separat berücksichtigt werden." Lackes (1988), S. 386.

398) Vgl. z.B. Fessmann (1980), S. 155; Nuhn (1987), S. 315 ff.

dung der Effizienzkriterien in Nutzwerten, der situationsgerechten individuellen Gewichtung sowie der Amalgamation wider[399].

5.4.3 Interdependenzproblem

Zwischen den F&E-Zielen, die als Grundlage der Identifizierung von aggregierten Zielkategorien für F&E-Ziele und darauf aufbauend für die Entwicklung von Effizienzkriterien dienten, bestehen Zielbeziehungen[400]. Konsequenz aus der Existenz dieser Zielbeziehungen ist, daß auch zwischen den Effizienzkriterien innerhalb einer Kategorie wie auch zwischen Kriterien unterschiedlicher Kategorien Interdependenzen bestehen, die im Rahmen der isolierten Analyse noch nicht adäquat berücksichtigt werden konnten[401]. Interdependenzen resultierend aus konfliktären, komplementären oder indifferenten Zielbeziehungen können aber je nach konkreter Konstellation und prognostizierter Wirkungsrichtung die F&E-bezogene Make-or-Buy-Entscheidung beeinflussen. Da eine Bestimmung der konkreten Wirkungsrichtungen nur situativ und unternehmungsspezifisch erfolgen kann, haben die folgenden Ausführungen exemplarischen Charakter und verfolgen den Zweck einer Sensibilisierung für die potentiellen Probleme.

Zwischen F&E-Kosten und Transaktionskosten bestehen z.B. dann komplementäre Beziehungen, wenn durch Economies of Scale und Lernkurveneffekte, die die F&E-Kosten senken können, gleichzeitig auch Reduktionen der Transaktionskosten erzielt werden können[402]. Der Grund für diese Vermutung ist darin zu sehen, daß Degressionseffekte das aufgabenspezifische Transaktionscharakteristikum der Häufigkeit in Verbindung mit der verhaltensbezogenen Transaktionsdeterminante des Opportunismus beeinflussen. So wird z.B. bei

---

399) Zur Leistungsfähigkeit von Punktbewertungsmethoden als spezielle Variante der Nutzwertanalyse zur Fundierung der F&E-bezogenen Make-or-Buy-Entscheidung vgl. z.B. Corsten (1982), S. 506 ff. Zu Vor- und Nachteilen von Punktbewertungsmethoden vgl. z.B. Kern/Schröder (1977), S. 217 ff.; Männel (1981), S. 76 ff. Zu einem Überblick über die Nutzwertanalyse ihre Möglichkeiten und Grenzen vgl. z.B. Lackes (1988), S. 385 ff.

400) Vgl. dazu Abbildung 11.

401) Beruhend auf diversen Annahmen entwickeln Nippa und Reichwald ein theoretisches Modell, welches die Zusammenhänge zwischen Entwicklungszeit, -kosten und -qualität verdeutlicht. Vgl. Nippa/Reichwald (1990), S. 94.

402) Der Zusammenhang zwischen Betriebsgrößenvorteilen und der Beschaffung technologischen Wissens ist allerdings umstritten. Vgl. dazu Kern/Schröder (1977), S. 112 f. Zur Problematik von Degressionseffekten bei der Durchführung von F&E-Aktivitäten vgl. auch die Ausführungen in Kapitel 5.3.1.2.2.2.

häufiger Zusammenarbeit im Rahmen von verschiedenen F&E-Projekten mit einem externen Vertragsforschungsinstitut eine Vertrauensbasis aufgebaut, was in bezug auf eine weitere Zusammenarbeit transaktionskostensenkend wirken kann, da z.B. die Anbahnungs- und Vereinbarungskosten sinken[403]. "Mit zunehmender Häufigkeit der Durchführung von F&E-Kooperationen treten auch bei der F&E-Kooperation transaktionskostensenkende Wirkungen in Form von Fixkostendegressionen sowie Lern- und Spezialisierungseffekten auf"[404]. Auch im Bereich von unternehmungsinterner F&E sind solche Zusammenhänge möglich[405]. Des weiteren sind zwischen F&E-Kosten und Transaktionskosten auch konfliktäre Beziehungen möglich, wenn z.B. durch Eigen-F&E im Vergleich zu externen Koordinationsmustern zwar aufgrund entfallender Such- und verringerter Kontrollkosten geringe Transaktionskosten verursacht werden, dem gleichzeitig aber aufgrund einer eventuell erforderlichen Erweiterung der unternehmungsinternen F&E-Kapazitäten hohe F&E-Kosten gegenüberstehen.

Nicht nur innerhalb der kostenbezogenen Effizienzkriterien, auch zwischen kostenbezogenen und leistungsbezogenen Effizienzkriterien können Interdependenzen verschiedener Ausprägung bestehen. Tendenziell hohe Transaktionskosten, die z.B. durch das Koordinationsmuster der planmäßig koordinierten Einzel-F&E mit institutionalisiertem Erfahrungs- und Ergebnisaustausch hervorgerufen werden, können durch positive Synergieeffekte aufgrund der Verbindung komplementären Know hows überkompensiert werden[406]. Gelingt die Transformation der Synergiepotentiale in positive Synergieeffekte allerdings nicht, so resultiert hieraus ein negativer Gesamteffekt.

Auch zwischen der erwarteten Qualität einer zu beschaffenden F&E-Leistung und den Transaktionskosten sowie F&E-Kosten können konfliktäre Beziehungen bestehen. Erfordert z.B. im Rahmen einer F&E-Gemeinschaftsunternehmung die Sicherung der Qualität des sich im Entwicklungsprozeß befindenden technologischen Wissens ständige Kontrollen und eventuell das Einbringen zusätzlicher sachlicher oder personeller F&E-Ressourcen, so resultieren hieraus tendenziell sowohl steigende Transaktionskosten in der Ausprägung als Abwicklungs- und Kontrollkosten als auch zunehmende F&E-Kosten.

---

403) Vgl. Schneider/Zieringer (1991 a), S. 84.

404) Schneider/Zieringer (1991 a), S. 87. Vgl. auch Gemünden (1990), S. 27; Zweipfennig (1991), S. 55.

405) Vgl. Schneider/Zieringer (1991 a), S. 81 ff.

406) Vgl. z.B. Schneider/Zieringer (1991 a), S. 67; Vizjak (1990), S. 115.

Auch die Beziehungen zwischen zeitbezogenen und kostenbezogenen Effizienzkriterien können verschiedene Wirkungsrichtungen aufweisen[407]. Wird eine Verkürzung der Inventionszeiten unternehmungsintern oder im Rahmen der Wahl alternativer Koordinationsmuster über erhöhten Einsatz von sachlichen und personellen F&E-Ressourcen erzielt, so ist die Beziehung zwischen diesem zeitbezogenen Effizienzkriterium und den F&E-Kosten konfliktärer Art. In diesem Fall substituieren sich die einzusetzende Zeit und die F&E-Kosten teilweise[408]. Gleichzeitig wird aber durch verkürzte Inventionszeiten die Dauer der Bindung von knappen F&E-Ressourcen in bestimmten F&E-Projekten verringert, was sich aufgrund der Vermeidung von Opportunitätskosten einer zeitlichen Verzögerung positiv auf weitere F&E-Projekte und die hierdurch induzierten zukünftigen F&E-Kosten auswirkt[409]. Durch Spezialisierung und Ressourcenpoolung z.B. im Rahmen einer F&E-Gemeinschaftsunternehmung bestehen Potentiale für eine gleichzeitige Verkürzung der Inventionszeiten und eine Senkung der F&E-Kosten. Allerdings sind hier auch noch die sich in Such- und Vereinbarungskosten niederschlagenden zeitbeanspruchenden Vorbereitungsaktivitäten zu berücksichtigen, die dem Beginn der eigentlichen Inventionszeit noch zeitlich vorgelagert sind.

In bezug auf die Interdependenzen zwischen Inventionszeit und dem Effizienzkriterium der Qualität des zu beschaffenden technologischen Wissens wird in der Literatur meist der konfliktäre Charakter dieser Beziehung hervorgehoben[410]. Es ist aber auch eine komplementäre Beziehung möglich, wenn durch Rückgriff auf Koordinationsmuster wie Lizenzerwerb oder Vertragsforschung in spezialisierten Instituten relativ zur Eigen-F&E zugleich Zeitverkürzungen und die Gewährleistung hoher Qualität realisiert werden können.

---

407) Erfahrungswerten aus der Praxis zufolge ist die Zeitsensibilität des betrachteten Produktes ausschlaggebend dafür, welches Gewicht kostenbezogenen in Relation zu zeitbezogenen Effizienzkriterien zugemessen wird. Vgl. z.B. Schmelzer (1990), S. 29 f. und die dort aufgeführten Literaturverweise. Diese Aussage ist als Trendaussage und nicht als Gesetzmäßigkeit zu verstehen. Vgl. Schmelzer (1992), S. 50, Fn. 64. Bei langlebigen Produkten, die eine Lebensdauer von über fünf Jahren aufweisen, sind kostenbezogene Effizienzkriterien gegenüber zeitlichen Aspekten dominant. Vgl. Schmelzer (1990), S. 30. Immer mehr Produkte weisen aber verkürzte durchschnittliche Produktlebenszyklen auf, was die zunehmende relative Bedeutung von Zeiteffizienz bewirkt. Zu konkreten Zahlenangaben über prozentuale Reduktionen der Produktlebenszyklen verschiedener Branchen innerhalb der letzten zehn Jahre vgl. Warschaat/Wasserloos (1991), S. 23.

408) Vgl. Brockhoff (1986), S. 345.

409) Vgl. z.B. Gerpott/Wittkemper (1991), S. 120; Schmelzer (1990), S. 29.

410) Vgl. Nippa/Reichwald (1990), S. 95.

Aus den aufgezeigten potentiellen Interdependenzen zwischen den Effizienzkriterien resultieren wieder Probleme in bezug auf eine potentielle Anwendung
der genannten Verfahren zur Unterstützung der Entscheidungsfindung bei qualitativen Kriterien. So erfordert z.B. die Anwendung der Nutzwertanalyse Unab-
hängigkeit der zugrundeliegenden Kriterien in ihrer Nutzenstiftung, damit eine
doppelte Bewertung einzelner Eigenschaften vermieden werden kann[411]. Die
konkrete Gewichtung, die den einzelnen Gruppen von Effizienzkriterien im
Rahmen der F&E-bezogenen Make-or-Buy-Entscheidung zugewiesen wird, ist
u.a. von der gewählten Technologiestrategie abhängig. So kann angenommen
werden, daß bei einer Technologiefolgerstrategie tendenziell die kostenbezogenen Effizienzkriterien höher gewichtet werden als bei einer Technologieführerstrategie, wo die zeit- und leistungsbezogenen Effizienzkriterien stärkere Berücksichtigung erfahren.

---

411)   Vgl. Lackes (1988), S. 386.

6 Schlußbetrachtung

Ausgangspunkt der Ausführungen in der vorliegenden Arbeit war die Überlegung, daß unter ökonomischen Gesichtspunkten die unternehmerischen F&E-Aktivitäten auch auf der Makroebene, d.h. unternehmungsübergreifend, organisatorisch effizient zu gestalten sind. Ziel der Ausführungen war es, die mit der unternehmungsinternen Produktion oder unternehmungsexternen Beschaffung neuen technologischen Wissens verbundenen Entscheidungsprobleme strukturiert aufzuzeigen und auf konzeptioneller Ebene Effizienzkriterien zu entwickeln, die die Vorselektion zwischen den alternativen Koordinationsmustern im Rahmen der F&E-bezogenen Make-or-Buy-Entscheidung unterstützen können. Dabei wurde deutlich, daß die Mehrdimensionalität des Entscheidungsproblems ein Denken und Handeln in miteinander verwobenen Wirkungszusammenhängen bedingt, und daß eine generalisierende Beurteilung oder die Ableitung von Patentrezepten der Komplexität des Entscheidungsproblems in keinem Fall adäquat Rechnung tragen können.

Da zu den aufgezeigten Effizienzkriterien für F&E-bezogene Make-or-Buy-Entscheidungen bisher nur vereinzelt empirische Daten vorliegen[1], erfolgte die Analyse vorrangig auf der Basis theoretischer Plausibilitätsüberlegungen. Es ist evident, daß dieses Vorgehen vornehmlich Tendenzaussagen hervorzubringen vermag, welche immer noch einer einzelfallbezogenen Konkretisierung unter Berücksichtigung der individuellen Situationsbedingungen bedürfen. Die unmittelbare praktische Anwendbarkeit der entwickelten Effizienzkriterien ist somit weder intendiert, noch möglich[2]. Mittelbar sind die aufgezeigten kosten-, leistungs- und zeitbezogenen Effizienzkriterien aber dennoch von praktischem Wert, da sie als eine Heuristik zur Unterstützung praktischer F&E-bezogener Make-or-Buy-Entscheidungen interpretiert werden können, die das Erkennen von Gesamtzusammenhängen und die Sensibilisierung für Probleme sowie deren Definition erleichtert.

---

1) Hier sei z.B. auf transaktionskostenbasierte Veröffentlichungen über die empirische Analyse alternativer Koordinationsmuster der Beschaffung neuen technologischen Wissens verwiesen. Vgl. dazu z.B. Pisano (1990), S. 153 ff.; Rotering (1990).

2) Diese Auffassung entspricht der wissenschaftstheoretischen Position von Nienhüser, der feststellt, "[...] daß mit Hilfe der tautologischen Transformation von Theorien kaum praktische Aussagen gewonnen werden können. Gesetzesaussagen sind nur unter Heranziehung zusätzlicher Informationen und Umformungen in Technologien umzuformulieren." Nienhüser (1989), S. 68. Zur Problematik der Transformation theoretischer Aussagen in technologische Aussagen vgl. Nienhüser (1989), S. 54 ff.

Im Rahmen der vorliegenden Arbeit konnte nicht das gesamte Spektrum der mit einer F&E-bezogenen Make-or-Buy-Entscheidung zusammenhängenden Problemkomplexe ausgeleuchtet werden. In eine hieran anknüpfende und weiterführende Problemanalyse, die in das eigentliche Treffen der Entscheidungen mündet, wären z.B. auch die im folgenden skizzierten Überlegungen einzubeziehen.

In praxi ist die F&E-bezogene Make-or-Buy-Entscheidung keine isoliert zu treffende Entscheidung, da z.B. eine Entscheidung über die F&E-Tiefe auch die Produktionstiefe beeinflußt[3]. Somit ist eine funktionsbereichsübergreifende, ganzheitliche Sichtweise erforderlich, was durch die Einbindung in gesamtstrategische Überlegungen angedeutet wurde.

Des weiteren ist die Effizienz der F&E-bezogenen Make-or-Buy-Entscheidung nicht nur statisch zu sehen, d.h. reduziert auf die einmalige Frage nach dem ökonomisch vorteilhaftesten Koordinationsmuster, sondern es sind auch dynamische Aspekte in die Betrachtung einzubeziehen. Dies bedeutet, daß die Fragen nach der Stabilität der gewählten Koordinationsmuster der Beschaffung neuen technologischen Wissens sowie deren Vorteilhaftigkeit im Zeitablauf im Vordergrund einer weiterführenden Analyse stehen. Die Effizienzkriterien selbst sowie ihre unternehmungsindividuelle Gewichtung und die auf dieser Grundlage prognostizierten ökonomischen Konsequenzen alternativer Koordinationsmuster sind somit nicht nur einmalig und ex ante, sondern auch während des Entscheidungsprozesses (ex nunc) sowie nach dem Fällen der Entscheidung (ex post) laufend zu überprüfen und gegebenenfalls zu modifizieren[4]. Zudem sind bei einer dynamischen Betrachtung neben möglichen Änderungen in den Kontextbedingungen sowie den unternehmungsinternen Gestaltungsbedingungen auch potentielle Rückwirkungen gewählter Koordinationsmuster, z.B. auf die Branche oder die Wertkette, ins Kalkül einzubeziehen[5].

Weiterhin schließen sich an die Entscheidung für die situativ 'richtige' F&E-Tiefe und das geeignete Koordinationsmuster der Beschaffung neuen technologischen Wissens die Auswahl und Implementierung von geeigneten Anreiz-, Kontroll- und Informationsmechanismen zur Sicherung der erfolgreichen Umsetzung der gewählten Alternativen an. Hier ist insbesondere auf das Gedan-

---

3) Vgl. z.B. Koch (1992), S. 159.

4) Zur Unterscheidung in ex post-, ex nunc- und ex ante-Evaluierungen vgl. Brose (1982), S. 193 ff.

5) Vgl. Seeser (1990), S. 19.

kengut der Principal-Agent-Theorie zu verweisen, die sich mit der Anreizge-
staltung im Rahmen von Beziehungen zwischen Vertragspartnern beschäftigt[6].
Schließlich wurde die Problemanalyse aus der Sichtweise einer zumindest intendiert rationalen Wahl zwischen den Koordinationsmustern vorgenommen.
Damit wurden aber aus der Betrachtung solche sog. 'soft factors' wie Macht und
Unternehmungskultur weitgehend ausgeklammert, die im Rahmen praktischer
Make-or-Buy-Entscheidungen von nicht zu unterschätzender Bedeutung sein
können. Die Relevanz solcher Faktoren zeigt somit die Grenzen einer primär
rationalen Analyse der effizienzorientierten Auswahl zwischen alternativen Koordinationsmustern der Beschaffung neuen technologischen Wissens auf. "Das
Geheimnis richtiger Entscheidungen ist mit betriebswirtschaftlichen Methoden
allein nicht aufzuhellen"[7].

In Anbetracht der Fülle an Fragenkomplexen, die im Rahmen des bewußt begrenzten Fokus der vorliegenden Arbeit offen geblieben oder hierdurch aufgeworfen worden sind, wird offensichtlich, in welchem Ausmaß es in diesem Forschungsgebiet noch weiterführender theorie- und praxisorientierter Untersuchungen bedarf.

---

6)   Vgl. z.B. Ebers/Gotsch (1993), S. 203 ff.
7)   Gutenberg (1983), S. 131.

LITERATURVERZEICHNIS

Abels (1980)
Abels, H.-W.: Organisation von Kooperationen kleiner und mittlerer Unternehmen mittels Ausgliederung. Eine Untersuchung auf der Grundlage des situativen Ansatzes. Frankfurt am Main, Bern, Cirencester (UK) 1980.

Abernathy/Utterback (1978)
Abernathy, W. J./Utterback, J. M.: Patterns of Industrial Innovation. In: Technology Review, no. 7 (1978), pp. 41 - 47.

Adam (1979)
Adam, D.: Kostendegressionen und -progressionen. In: Kern, W. (Hrsg.): HWProd. Stuttgart 1979, Sp. 939 - 955.

Adam (1993)
Adam, D.: Produktions-Management. 7. Aufl., Wiesbaden 1993.

AiF (1991)
AiF e.V. (Hrsg.): Handbuch 1991. Köln 1991.

Albach (1967)
Albach, H.: Stand und Aufgaben der Betriebswirtschaftslehre heute. In: ZfbF, 19. Jg. (1967), S. 446 - 469.

Albach (1979)
Albach, H.: Betriebsgröße. In: Kern, W. (Hrsg.): HWProd. Stuttgart 1979, Sp. 340 - 354.

Albrecht (1993)
Albrecht, F.: Strategisches Management der Unternehmensressource Wissen. Inhaltliche Ansatzpunkte und Überlegungen zu einem konzeptionellen Gestaltungsrahmen. Frankfurt am Main u.a. 1993.

Allesch/Poppenheger (1986)
Allesch, J./Poppenheger, B.: Betriebliches Innovations-Management in dynamischen Umwelten. In: Allesch, J./Brodde, D. (Hrsg.): Praxis des Innovationsmanagements. Berlin 1986, S. 11 - 26.

Alvano (1993)
Alvano, W.: Kooperationen auf der Basis von Kapitalverflechtungen. In: Frank, G.-M./Stein, I. (Hrsg.): Management von Unternehmensakquisitionen. Stuttgart 1993, S. 99 - 107.

Ansoff (1965)
Ansoff, H. I.: Corporate Strategy. An Analytical Approach to Business Policy for Growth and Expansion. New York et al. 1965.

Ansoff (1990)
Ansoff, H. I.: Implanting Strategic Management. Second Edition, New York et al. 1990.

Ansoff/Stewart (1967)
Ansoff, H. I./Stewart, J. M.: Strategies for a technology-based business. In: HBR, vol. 45 (1967), no. 6, pp. 71 - 83.

Arbeitskreis Hax (1968)
Arbeitskreis Hax der Schmalenbach-Gesellschaft: Forschung und Entwicklung als Gegenstand unternehmerischer Entscheidungen. In: ZfbF, 20. Jg. (1968), S. 549 - 580.

Arbeitskreis Hax (1992)
Arbeitskreis Die Unternehmung im Markt (Arbeitskreis Hax) der Schmalenbach Gesellschaft/Deutsche Gesellschaft für Betriebswirtschaft e.V.: Synergie als Bestimmungsfaktor des Tätigkeitsbereiches (Geschäftsfelder und Funktionen) von Unternehmungen. In: ZfbF, 44. Jg. (1992), S. 963 - 973.

Arbeitskreis 'Integrationsmanagement' (1992)
Arbeitskreis 'Integrationsmanagement im Produktentstehungsprozeß' der Schmalenbach-Gesellschaft - Deutsche Gesellschaft für Betriebswirtschaft e.V.: Integrationsmanagement für neue Produkte. ZfbF-Sonderheft Nr. 30, hrsg. von R. A. Hanssen und W. Kern. Düsseldorf, Frankfurt am Main 1992.

Arbeitskreis "Integrierte Unternehmungsplanung" (1986)
Arbeitskreis "Integrierte Unternehmungsplanung" der Schmalenbach-Gesell-schaft/Deutsche Gesellschaft für Betriebswirtschaft e.V.: Integrierte For-schungs- und Entwicklungsplanung - Forschung und Entwicklung als Bestand-teil der Unternehmungsplanung und Unternehmungsorganisation. In: ZfbF, 38. Jg. (1986), S. 351 - 382.

Asenkerschbaumer (1987)
Asenkerschbaumer, St.: Analyse und Beurteilung von technischem Know-how. Ein Beitrag zum betrieblichen Innovationsmanagement. Göttingen 1987.

Atuahene-Gima/Patterson (1993)
Atuahene-Gima, K./Patterson, P.: Managerial perceptions of technology licen-sing as an alternative to internal R&D in new product development: an empirical investigation. In: R&D Management, vol. 23 (1993), no. 4, pp. 327 - 336.

Backhaus/Piltz (1990)
Backhaus, K./Piltz, K.: Strategische Allianzen - eine neue Form kooperativen Wettbewerbs? In: Backhaus, K./Piltz, K. (Hrsg.): Strategische Allianzen. Son-derheft 27 der ZfbF. Düsseldorf, Frankfurt am Main 1990, S. 1 - 10.

Bamberg/Coenenberg (1992)
Bamberg, G./Coenenberg, A. G.: Betriebswirtschaftliche Entscheidungslehre. 7. Aufl., München 1992.

Barkow u.a. (1989)
Barkow, G. u.a.: Begriffliche Grundlagen für die frühen Phasen der Software-entwicklung. In: IM, 4. Jg. (1989), Heft 4, S. 54 - 60.

Barnard (1938)
Barnard, Ch. I.: The Functions of the Executive. Cambridge (Mass.) 1938.

Bauer/Hannig/Mierzwa (1991)
Bauer, H. H./Hannig, U. /Mierzwa, M.: Verkürzung von Produktentwicklungs-zeiten. Studie erstellt am Otto-Beisheim-Stiftungslehrstuhl für Betriebswirt-schaftslehre, insbesondere Marketing. Vallendar 1991.

Baur (1990)
Baur, C.: Make-or-Buy-Entscheidungen in einem Unternehmen der Automobil-industrie. Empirische Analyse und Gestaltung der Fertigungstiefe aus transakti-onskostentheoretischer Sicht. München 1990.

Baur (1991)
Baur, C.: Vertikale Kooperation als Strategie innovativen Unternehmertums - Dargestellt am Beispiel der Automobilindustrie. In: Laub, U. D./Schneider, D. (Hrsg.): Innovation und Unternehmertum. Wiesbaden 1991, S. 79 - 109.

Bea (1988)
Bea, F. X.: Diversifikation durch Kooperation. In: DB, 41. Jg. (1988), S. 2521 - 2526.

Becker (1993)
Becker, T.: Integriertes Technologie-Informationssystem. Beitrag zur Wettbewerbsfähigkeit Deutschlands. Wiesbaden 1993.

Beckurts (1983)
Beckurts, K. H.: Forschungs- und Entwicklungsmanagement - Mittel zur Gestaltung der Innovation. In: Blohm, H./Danert, G. (Hrsg.): Forschungs- und Entwicklungsmanagement. Stuttgart 1983, S. 15- 39.

Belzer (1991)
Belzer, V.: Unternehmensnetzwerke: Versuch einer Analyse und Kategorisierung. In: Hilbert, J. u.a. (Hrsg.): Neue Kooperationsformen in der Wirtschaft. Opladen 1991, S. 23 - 41.

Benisch (1973)
Benisch, W.: Kooperationsfibel. 4. Aufl., Bergisch Gladbach 1973.

Benkenstein (1993)
Benkenstein, M.: Strategische Fertigungstiefen-Gestaltung und Transaktionskosten. Eine entscheidungsorientierte Analyse. In: Thexis, 10. Jg. (1993), S. 38 - 42.

Benkenstein/Henke (1993)
Benkenstein, M./Henke, N.: Der Grad vertikaler Integration als strategisches Entscheidungsproblem. Eine transaktionskostentheoretische Interpretation. In: DBW, 53. Jg. (1993), S. 77 - 91.

Berlien (1993)
Berlien, O.: Controlling von Make-or-Buy. Konzepte und Möglichkeiten der strategischen Unternehmensführung. Ludwigsburg, Berlin 1993.

Berner (1990)
Berner, C.: Know-how muß an der richtigen Stelle zur rechten Zeit nach Menge und Qualität ausreichend sein. In: Handelsblatt Nr. 140 vom 24.07.(1990), S. 12.

Berthel/Herzhoff/Schmitz (1990)
Berthel, J./Herzhoff, S./Schmitz, G.: Strategische Unternehmungsführung und F&E-Management. Qualifikationen für Führungskräfte. Berlin u.a. 1990.

Beste (1933)
Beste, Th.: Die optimale Betriebsgröße als betriebswirtschaftliches Problem. Leipzig 1933.

Betge (1993)
Betge, P.: Unternehmens- und Betriebsgröße. In: Wittmann, W. u.a. (Hrsg.): HWB. 5. Aufl., Stuttgart 1993, Sp. 4271 - 4285.

Bidault/Cummings (1994)
Bidault, F./Cummings, Th.: Innovating through alliances: expectations and limitations. In: R&D Management, vol. 24 (1994), no. 1, pp. 33 - 45.

Bieber/Möll (1993)
Bieber, D./Möll, G.: Technikentwicklung und Unternehmensorganisation. Zur Rationalisierung von Innovationsprozessen in der Elektroindustrie. Frankfurt am Main, New York 1993.

Bierfelder (1994)
Bierfelder, W. H.: Innovationsmanagement. 3. Aufl., München, Wien 1994.

Bleicher (1990)
Bleicher, F.: Effiziente Forschung und Entwicklung. Personelle, organisatorische und führungstechnische Instrumente. Wiesbaden 1990.

Blohm (1980)
Blohm, H.: Kooperation. In: Grochla, E. (Hrsg.): HWO. 2. Aufl., Stuttgart 1980, Sp. 1112 - 1117.

BMFT (1982)
BMFT (Hrsg.): Die Messung wissenschaftlicher und technischer Tätigkeiten. Allgemeine Richtlinien für statistische Übersichten in Forschung und experimenteller Entwicklung. FRASCATI-HANDBUCH. 4. Aufl., Bonn 1982.

BMFT (1991 a)
BMFT (Hrsg.): FuE-Kooperation von kleinen und mittleren Unternehmen. Evaluation der BMFT-Maßnahmen auf diesem Gebiet. Pressedokumentation 27/91. Bonn 1991.

BMFT (1991 b)
BMFT (Hrsg.): Forschungsförderung der Informationstechnik und die Wettbewerbsfähigkeit der Industrie. Pressedokumentation 29/91. Bonn 1991.

Bode (1993)
Bode, J.: Betriebliche Produktion von Information. Wiesbaden 1993.

Boeglin (1992)
Boeglin, P.: Innerbetrieblicher Know-how-Transfer. In: io Management Zeitschrift, 61. Jg. (1992), S. 86 - 91.

Boehme (1986)
Boehme, J.: Innovationsförderung durch Kooperation. Zwischenbetriebliche Zusammenarbeit als Instrument des Innovationsmanagements in kleinen und mittleren Unternehmen bei Einführung der Mikroelektronik in Produkte und Verfahren. Berlin 1986.

Bössmann (1983)
Bössmann, E.: Unternehmungen, Märkte, Transaktionskosten: Die Koordination ökonomischer Aktivitäten. In: WiSt, 12. Jg. (1983), S. 105 - 111.

Boettcher (1974)
Boettcher, E.: Kooperation und Demokratie in der Wirtschaft. Tübingen 1974.

Bohr (1979)
Bohr, K.: Produktionsfaktorsysteme. In: Kern, W. (Hrsg.): HWProd. Stuttgart 1979, Sp. 1481 - 1493.

Bohr (1993)
Bohr, K.: Effizienz und Effektivität. In: Wittmann, W. u.a. (Hrsg.): HWB. 5. Aufl., Stuttgart 1993, Sp. 855 - 869.

Borys/Jemison (1989)
Borys, B./Jemison, D. B.: Hybrid Arrangements as Strategic Alliances: Theoretical Issues in Organizational Combinations. In: Academy of Management Review, vol. 14 (1989), pp. 234 - 249.

Brand (1990)
Brand, D.: Der Transaktionskostenansatz in der betriebswirtschaftlichen Organisationstheorie. Stand und Weiterentwicklung der theoretischen Diskussion sowie Ansätze zur Messung des Einflusses kognitiver und motivationaler Persönlichkeitsmerkmale auf das transaktionskostenrelevante Informationsverhalten. Frankfurt am Main u.a. 1990.

Braun (1987)
Braun, W.: Die Organisation ökonomischer Aktivitäten. Eine Einführung in die Theorie der Institutionen. Wiesbaden 1987.

Braun (1991)
Braun, W.: Kooperation im Unternehmen. Organisation und Steuerung von Innovationen. Wiesbaden 1991.

Brecht (1991)
Brecht, W.: Effiziente F&E-Organisation. Strukturelle Aspekte zur F&E-Organisation als Modul eines integrierten Innovationsmanagement-Konzeptes. In: Booz, Allen & Hamilton (Hrsg.): Integriertes Technologie- und Innovationsmanagement. Konzepte zur Stärkung der Wettbewerbskraft von High-Tech-Unternehmen. Berlin 1991, S. 75 - 91.

Brecht (1993)
Brecht, U.: Die Materialwirtschaft industrieller Unternehmungen. Kennzeichnung ihrer Aufgaben, Ziele und Rahmenbedingungen. Berlin 1993.

Bretzke (1980)
Bretzke, W.-R.: Der Problembezug von Entscheidungsmodellen. Tübingen 1980.

Brockhoff (1986)
Brockhoff, K.: Effizienz von Forschung und Entwicklung. In: Staudt, E. (Hrsg.): Das Management von Innovationen. Frankfurt am Main 1986, S. 343 - 355.

Brockhoff (1992)
Brockhoff, K.: Forschung und Entwicklung. Planung und Kontrolle. 3. Aufl., München, Wien 1992.

Brockhoff (1993)
Brockhoff, K.: Forschung und Entwicklung. In: Bitz, M. u.a. (Hrsg.): Vahlens Kompendium der Betriebswirtschaftslehre. Band 1. 3. Aufl., München 1993, S. 171 - 201.

Brockhoff/Urban (1988)
Brockhoff, K./Urban, Ch.: Die Beeinflussung der Entwicklungsdauer. In: Brockhoff, K./Picot, A./Urban, Ch. (Hrsg.): Zeitmanagement in Forschung und Entwicklung. ZfbF-Sonderheft Nr. 23. Düsseldorf, Frankfurt am Main 1988, S. 1 - 42.

Bronner (1992)
Bronner, R.: Komplexität. In: Frese, E. (Hrsg.): HWO. 3. Aufl., Stuttgart 1992, Sp. 1121 - 1130.

Brose (1982)
Brose, P.: Planung, Bewertung und Kontrolle technologischer Innovationen. Berlin 1982.

Bühlmann/Moning/von Waldkirch (1993)
Bühlmann, Ch./Moning, H. R./von Waldkirch, T.: Technologietransfer in F+E-Kooperationen. In: io Management Zeitschrift, 62. Jg. (1993), S. 29 - 33.

Bühner (1993 a)
Bühner, R.: Diversifikation. In: Wittmann, W. u.a. (Hrsg.): HWB. 5. Aufl., Stuttgart 1993, Sp. 806 - 820.

Bühner (1993 b)
Bühner, R.: Strategie und Organisation. Analyse und Planung der Unternehmensdiversifikation mit Fallbeispielen. 2. Aufl., Wiesbaden 1993.

Burns/Stalker (1968)
Burns, T./Stalker, G. M.: The Management of Innovation. London 1961.

Casson (1991)
Casson, M.: Introduction. In: Casson, M. (ed.): Global Research Strategy and International Competitiveness. Oxford (UK), Cambridge (Mass.) 1991, pp. 1 - 38.

Chakrabarti (1973)
Chakrabarti, A. K.: Some concepts of technology transfer: adoption of innovations in organizational context. In: R&D Management, vol. 3 (1973), no. 3, pp. 111 - 120.

Chakrabarti/Hauschildt/Süverkrüp (1994)
Chakrabarti, A./Hauschildt, J./Süverkrüp, C.: Does it pay to acquire technological firms? In: R&D Management, vol. 24 (1994), no. 1, pp. 47 - 56.

Chandler (1962)
Chandler, A. D. jr.: Strategy and Structure. Chapters in the History of the Industrial Enterprise. Cambridge (Mass.) 1962.

Chmielewicz (1994)
Chmielewicz, K.: Forschungskonzeptionen der Wirtschaftswissenschaft. 3. Aufl., Stuttgart 1994.

Ciborra (1987)
Ciborra, C. U.: Reframing the role of computers in organizations - the transaction costs approach. In: Office: Technology and People, vol. 3 (1987), no. 1, pp. 17 - 38.

Clausius (1993)
Clausius, E. H. J.: Controlling in Forschung und Entwicklung. Forschungs- und Entwicklungs-Controlling als spezielle Controlling-Funktion in industriellen Unternehmen. Frankfurt am Main u.a. 1993.

Coase (1937)
Coase, R. H.: The Nature of the Firm. In: Economica, vol. 4 (1937), pp. 386 - 405.

Coase (1972)
Coase, R. H.: Industrial Organization: A Proposal for Research. In: Fuchs, V. R. (ed.): Policy Issues and Research Opportunities in Industrial Organization. New York 1972, pp. 59 - 73.

Commons (1931)
Commons, J. R.: Institutional Economics. In: The American Economic Review, vol. XXI (1931), no. 4, pp. 648 - 657.

Conen (1986)
Conen, R.: Zum Problem der Effizienzermittlung industrieller Forschungs- und Entwicklungsbereiche. Diss. Mainz 1986.

Contractor/Lorange (1988)
Contractor, F. J./Lorange, P.: Why Should Firms Cooperate? The Strategy and Economics Basis for Cooperative Ventures. In: Contractor, F. J./Lorange, P. (eds.): Cooperative Strategies in International Business. Lexington (Mass.), Toronto 1988, pp. 3 - 28.

Corsten (1982)
Corsten, H.: Der nationale Technologietransfer. Formen - Elemente - Gestaltungsmöglichkeiten - Probleme. Berlin 1982.

Corsten (1985)
Corsten, H.: Die Produktion von Dienstleistungen. Grundzüge einer Produktionswirtschaftslehre des tertiären Sektors. Berlin 1985.

Corsten (1989)
Corsten, H.: Überlegungen zu einem Innovationsmanagement - Organisationale und personale Aspekte. In: Corsten, H. (Hrsg.): Die Gestaltung von Innovationsprozessen. Berlin 1989, S. 1 - 56.

Corsten (1990)
Corsten, H.: Betriebswirtschaftslehre der Dienstleistungsunternehmungen. Einführung. 2. Aufl., München, Wien 1990.

Corsten (1991)
Corsten, H.: Externalisierung und Internalisierung als strategische Optionen von Dienstleistungsunternehmungen. In: Bruhn, M./Stauss, B. (Hrsg.): Dienstleistungsqualität. Konzepte - Methoden - Erfahrungen. Wiesbaden 1991, S. 165 - 182.

Corsten (1994)
Corsten, H.: Produktionswirtschaft. 4. Aufl., München, Wien 1994.

Corsten/Junginger-Dittel (1983)
Corsten, H./Junginger-Dittel, K.-O.: Zur Bedeutung von Forschung und Entwicklung. München 1983.

Corsten/Reiß (1992 a)
Corsten, H./Reiß, M.: Integrationsbedarfe im Produktentstehungsprozeß. In: Hanssen, R. A./Kern, W. (Hrsg.): Integrationsmanagement für neue Produkte. ZfbF-Sonderheft Nr. 30. Düsseldorf, Frankfurt am Main 1992, S. 32 - 51.

Corsten/Reiß (1992 b)
Corsten, H./Reiß, M.: Systemische Integrationsansätze im Produktentstehungs-prozeß. In: Hanssen, R. A./Kern, W. (Hrsg.): Integrationsmanagement für neue Produkte. ZfbF-Sonderheft Nr. 30. Düsseldorf, Frankfurt am Main 1992, S. 214 - 231.

Cummings (1992)
Cummings, T. J.: Konfiguration Strategischer F&E-Allianzen: Innovation durch Partnerschaft. In: Bronder, Ch./Pritzl, R. (Hrsg.): Wegweiser für Strategische Allianzen. Frankfurt am Main, Wiesbaden 1992, S. 211 - 220.

Daum/Piepel (1992)
Daum, M./Piepel, U.: Lean Production - Philosophie und Realität. In: io Management Zeitschrift, 61. Jg. (1992), S. 40 - 47.

Delfmann (1989)
Delfmann, W.: Das Netzwerkprinzip als Grundlage integrierter Unternehmens-führung. In: Delfmann, W. (Hrsg.): Der Integrationsgedanke in der Betriebswirtschaftslehre. Helmut Koch zum 70. Geburtstag. Wiesbaden 1989, S. 87 - 113.

De Meyer/Van Hooland (1990)
De Meyer, A./Van Hooland, B.: The contribution of manufacturing to shortening design cycle times. In: R&D Management, vol. 20 (1990), no. 3, pp. 229 - 239.

de Pay (1989)
de Pay, D.: Die Organisation von Innovationen. Ein transaktionskostentheoretischer Ansatz. Wiesbaden 1989.

Deschoolmeester/Moenaert (1993)
Deschoolmeester, D./Moenaert, R.: Kooperative Partnerschaft oder interne Entwicklung zur Internalisierung von Technologieanwendungen: Die Wahl der richtigen Strategie für kleine und mittlere Unternehmen. In: Mugler, J./Pleitner, H. J. (Hrsg.): Partnerschaft für Klein- und Mittelunternehmen. Berlin, München, St. Gallen 1993, S. 55 - 69.

Dichtl (1993)
Dichtl, E.: Produktionstiefe. In: Wittmann, W. u.a. (Hrsg.): HWB. 5. Aufl., Stuttgart 1993, Sp. 3519 - 3530.

Dietl (1993)
Dietl, H.: Institutionen und Zeit. Tübingen 1993.

Dietz (1989)
Dietz, J.-W.: Gründung innovativer Unternehmen. Wiesbaden 1989.

Dill (1958)
Dill, W. R.: Environment as an Influence on Managerial Autonomy. In: Administrative Science Quarterly, vol. 2 (1958/59), pp. 409 - 443.

DIN ISO 8402 (1989)
DIN ISO 8402 (Entwurf): Qualität - Begriffe. Berlin 1989.

Dinkelbach (1993)
Dinkelbach, W.: Entscheidungstheorie. In: Wittmann, W. u.a. (Hrsg.): HWB. 5. Aufl., Stuttgart 1993, Sp. 929 - 943.

Dögl/Piechota/Schneider (1992)
Dögl, R./Piechota, S./Schneider, W.: Entwicklungsstrategien der Nutzfahrzeug-industrie. In: ZfO, 61. Jg. (1992), S. 136 - 146.

Döring (1993)
Döring, U.: Goodwill. In: Chmielewicz, K./Schweitzer, M. (Hrsg.): HWR. 3. Aufl., Stuttgart 1993, Sp. 810 - 818.

Dolata (1992)
Dolata, U.: Weltmarktorientierte Modernisierung. Die ökonomische Regulierung des wissenschaftlich-technischen Umbruchs in der Bundesrepublik. Frankfurt am Main, New York 1992.

Domsch/Gerpott/Gerpott (1989)
Domsch, M./Gerpott, H./Gerpott, T. J.: Technologische Gatekeeper in der industriellen F&E. Merkmale und Leistungswirkungen. Stuttgart 1989.

Dorow/Weiermair (1984)
Dorow, W./Weiermair, K.: Markt versus Unternehmung: Anmerkungen zu methodischen und inhaltlichen Problemen des Transaktionskostenansatzes. In: Schanz, G. (Hrsg.): Betriebswirtschaftslehre und Nationalökonomie. Wissenschaftstheoretische Standortbestimmungen und Perspektiven. Wiesbaden 1984, S. 191 - 223.

Drucker (1973)
Drucker, P. F.: Management. Tasks, Responsibilities, Practices. New York et al. 1973.

Drucker (1985)
Drucker, P. F.: Innovations-Management für Wirtschaft und Politik. 2. Aufl., Düsseldorf, Wien 1985.

Düttmann (1989)
Düttmann, B.: Forschungs- und Entwicklungskooperationen und ihre Auswirkungen auf den Wettbewerb. Bergisch Gladbach, Köln 1989.

Dumbleton (1986)
Dumbleton, J. H.: Management of High-Technology Research and Development. Amsterdam et al. 1986.

Dyckhoff (1994)
Dyckhoff, H.: Betriebliche Produktion. Theoretische Grundlagen einer umweltorientierten Produktionswirtschaft. 2. Aufl., Berlin u.a. 1994.

Ebers/Gotsch (1993)
Ebers, M./Gotsch, W.: Institutionenökonomische Theorien der Organisation. In: Kieser, A. (Hrsg.): Organisationstheorien. Stuttgart, Berlin, Köln 1993, S. 193 - 242.

Ehrensberger (1993)
Ehrensberger, S.: Synergieorientierte Unternehmensintegration. Grundlagen und Auswirkungen. Wiesbaden 1993.

EIRMA (1986)
EIRMA: Developing R&D Strategies. Working Group Reports no. 33. Paris 1986.

Eisenführ/Weber (1986)
Eisenführ, F./Weber, M.: Zielstrukturierung: ein kritischer Schritt im Entscheidungsprozeß. In: ZfbF, 38. Jg. (1986), S. 907 - 929.

Engelke (1991)
Engelke, P.: Integration von Forschung und Entwicklung in die unternehmerische Planung und Steuerung. Heidelberg 1991.

Eto (1991)
Eto, H.: Classification of R&D Organizational Structures in Relation to Strategies. In: IEEE Transactions on Engineering Management, vol. 38 (1991), no. 2,
pp. 146 - 156.

Ewald (1989)
Ewald, A.: Organisation des Strategischen Technologie-Managements. Stufen-
konzept zur Implementierung einer integrierten Technologie- und Marktplanung.
Berlin 1989.

Fallaschinski (1979)
Fallaschinski, K.: Rezepturen. In: Kern, W. (Hrsg.): HWProd. Stuttgart 1979,
Sp. 1811 - 1820.

Fandel (1994)
Fandel, G.: Produktion I. Produktions- und Kostentheorie. 4. Aufl., Berlin u.a.
1994.

Fanger/Lacey (1992)
Fanger, B./Lacey, E.: Hürdensprint in der Produktentwicklung. In: io Management Zeitschrift, 61. Jg. (1992), S. 81 - 84.

Felde (1975)
Felde, M.-R.: Problematik der Innovationsentscheidung industrieller Betriebe.
Diss. Berlin 1975.

Fessmann (1978)
Fessmann, K.-D.: Effizienz der Organisation. In: Potthoff, E. (Hrsg.): RKW-
Handbuch Führungstechnik und Organisation. Berlin 1978. 1. Band, Kennzahl
1482, S. 1 - 50.

Fessmann (1980)
Fessmann, K.-D.: Organisatorische Effizienz in Unternehmungen und Unternehmungsteilbereichen. Düsseldorf 1980.

Fieten (1991)
Fieten, R.: Erfolgsstrategien für Zulieferer: Von der Abhängigkeit zur Partnerschaft. Automobil- und Kommunikationsindustrie. Wiesbaden 1991.

Fischer (1983)
Fischer, H.: Produktionsbezogene Kooperationen zwischen dem Hersteller und
dem Verwender individuell gefertigter Maschinen. Frankfurt am Main u.a. 1983.

Fischer (1993)
Fischer, M.: Make-or-Buy-Entscheidungen im Marketing. Neue Institutionen-
lehre und Distributionspolitik. Wiesbaden 1993.

Fischer/Möcklinghoff (1994)
Fischer, J./Möcklinghoff, M.: Computerunterstützung kooperativen Arbeitens im
Forschungs- und Entwicklungsbereich. In: IM, 9. Jg. (1994), Nr. 1, S. 46 - 52.

Forrest/Martin (1992)
Forrest, J. E./Martin, J. C.: Strategic Alliances between large and small research intensive organizations: experiences in the biotechnology industry. In: R&D Management, vol. 22 (1992), pp. 41 - 53.

Frese (1987)
Frese, E.: Unternehmungsführung. Landsberg am Lech 1987.

Frese (1992)
Frese, E.: Organisationstheorie. Historische Entwicklung - Ansätze - Perspektiven. 2. Aufl., Wiesbaden 1992.

Frese (1993)
Frese, E.: Grundlagen der Organisation. Konzept - Prinzipien - Strukturen. 5. Aufl., Wiesbaden 1993.

Frese/von Werder (1989)
Frese, E./von Werder, A.: Kundenorientierung als organisatorische Gestaltungsoption der Informationstechnologie. In: Frese, E./Maly, W. (Hrsg.): Kundennähe durch moderne Informationstechnologien. ZfbF-Sonderheft Nr. 25. Düsseldorf 1989, S. 1 - 26.

Frese/von Werder (1993)
Frese, E./von Werder, A.: Zentralbereiche - Organisatorische Formen und Effizienzbeurteilung. In: Frese, E./von Werder, A./Maly, W. (Hrsg.): Zentralbereiche. Stuttgart 1993, S. 1 -50.

Freudenberg (1988)
Freudenberg, Th.: Aufbau und Management internationaler Forschungs- und Entwicklungssysteme. Diss. St. Gallen 1988.

Friar/Horwitch (1986)
Friar, F./Horwitch, M.: The Emergence of Technology Strategy. A New Dimension of Strategic Management. In: Technology in Society, vol. 7 (1986), pp. 143 - 178.

Frisch (1993)
Frisch, A. J.: Unternehmensgröße und Innovation. Die schumpeterianische Diskussion und ihre Alternativen. Frankfurt am Main, New York 1993.

Fuchs (1989)
Fuchs, A.: Kartellrechtliche Grenzen der Forschungskooperation. Baden-Baden 1989.

Fuchs (1993)
Fuchs, A.: Wissen einkaufen. In: Industrieanzeiger, 115. Jg. (1993), Nr. 32/33, S. 41 - 43.

Furubotn/Richter (1991)
Furubotn, E. G./Richter, R. (eds.): The New Institutional Economics. A Collection of Articles from the Journal of Institutional and Theoretical Economics. Tübingen 1991.

Fusfeld/Haklisch (1985)
Fusfeld, H. I./Haklisch, C. S.: Cooperative R&D for competitors. In: HBR, vol. 63 (1985), no. 6, pp. 60 - 76.

Gäfgen (1974)
Gäfgen, G.: Theorie der wirtschaftlichen Entscheidung. 3. Aufl., Tübingen 1974.

Gahl (1990)
Gahl, A.: Die Konzeption der strategischen Allianz im Spannungsfeld zwischen Flexibilität und Funktionalität. In: Backhaus, K./Piltz, K. (Hrsg.): Strategische Allianzen. Sonderheft 27 der ZfbF. Düsseldorf, Frankfurt am Main 1990, S. 35 - 48.

Gahl (1991)
Gahl, A.: Die Konzeption strategischer Allianzen. Berlin 1991.

Gaiser (1993)
Gaiser, B.: Schnittstellencontrolling bei der Produktentwicklung. Entwicklungszeitverkürzung durch Bewältigung von Schnittstellenproblemen. München 1993.

Gambino (1980)
Gambino, A. J.: The Make-or-Buy Decision. Ontario, New York 1980.

Gemünden (1990)
Gemünden, H. G.: Innovationen in Geschäftsbeziehungen und Netzwerken. Karlsruhe 1990.

Gemünden (1993)
Gemünden, H. G.: Information: Bedarf, Analyse und Verhalten. In: Wittmann, W. u.a. (Hrsg.): HWB. 5. Aufl., Stuttgart 1993, Sp. 1725 - 1735.

Gemünden/Heydebreck/Herden (1992)
Gemünden, H. G./Heydebreck, P./Herden, R.: Technological interweavement: a means of achieving innovation success. In: R&D Management, vol. 22 (1992), no. 4, pp. 359 - 376.

Georgopoulos/Tannenbaum (1957)
Georgopoulos, B. S./Tannenbaum, A. S.: A Study of Organizational Effectiveness. In: American Sociological Review, vol. 22 (1957), pp. 534 - 540.

Gerhardt/Nippa/Picot (1992)
Gerhardt, T./Nippa, M./Picot, A.: Die Optimierung der Leistungstiefe. In: HARVARDmanager, 14. Jg. (1992), Heft 3, S. 136 - 142.

Gerpott (1990)
Gerpott, T. J.: Simultaneous-Engineering. In: DBW, 50. Jg. (1990), Nr. 3, S. 399 - 400.

Gerpott (1993)
Gerpott, T. J.: Integrationsgestaltung und Erfolg von Unternehmensakquisitionen. Stuttgart 1993.

Gerpott/Servatius (1989)
Gerpott, T. J./Servatius, H. G.: JUST-IN-TIME bei der Produktentwicklung IX: Der F+E-Bereich braucht "Integratoren", um neue Produkte zu entwickeln und auch durchzusetzen. In: Handelsblatt Nr. 166 vom 29.08.(1989), S. 18.

Gerpott/Wittkemper (1991)
Gerpott, T. J./Wittkemper, G.: Verkürzung von Produktentwicklungszeiten. Vorgehensweise und Ansatzpunkte zum Erreichen technologischer Sprintfähigkeit. In: Booz, Allen & Hamilton (Hrsg.): Integriertes Technologie- und Innovationsmanagement. Konzepte zur Stärkung der Wettbewerbskraft von High-Tech-Unternehmen. Berlin 1991, S. 117 - 145.

Gerum (1988)
Gerum, E.: Unternehmensverfassung und Theorie der Verfügungsrechte
- Einige Anmerkungen. In: Budäus, D./Gerum, E./Zimmermann, G. (Hrsg.):
Betriebswirtschaftslehre und Theorie der Verfügungsrechte. Wiesbaden 1988,
S. 21 - 43.

Gerybadze (1991)
Gerybadze, A.: Innovation und Unternehmertum im Rahmen internationaler
Joint-Ventures - Eine kritische Analyse. In: Laub, U. D./Schneider, D. (Hrsg.):
Innovation und Unternehmertum. Perspektiven - Erfahrungen - Ergebnisse.
Wiesbaden 1991, S. 137 - 164.

Geschka (1970)
Geschka, H.: Forschung und Entwicklung als Gegenstand betrieblicher Entscheidungen. Meisenheim am Glan 1970.

Geschka (1979)
Geschka, H.: Technologietransfer. In: Kern, W. (Hrsg.): HWProd. Stuttgart
1979, Sp. 1917 - 1930.

Gielow (1986)
Gielow, G.: Die Innovationsdiskussion in der Bundesrepublik Deutschland. In:
Allesch, J./Brodde, D. (Hrsg.): Praxis des Innovationsmanagements. Berlin
1986, S. 27 - 41.

Gödicke (1992)
Gödicke, P.: Wissensmanagement - aktuelle Aufgaben und Probleme. In:
io Management Zeitschrift, 61. Jg. (1992), S. 67 - 70.

Götzelmann (1992)
Götzelmann, F.: Umweltschutzinduzierte Kooperationen der Unternehmung.
Anlässe, Typen und Gestaltungspotentiale. Frankfurt am Main u.a. 1992.

Golland (1993)
Golland, F.: Der Konzern. In: WISU, 22. Jg. (1993), S. 183 - 186.

Gomez/Zimmermann (1992)
Gomez, P./Zimmermann, T.: Unternehmensorganisation. Profile, Dynamik,
Methodik. Frankfurt am Main, New York 1992.

Grabatin (1981)
Grabatin, G.: Effizienz von Organisationen. Berlin, New York 1981.

Granstrand u.a. (1992)
Granstrand, O. u.a.: External technology acquisition in large multi-technology
corporations. In: R&D Management, vol. 22 (1992), pp. 111 - 133.

Grochla (1959)
Grochla, E.: Betriebsverband und Verbandbetrieb. Wesen, Formen und Organisation der Verbände aus betriebswirtschaftlicher Sicht. Berlin 1959.

Grochla (1978 a)
Grochla, E.: Einführung in die Organisationstheorie. Stuttgart 1978.

Grochla (1978 b)
Grochla, E.: Grundlagen der Materialwirtschaft. Das materialwirtschaftliche Optimum im Betrieb. 3. Aufl., Wiesbaden 1978.

Grochla (1982)
Grochla, E.: Grundlagen der organisatorischen Gestaltung. Stuttgart 1982.

Grochla (1993)
Grochla, E.: Betrieb, Betriebswirtschaft und Unternehmung. In: Wittmann, W. u.a. (Hrsg.): HWB. 5. Aufl., Stuttgart 1993, Sp. 374 - 390.

Grochla/Welge (1975)
Grochla, E./Welge, M. K.: Zur Problematik der Effizienzbestimmung von Organisationsstrukturen. In: ZfbF, 27. Jg. (1975), S. 273 - 289.

Grote (1990)
Grote, B.: Ausnutzung von Synergiepotentialen durch verschiedene Koordinationsformen ökonomischer Aktivitäten. Zur Eignung der Transaktionskosten als Entscheidungskriterium. Frankfurt am Main u.a. 1990.

Gruhler (1990)
Gruhler, W.: Dienstleistungsbestimmter Strukturwandel in deutschen Industrieunternehmen. Einzel- und gesamtwirtschaftlicher Kontext, Determinanten, Interaktionen, empirischer Befund. Diss. Köln 1990.

Gutenberg (1983)
Gutenberg, E.: Grundlagen der Betriebswirtschaftslehre. Erster Band: Die Produktion. 24. Aufl., Berlin, Heidelberg, New York 1983.

Gzuk (1975)
Gzuk, R.: Messung der Effizienz von Entscheidungen. Beitrag zu einer Methodologie der Erfolgsfeststellung betriebswirtschaftlicher Entscheidungen. Tübingen 1975.

Hahn (1992)
Hahn, D.: Stand und Entwicklungstendenzen der strategischen Planung. In: Hahn, D./Taylor, B. (Hrsg.): Strategische Unternehmungsplanung - Strategische Unternehmungsführung. Stand und Entwicklungstendenzen. 6. Aufl., Heidelberg 1992, S. 3 - 30.

Hahn (1994)
Hahn, D.: PuK. Planung und Kontrolle, Planungs- und Kontrollsysteme, Planungs- und Kontrollrechnung. Controllingkonzepte. 4. Aufl., Wiesbaden 1994.

Hakanson (1993)
Hakanson, L.: Managing cooperative research and development: partner selection and contract design. In: R&D Management, vol. 23 (1993), no. 4, pp. 273 - 285.

Hakansson (1986)
Hakansson, H.: Technical Exchange within Industrial Networks. In: Turnbull, P. W./Paliwoda, St. J. (eds.): Research in International Marketing. London, Sydney, Dover (New Hampshire) 1986, pp. 355 - 376.

Hakansson/Laage-Hellmann (1984)
Hakansson, H./Laage-Hellmann, J.: Developing a Network R&D Strategy. In: Journal of Product Innovation Management, vol. 1 (1984), no. 4, pp. 224 - 237.

Halbach (1985)
Halbach, A. J.: Multinationale Unternehmen und Zulieferindustrien in der Dritten Welt. Ihr Beitrag zum Aufbau einer interdependenten Industriestruktur. Frankfurt am Main, New York 1985.

Hamel (1988)
Hamel, W.: Zielvariation in innovativen Entscheidungsprozessen. In: Witte, E./Hauschildt, J./Grün, O. (Hrsg.): Innovative Entscheidungsprozesse. Die Ergebnisse des Projektes "Columbus". Tübingen 1988, S. 79 - 96.

Hanker (1990)
Hanker, J.: Die strategische Bedeutung der Informatik für Organisationen. Industrieökonomische Grundlagen des Strategischen Informatikmanagements. Stuttgart 1990.

Hanssen (1992)
Hanssen, R. A.: Das Problem aus der Sicht der betrieblichen Praxis. In: Hanssen, R. A./Kern, W. (Hrsg.): Integrationsmanagement für neue Produkte. ZfbF-Sonderheft Nr. 30. Düsseldorf, Frankfurt am Main 1992, S. 2 - 18.

Haour (1992)
Haour, G.: Stretching the knowledge-base of the enterprise through contract research. In: R&D Management, vol. 22 (1992), no. 2, pp. 177 - 182.

Harrigan (1983)
Harrigan, K. R.: A framework for looking at vertical integration. In: The Journal of Business Strategy, vol. 3 (1983), no. 3, pp. 30 - 37.

Hart/Holmström (1987)
Hart, O./Holmström, B.: The theory of contracts. In: Bewley, T. F. (ed.): Advances in Economic Theory. Fifth World Congress. Cambridge (Mass.) u.a. 1987, pp. 71 - 155.

Hauschildt (1977)
Hauschildt, J.: Entscheidungsziele. Zielbildung in innovativen Entscheidungsprozessen: theoretische Ansätze und empirische Prüfung. Tübingen 1977.

Hauschildt (1988)
Hauschildt, J.: Zielbildung und Problemlösung. In: Witte, E./Hauschildt, J./Grün, O. (Hrsg.): Innovative Entscheidungsprozesse. Die Ergebnisse des Projektes "Columbus". Tübingen 1988, S. 59 - 78.

Hauschildt (1989)
Hauschildt, J.: Innovationsstrategien und ihre organisatorischen Konsequenzen. In: Riekhof, H.-Ch. (Hrsg.): Strategieentwicklung. Konzepte und Erfahrungen. Stuttgart 1989, S. 255 - 270.

Hauschildt (1992)
Hauschildt, J.: Innovationsmanagement. In: Frese, E. (Hrsg.): HWO. 3. Aufl., Stuttgart 1992, Sp. 1029 - 1041.

Hauschildt (1993)
Hauschildt, J.: Innovationsmanagement. München 1993.

Heinen (1971)
Heinen, E.: Der entscheidungsorientierte Ansatz der Betriebswirtschaftslehre.
In: von Kortzfleisch, G. (Hrsg.): Wissenschaftsprogramm und Ausbildungsziele
der Betriebswirtschaftslehre. Berlin 1971, S. 21 - 37.

Heinzl/Sinß (1993)
Heinzl, A./Sinß, M.: Kooperationen zur zwischenbetrieblichen Entwicklung von
Anwendungssystemen. In: IM, 8. Jg. (1993), S. 60 - 67.

Hemmert (1993)
Hemmert, M.: Vertikale Kooperation zwischen japanischen Industrieunternehmen. Wiesbaden 1993.

Henderson (1974)
Henderson, B. D.: Die Erfahrungskurve in der Unternehmensstrategie. Frankfurt
am Main/New York 1974.

Herden (1992)
Herden, R.: Technologieorientierte Außenbeziehungen im betrieblichen Innovationsmanagement. Ergebnisse einer empirischen Untersuchung. Heidelberg
1992.

Hermann (1988)
Hermann, R.: Joint Venture-Management: Strategien, Strukturen, Systeme und
Kulturen. Diss. St. Gallen 1988.

Herzhoff (1991)
Herzhoff, S.: Innovations-Management. Gestaltung von Prozessen und Systemen zur Entwicklung und Verbesserung der Innovationsfähigkeit von Unternehmungen. Bergisch Gladbach, Köln 1991.

Hill (1969)
Hill, W.: Die Planung der industriellen Forschung und Entwicklung. In:
Schmacke, E. (Hrsg.): 1980 ist morgen. Düsseldorf 1969, S. 333 - 353.

Hinterhuber (1992)
Hinterhuber, H. H.: Strategische Unternehmungsführung. I. Strategisches Denken. 5. Aufl., Berlin, New York 1992.

Hirzel u.a. (1989)
Hirzel, M. u.a.: "Das Management von Synergien". Management-Studie '89.
Frankfurt am Main 1989.

Hofer/Schendel (1978)
Hofer, Ch. W./Schendel, D.: Strategy Formulation: Analytical Concepts. St. Paul
et al. 1978.

Horváth/Gentner (1992)
Horváth, P./Gentner, A.: Integrative Controllingsysteme. In: Hanssen, R.
A./Kern, W. (Hrsg.): Integrationsmanagement für neue Produkte. ZfbF-Sonder-
heft Nr. 30. Düsseldorf, Frankfurt am Main 1992, S. 169 - 182.

Huch (1979)
Huch, B.: Produktionskosten. In: Kern, W. (Hrsg.): HWProd. Stuttgart 1979,
Sp. 1512 - 1525.

Hübner (1989)
Hübner, H.: Die Realisierung kurzer Innovationszeiten durch Consensus Management. In: Hax, H./Kern, W./Schröder, H.-H. (Hrsg.): Zeitaspekte in betriebswirtschaftlicher Theorie und Praxis. Stuttgart 1989, S. 145 - 158.

Ihrig (1991)
Ihrig, F.: Strategische Allianzen. In: WiSt, 20. Jg. (1991), S. 29 - 31.

Jaensch (1992)
Jaensch, G. H.: Strategisches FuE-Management in dezentralisierten Unternehmen. In: DBW, 52. Jg. (1992), S. 521 - 534.

Jahn (1988)
Jahn, H.: Zertifizierung von Qualitätssicherungs-Systemen. In: Masing, W. (Hrsg.): Handbuch der Qualitätssicherung. 2. Aufl., München, Wien 1988, S. 923 - 934.

Jarillo (1988)
Jarillo, J. C.: On Strategic Networks. In: Strategic Management Journal, vol. 9 (1988), pp. 31 - 41.

Jarillo/Ricart (1987)
Jarillo, J. C./Ricart, J. E.: Sustaining Networks. In: Interfaces, vol. 17 (1987), pp. 82 - 91.

Jessen (1992)
Jessen, D.: Battelle Europe: Von der Technologie zur Technik. In: WiSt, 21. Jg. (1992), S. 426 - 427.

Johanson/Mattsson (1987)
Johanson, J./Mattsson, L.-G.: Interorganizational Relations in Industrial Systems: A Network Approach Compared with the Transaction-Cost Approach. In: International Studies of Management & Organization, vol. XVII (1987), no. 1, pp. 34 - 48.

Johnsson/Hägg (1987)
Johnsson, T./Hägg, I.: Extrapreneurs - Between Markets and Hierarchies. In: International Studies of Management & Organization, vol. XVII (1987), no. 1, pp. 64 - 74.

Jones (1987)
Jones, G. R.: Organization-Client Transactions and Organizational Governance Structures. In: Academy of Management Journal, vol. 30 (1987), no. 2, pp. 197 - 218.

Kaas/Fischer (1993)
Kaas, K. P./Fischer, M.: Der Transaktionskostenansatz. In: WISU, 22. Jg. (1993), S. 686 - 693.

Kappich (1989)
Kappich, L.: Theorie der internationalen Unternehmungstätigkeit. Betrachtung der Grundformen des internationalen Engagements aus koordinationskostentheoretischer Perspektive. München 1989.

Kaufmann (1993)
Kaufmann, F.: Internationalisierung durch Kooperation. Strategien für mittelständische Unternehmen. Wiesbaden 1993.

Kaufmann/Kokalj/May-Strobl (1990)
Kaufmann, F./Kokalj, L./May-Strobl, E.: EG-Binnenmarkt. Die grenzüberschreitende Kooperation mittelständischer Unternehmen. Empirische Analyse von Möglichkeiten, Voraussetzungen und Erfahrungen. Stuttgart 1990.

Kern (1962)
Kern, W.: Die Messung industrieller Fertigungskapazitäten und ihrer Ausnutzung. Grundlagen und Verfahren. Köln und Opladen 1962.

Kern (1972 a)
Kern, W.: Ziele und Zielsysteme in Betriebswirtschaften I und II. In: WISU, 1. Jg. (1972), S. 310 - 315 und S. 360 - 365.

Kern (1972 b)
Kern, W.: Internationaler technologischer Transfer. Eine empirische Studie über Möglichkeiten und Probleme beim Erwerb ausländischer Technologien - ITT 72/1. Veröffentlichung des Seminars für Allgemeine Betriebswirtschaftslehre und Fertigungswirtschaft der Universität zu Köln, Köln 1972.

Kern (1973)
Kern, W.: Zur Analyse des internationalen Transfers von Technologien - ein Forschungsbericht. In: ZfbF, 25. Jg. (1973), S. 85 - 98.

Kern (1974)
Kern, W.: Investitionsrechnung. Stuttgart 1974.

Kern (1976 a)
Kern, W.: Grundzüge der Investitionsrechnung. Stuttgart 1976.

Kern (1976 b)
Kern, W.: Innovation und Investition. In: Albach, H./Simon, H. (Hrsg.): Investitionstheorie und Investitionspolitik privater und öffentlicher Unternehmen. Wiesbaden 1976, S. 273 - 301.

Kern (1986)
Kern, W.: Die Schranken unternehmerischen Handelns als Determinanten und Objekte wirtschaftlicher Betriebsführung. In: Gaugler, E./Meissner, H. G./Thom, N. (Hrsg.): Zukunftsaspekte der anwendungsorientierten Betriebswirtschaftslehre. Stuttgart 1986, S. 557 - 568.

Kern (1992 a)
Kern, W.: Industrielle Produktionswirtschaft. 5. Aufl., Stuttgart 1992.

Kern (1992 b)
Kern, W.: Das Problem aus theoretischer Sicht. In: Hanssen, R. A./Kern, W. (Hrsg.): Integrationsmanagement für neue Produkte. ZfbF-Sonderheft Nr. 30. Düsseldorf, Frankfurt am Main 1992, S. 19 - 24.

Kern (1992 c)
Kern, W.: Die Zeit als Dimension betriebswirtschaftlichen Denkens und Handelns. In: DBW, 52. Jg. (1992), S. 41 - 58.

Kern (1992 d)
Kern, W.: Betriebswirtschaftliche Aspekte beim Auf- und Abbau von Potentialen. Unveröffentlichtes Manuskript der Abschiedsvorlesung am 16.7.1992. Köln 1992.

Kern (1993 a)
Kern, W.: Kapazität. In: Chmielewicz, K./Schweitzer, M. (Hrsg.): HWR. 3. Aufl., Stuttgart 1993, Sp. 1055 - 1063.

Kern (1993 b)
Kern, W.: Zeitaspekte in der Betriebswirtschaftslehre. In: Wittmann, W. u.a. (Hrsg.): HWB. 5. Aufl., Stuttgart 1993, Sp. 4773 - 4785.

Kern/Antweiler (1992)
Kern, W./Antweiler, J.: Gestaltungsaspekte aus informations- und kommunikationstechnischer Sicht. In: Hanssen, R. A./Kern, W. (Hrsg.): Integrationsmanagement für neue Produkte. ZfbF-Sonderheft Nr. 30. Düsseldorf, Frankfurt am Main 1992, S. 195 - 202.

Kern/Schröder (1977)
Kern, W./Schröder, H.-H.: Forschung und Entwicklung in der Unternehmung. Reinbek bei Hamburg 1977.

Kern/Schröder (1992)
Kern, W./Schröder, H.-H.: Forschung, Organisation der. In: Frese, E. (Hrsg.): HWO. 3. Aufl., Stuttgart 1992, Sp. 627 - 640.

Kieser (1993 a)
Kieser, A.: Managementlehre und Taylorismus. In: Kieser, A. (Hrsg.): Organisationstheorien. Stuttgart, Berlin, Köln 1993, S. 63 - 94.

Kieser (1993 b)
Kieser, A.: Human Relations-Bewegung und Organisationspsychologie. In: Kieser, A. (Hrsg.): Organisationstheorien. Stuttgart, Berlin, Köln 1993, S. 95 - 126.

Kieser/Kubicek (1992)
Kieser, A./Kubicek, H.: Organisation. 3. Aufl., Berlin, New York 1992.

Kirsch (1971)
Kirsch, W.: Entscheidungsprozesse. 3. Band: Entscheidungen in Organisationen. Wiesbaden 1971.

Kleer (1991)
Kleer, M.: Gestaltung von Kooperationen zwischen Industrie- und Logistikunternehmen. Ergebnisse theoretischer und empirischer Untersuchungen. Berlin 1991.

Klein (1993)
Klein, B.: Simultaneous Engineering. In: wt Produktion und Management, 83. Jg. (1993), S. 42 - 45.

Kleinhans (1989)
Kleinhans, A. M.: Wissensverarbeitung im Management. Möglichkeiten und Grenzen wissensbasierter Managementunterstützungs-, Planungs- und Simulationssysteme. Frankfurt am Main u.a. 1989.

Klingebiel (1989)
Klingebiel, N.: Prozeßinnovationen als Instrumente der Wettbewerbsstrategie. Berlin 1989.

Kloock (1981)
Kloock, J.: Mehrperiodige Investitionsrechnungen auf der Basis kalkulatorischer und handelsrechtlicher Erfolgsrechnungen. In: ZfbF, 33. Jg. (1981), S. 873 - 890.

Kloock/Sabel/Schuhmann (1987)
Kloock, J./Sabel, H./Schuhmann, W.: Die Erfahrungskurve in der Unternehmenspolitik. In: Erfahrungskurve und Unternehmensstrategie. ZfB-Ergänzungsheft 02/1987, S. 3 - 51.

Knoblich (1969)
Knoblich, H.: Zwischenbetriebliche Kooperation. Wesen, Formen und Ziele. In: ZfB, 39. Jg. (1969), S. 497 - 514.

Koch (1992)
Koch, G.: F&E-Kooperationen in der Automobilindustrie. In: Lücke, W./Schulz, K. (Hrsg.): Umweltschutz und Investitionen. Wiesbaden 1992, S. 155 - 166.

Kolatek (1989)
Kolatek, C.: Das Management von Forschungs- und Entwicklungsaktivitäten in japanischen Unternehmen. In: Albach, H. (Hrsg.): Innovationsmanagement. Theorie und Praxis im Kulturvergleich. ZfB-Ergänzungsheft 1/89, Wiesbaden 1989, S. 177 - 213.

Kosiol (1958)
Kosiol, E.: Kritische Analyse der Wesensmerkmale des Kostenbegriffes. In: Kosiol, E./Schlieper, F. (Hrsg.): Betriebsökonomisierung durch Kostenanalyse, Absatzrationalisierung und Nachwuchserziehung. Köln, Opladen 1958, S. 7 - 37.

Kosiol (1972)
Kosiol, E.: Die Unternehmung als wirtschaftliches Aktionszentrum. Einführung in die Betriebswirtschaftslehre. 2. Aufl., Reinbek bei Hamburg 1972.

Kreikebaum (1993)
Kreikebaum, H.: Strategische Unternehmensplanung. 5. Aufl., Stuttgart, Berlin, Köln 1993.

Kreilkamp (1987)
Kreilkamp, E.: Strategisches Management und Marketing. Markt- und Wettbewerbsanalyse - Strategische Frühaufklärung - Portfolio-Management. Berlin, New York 1987.

Kroitzsch (1976)
Kroitzsch, H.: Patentrecht und Lizenzrecht im Rahmen von Forschung und Entwicklung. In: Moll, H. H./Warnecke, H. J. (Hrsg.): RKW-Handbuch Forschung, Entwicklung, Konstruktion (F+E). Berlin 1976, 3. Band, Kennzahl 6020, S. 1 - 37.

Kruse (1988)
Kruse, L.: Technologie-Marketing - eine wichtige Voraussetzung des innerbetrieblichen Technologietransfers. In: Geschka, H./Wünnenberg, H. (Hrsg.): Innerbetrieblicher Technologie-Transfer - eine Chance. Köln 1988, S. 129 - 152.

Kubicek (1975)
Kubicek, H.: Empirische Organisationsforschung. Konzeption und Methodik. Stuttgart 1975.

Kubicek/Thom (1976)
Kubicek, H./Thom, N.: Umsystem, betriebliches. In: Grochla, E./Wittmann, W. (Hrsg.): HWB. 4. Aufl., Stuttgart 1976, Sp. 3977 - 4017.

Küpper (1990)
Küpper, H.-U.: Verknüpfung von Investitions- und Kostenrechnung als Kern einer umfassenden Planungs- und Kontrollrechnung. In: BFuP, 42. Jg. (1990), S. 253 - 267.

Kuhn (1989)
Kuhn, K.: Zur Stellung von Forschung und Entwicklung in der Organisations-struktur von Technologieunternehmen. In: Bühner, R. (Hrsg.): Führungsorgani-sation und Technologiemanagement. Festschrift für Friedrich Hoffmann zum 65. Geburtstag. Berlin 1989, S. 91 - 119.

Kuhn (1992)
Kuhn, W.: Forschung und Entwicklung im Lagebericht - Eine theoretische und empirische Untersuchung. Hamburg 1992.

Kupsch/Marr/Picot (1991)
Kupsch, P. U./Marr, R./Picot, A.: Innovationswirtschaft. In: Heinen, E. (Hrsg.): Industriebetriebslehre. Entscheidungen im Industriebetrieb. 9. Aufl., Wiesbaden 1991, S. 1069 - 1156.

Laage-Hellmann (1989)
Laage-Hellmann, J.: Technological Development in Industrial Networks. Diss. Uppsala 1989.

Lackes (1988)
Lackes, R.: Die Nutzwertanalyse zur Beurteilung qualitativer Investitionseigen-schaften. In: WISU, 17. Jg. (1988), S. 385 - 390.

Lange (1993)
Lange, E. C.: Abbruchentscheidung bei F&E-Projekten. Wiesbaden 1993.

Lassmann (1992)
Lassmann, A.: Organisatorische Koordination. Konzepte und Prinzipien zur Ein-ordnung von Teilaufgaben. Wiesbaden 1992.

Laub (1989)
Laub, U. D.: Zur Bewertung innovativer Unternehmensgründungen im institutio-nellen Zusammenhang. Eine empirisch gestützte Analyse. München 1989.

Laux (1993)
Laux, H.: Koordination in der Unternehmung. In: Wittmann, W. u.a. (Hrsg.): HWB. 5. Aufl., Stuttgart 1993, Sp. 2308 - 2320.

Laux/Liermann (1993)
Laux, H./Liermann, F.: Grundlagen der Organisation. Die Steuerung von Ent-scheidungen als Grundproblem der Betriebswirtschaftslehre. 3. Aufl., Berlin u.a. 1993.

Leder (1990)
Leder, M.: Innovationsmanagement. Ein Überblick. In: Albach, H. (Hrsg.): Inno-vationsmanagement. Theorie und Praxis im Kulturvergleich. Wiesbaden 1990, S. 1 - 54.

Lehmann (1994)
Lehmann, A.: Wissensbasierte Analyse technologischer Diskontinuitäten. Wiesbaden 1994.

Link/Bauer (1989)
Link, A. N./Bauer, L. L.: Cooperative Research in U.S. Manufacturing. Assessing Policy Initiatives and Corporate Strategies. Lexington (Mass.), Toronto 1989.

Link/Tassey (1987)
Link, A. N./Tassey, G.: Strategies for Technology-based Competition. Meeting the New Global Challenge. Lexington (Mass.), Toronto 1987.

Lücke (1955)
Lücke, W.: Investitionsrechnungen auf der Grundlage von Ausgaben oder Kosten? In: Zeitschrift für handelswissenschaftliche Forschung, Neue Folge, 7. Jg. (1955), S. 310 - 324.

Macharzina (1993)
Macharzina, K.: Unternehmensführung. Das internationale Managementwissen. Konzepte - Methoden - Praxis. Wiesbaden 1993.

Machunsky (1985)
Machunsky, J.: Forschungskooperationen im Recht der Wettbewerbsbeschränkungen. Eine Untersuchung über die Forschungs- und Entwicklungsgemeinschaften nach europäischem und deutschem Kartellrecht. Göttingen 1985.

Männel (1981)
Männel, W.: Die Wahl zwischen Eigenfertigung und Fremdbezug. Theoretische Grundlagen - Praktische Fälle. 2. Aufl., Stuttgart 1981.

Männel (1993)
Männel, W.: Kostenrechnung, Kostencontrolling und Kostenmanagement für Forschung und Entwicklung. In: Kostenrechnungspraxis, o.Jg., Heft 3 (1993), S. 165 - 170.

Mag (1993 a)
Mag, W.: Planung und Unsicherheit. In: Wittmann, W. u.a. (Hrsg.): HWB. 5. Aufl., Stuttgart 1993, Sp. 3200 - 3216.

Mag (1993 b)
Mag. W.: Planung. In: Bitz, M. u.a. (Hrsg.): Vahlens Kompendium der Betriebswirtschaftslehre. Band 2. 3. Aufl., München 1993, S. 1 - 57.

Maidique/Patch (1982)
Maidique, M. A./Patch, P.: Corporate Strategy and Technological Policy. In: Tushmann, M. L./Moore, W. L. (eds.): Readings in the Management of Innovation. Boston et al. 1982, pp. 273 - 285.

Maleri (1991)
Maleri, R.: Grundlagen der Dienstleistungsproduktion. 2. Aufl., Berlin u.a. 1991.

Marr (1993)
Marr, R.: Innovationsmanagement. In: Wittmann, W. u.a. (Hrsg.): HWB. 5. Aufl., Stuttgart 1993, Sp. 1796 - 1812.

Marr/Stitzel (1979)
Marr, R./Stitzel, M.: Personalwirtschaft. Ein konfliktorientierter Ansatz. München 1979.

Mattern (1991)
Mattern, K.: Wirkungsvolles Innovationscontrolling: Was High-Tech-Unternehmen bei der Planung, Steuerung und Kontrolle des Innovationsprozesses beachten sollten. In: Booz, Allen & Hamilton (Hrsg.): Integriertes Technologie- und Innovationsmanagement. Konzepte zur Stärkung der Wettbewerbskraft von High-Tech-Unternehmen. Berlin 1991, S. 93 - 116.

Matthiessen (1988)
Matthiessen, J.: Gestaltungsmöglichkeiten von FuE-Gemeinschaftsunternehmen. Wiesbaden 1988.

Meier (1961)
Meier, J.: Industrielle Gemeinschaftsforschung. Diss. Kiel 1961.

Mellerowicz (1958)
Mellerowicz, K.: Forschungs- und Entwicklungstätigkeit als betriebswirtschaftliches Problem. Freiburg im Breisgau 1958.

Mensch (1993)
Mensch, G. O.: Forschungs- und Entwicklungs-Management. In: Wittmann, W. u.a. (Hrsg.): HWB. 5. Aufl., Stuttgart 1993, Sp. 1199 - 1211.

Meyer (1994)
Meyer, D.: Die Forschungs- und Entwicklungskooperation als strategische Allianz. In: WiSt, 23. Jg. (1994), S. 15 - 19.

Meyer-Krahmer/Walter (1982)
Meyer-Krahmer, F./Walter, G. H.: Barriers to international cooperation between firms in the field of industrial research and development. Karlsruhe 1982.

Michaelis (1985)
Michaelis, E.: Organisation unternehmerischer Aufgaben - Transaktionskosten als Beurteilungskriterium. Frankfurt am Main, Bern, New York 1985.

Michel (1987)
Michel, K.: Technologie im strategischen Management. Ein Portfolio-Ansatz zur integrierten Technologie- und Marktplanung. Berlin 1987.

Miles/Snow (1986)
Miles, R. E./Snow, Ch. C.: Unternehmensstrategien. Hamburg 1986.

Mittag (1985)
Mittag, H.: Technologiemarketing. Die Vermarktung von industriellem Wissen unter besonderer Berücksichtigung des Einsatzes von Lizenzen. Bochum 1985.

Möhrle (1991)
Möhrle, M. G.: Informationssysteme in der betrieblichen Forschung und Entwicklung. Bad Homburg 1991.

Moenaert et al. (1990)
Moenaert, R. K. et al.: Organizational strategy and resource allocation for technological turnaround. In: R&D Management, vol. 20 (1990), no. 4, pp. 291 - 303.

Müller (1993)
Müller, M. E.: Strategieansätze für Zulieferer. In: Die Unternehmung, 47. Jg. (1993), S. 231 - 247.

Müller-Böling (1993)
Müller-Böling, D.: Qualitätsmanagement. In: Wittmann, W. u.a. (Hrsg.): HWB. 5. Aufl., Stuttgart 1993, Sp. 3625 - 3638.

Münstermann (1966)
Münstermann, H.: Bedeutung der Opportunitätskosten für unternehmerische Entscheidungen. In: ZfB, 36. Jg. (1966), Ergänzungsheft 1, S. 18 - 36.

Murphy (1991)
Murphy, W. J.: R&D Cooperation among Marketplace Competitors. New York, Westport (Conn.), London 1991.

Nadig (1992)
Nadig, L.: Spin Offs mittels Management Buyout. Die Veräußerung von Unternehmensteilen durch Verkauf an das bisherige Management. Bern, Stuttgart, Wien 1992.

Naujoks/Pausch (1977)
Naujoks, W./Pausch, R.: Kooperationsverhalten in der Wirtschaft. Eine empirische Untersuchung unter besonderer Berücksichtigung der grenzüberschreitenden Kooperation. Göttingen 1977.

Niebuer (1992)
Niebuer, A.: Transaktionskosten als Parameter bei Fremdbezugsentscheidungen - Möglichkeiten ihrer Abbildung. Arbeitsbericht Nr. 41 des Seminars für Allgemeine Betriebswirtschaftslehre, Industriebetriebslehre und Produktionswirtschaft an der Universität zu Köln. Köln 1992.

Nienhüser (1989)
Nienhüser, W.: Die praktische Nutzung theoretischer Erkenntnisse in der Betriebswirtschaftslehre. Probleme der Entwicklung und Prüfung technologischer Aussagen. Stuttgart 1989.

Nippa/Reichwald (1990)
Nippa, M./Reichwald, R.: Theoretische Grundüberlegungen zur Verkürzung der Durchlaufzeit in der industriellen Entwicklung. In: Reichwald, R./Schmelzer, H. J. (Hrsg.): Durchlaufzeiten in der Entwicklung. Praxis des industriellen F&E-Managements. München, Wien 1990, S. 65 - 114.

Nippa/Schnopp (1990)
Nippa, M./Schnopp, R.: Ein praxiserprobtes Konzept zur Gestaltung der Entwicklungszeit. In: Reichwald, R./Schmelzer, H. J. (Hrsg.): Durchlaufzeiten in der Entwicklung. Praxis des industriellen F&E-Managements. München, Wien 1990, S. 115 - 155.

North (1984)
North, D. C.: Transaction Costs, Institutions, and Economic History. In: Zeitschrift für die gesamte Staatswissenschaft, 140. Jg. (1984), S. 7 - 17.

Nuhn (1987)
Nuhn, B.: Eigen- und/oder Fremdforschung und -entwicklung als strategisches Entscheidungsproblem. Gießen 1987.

Ordelheide (1993)
Ordelheide, D.: Institutionelle Theorie und Unternehmung. In: Wittmann, W. u.a. (Hrsg.): HWB. 5. Aufl., Stuttgart 1993, Sp. 1838 - 1855.

o.V. (1993)
o.V.: Stichwort AiF. In: Informationsdienst des Instituts der deutschen Wirtschaft Jg. (1993), Heft 3 vom 21.01.1993, S. 6.

Pahl (1979)
Pahl, G.: Konstruktion. In: Kern, W. (Hrsg.): HWProd. Stuttgart 1979, Sp. 918 - 928.

Pampel (1993)
Pampel, J.: Kooperation mit Zulieferern. Theorie und Management. Wiesbaden 1993.

Panzar/Willig (1981)
Panzar, J. C./Willig, R. D.: Economies of Scope. In: The American Economic Review - Papers and Proceedings, vol. 71 (1981), no. 2, pp. 268 - 272.

Pausenberger (1989)
Pausenberger, E.: Zur Systematik von Unternehmenszusammenschlüssen. In: WISU, 18. Jg. (1989), S. 621 - 626.

Peckedrath (1989)
Peckedrath, P.: Informationsbeschaffung mit Hilfe von Datenbanken als Voraussetzung der Innovationstätigkeit. In: Corsten, H. (Hrsg.): Die Gestaltung von Innovationsprozessen. Berlin 1989, S. 103 - 141.

Peiffer (1992)
Peiffer, St.: Technologie-Frühaufklärung - Identifikation und Bewertung zukünftiger Technologien in der strategischen Unternehmensplanung. Hamburg 1992.

Perillieux (1987)
Perillieux, R.: Der Zeitfaktor im strategischen Technologiemanagement. Berlin 1987.

Perillieux (1989)
Perillieux, R.: Einstieg bei technischen Innovationen: früh oder spät? Am besten, Einstieg zum richtigen Zeitpunkt. In: ZfO, 58. Jg. (1989), S. 23 - 29.

Perillieux (1991)
Perillieux, R.: Strategisches Timing von F&E und Markteintritt bei innovativen Produkten. In: Booz, Allen & Hamilton (Hrsg.): Integriertes Technologie- und Innovationsmanagement. Konzepte zur Stärkung der Wettbewerbskraft von High-Tech-Unternehmen. Berlin 1991, S. 21 -48.

Perillieux/Wittkemper (1991)
Perillieux, R./Wittkemper, G.: Ziele und Module eines integrierten Technologie- und Innovationsmanagements. In: Booz, Allen & Hamilton (Hrsg.): Integriertes Technologie- und Innovationsmanagement. Konzepte zur Stärkung der Wettbewerbskraft von High-Tech-Unternehmen. Berlin 1991, S. 11 -20.

Petrick (1994)
Petrick, K.: Zertifizierung von Qualitätsmanagementsystemen nach ISO 9000. In: Corsten, H. (Hrsg.): Handbuch Produktionsmanagement. Strategie - Führung - Technologie - Schnittstellen. Wiesbaden 1994, S. 1017 - 1032.

Pfeiffer (1980)
Pfeiffer, W.: Innovationsmanagement als Know-How-Management. In: Hahn, D.
(Hrsg.): Führungsprobleme industrieller Unternehmungen. Berlin, New York
1980, S. 421 - 452.

Pfeiffer/Dögl (1992)
Pfeiffer, W./Dögl, R.: Das Technologie-Portfolio-Konzept zur Beherrschung der
Schnittstelle Technik und Unternehmensstrategie. In: Hahn, D./Taylor, B.
(Hrsg.): Strategische Unternehmungsplanung - Strategische Unternehmungs-
führung. Stand und Entwicklungstendenzen. 6. Aufl., Heidelberg 1992,
S. 254 - 282.

Pfeiffer u.a. (1991)
Pfeiffer, W. u.a.: Technologie-Portfolio zum Management strategischer Zu-
kunftsgeschäftsfelder. 6. Aufl., Göttingen 1991.

Pfeiffer/Weiss (1990)
Pfeiffer, W./Weiss, E.: Zeitorientiertes Technologie-Management als Kombination von "just-in-time-design", "just-in-time-production" und "just-in-time-distribu-
tion". In: Pfeiffer, W./Weiss, E. (Hrsg.): Technologie-Management. Philosophie -
Methodik - Erfahrungen. Göttingen 1990, S. 1 - 39.

Pfeiffer/Weiß (1994)
Pfeiffer, W./Weiß, E.: Technologieorientierte Wettbewerbsstrategien. In: Cor-
sten, H. (Hrsg.): Handbuch Produktionsmanagement. Strategie - Führung -
Technologie - Schnittstellen. Wiesbaden 1994, S. 275 - 291.

Picot (1982)
Picot, A.: Transaktionskostenansatz in der Organisationstheorie: Stand der Diskussion und Aussagewert. In: DBW, 42. Jg. (1982), S. 267 - 284.

Picot (1985)
Picot, A.: Transaktionskosten. In: DBW, 45. Jg. (1985), S. 224 - 225.

Picot (1989)
Picot, A.: Zur Bedeutung allgemeiner Theorieansätze für die betriebswirtschaft-
liche Information und Kommunikation: Der Beitrag der Transaktionskosten- und
Principal-Agent-Theorie. In: Kirsch, W./Picot, A. (Hrsg.): Die Betriebswirt-
schaftslehre im Spannungsfeld zwischen Generalisierung und Spezialisierung.
Wiesbaden 1989, S. 361 - 379.

Picot (1991 a)
Picot, A.: Ökonomische Theorien der Organisation: Ein Überblick über neuere
Ansätze und deren betriebswirtschaftliches Anwendungspotential. In: Ordel-
heide, D./Rudolph, B./Büsselmann, E. (Hrsg.): Betriebswirtschaftslehre und
Ökonomische Theorie. Stuttgart 1991, S. 143 - 170.

Picot (1991 b)
Picot, A.: Ein neuer Ansatz zur Gestaltung der Leistungstiefe. In: ZfbF, 43. Jg.
(1991), S. 336 - 357.

Picot (1992)
Picot, A.: Marktorientierte Gestaltung der Leistungstiefe. In: Reichwald, R.
(Hrsg.): Marktnahe Produktion. Wiesbaden 1992, S. 103 - 124.

Picot (1993 a)
Picot, A.: Organisation. In: Bitz, M. u.a. (Hrsg.): Vahlens Kompendium der Betriebswirtschaftslehre. Band 2. 3. Aufl., München 1993, S. 101 - 174.

Picot (1993 b)
Picot, A.: Transaktionskostenansatz. In: Wittmann, W. u.a. (Hrsg.): HWB.
5. Aufl., Stuttgart 1993, Sp. 4194 - 4204.

Picot/Dietl (1990)
Picot, A./Dietl, H.: Transaktionskostentheorie. In: WiSt, 19. Jg. (1990),
S. 178 - 184.

Picot/Franck (1993)
Picot, A./Franck, E.: Vertikale Integration. In: Hauschildt, J./Grün, O. (Hrsg.):
Ergebnisse empirischer betriebswirtschaftlicher Forschung. Zu einer Realtheo-
rie der Unternehmung. Stuttgart 1993, S. 179 - 219.

Picot/Laub/Schneider (1989)
Picot, A./Laub, U.-D./Schneider, D.: Innovative Unternehmensgründungen. Eine
ökonomisch-empirische Analyse. Berlin u.a. 1989.

Picot/Maier (1993)
Picot, A./Maier, M.: Interdependenzen zwischen betriebswirtschaftlichen Orga-
nisationsmodellen und Informationsmodellen. In: IM, 8. Jg. (1993), S. 6 - 15.

Picot/Reichwald (1991)
Picot, A./Reichwald, R.: Informationswirtschaft. In: Heinen, E. (Hrsg.): Industrie-
betriebslehre. Entscheidungen im Industriebetrieb. 9. Aufl., Wiesbaden 1991,
S. 241 - 393.

Picot/Reichwald/Nippa (1988)
Picot, A./Reichwald, R./Nippa, M.: Zur Bedeutung der Entwicklungsaufgabe für
die Entwicklungszeit - Ansätze für die Entwicklungszeitgestaltung. In: Brockhoff,
K./Picot, A./Urban, Ch. (Hrsg.): Zeitmanagement in Forschung und Entwicklung.
ZfbF-Sonderheft Nr. 23. Düsseldorf, Frankfurt am Main 1988, S. 112 - 137.

Picot/Reichwald/Schönecker (1985)
Picot, A./Reichwald, R./Schönecker, H. G.: Eigenerstellung oder Fremdbezug
von Organisationsleistung - ein Problem der Unternehmensführung (I). In: Office
Management, 33. Jg. (1985), Heft 9, S. 818 - 821.

Picot/Schneider (1988)
Picot, A./Schneider, D.: Unternehmerisches Innovationsverhalten, Verfügungsrechte und Transaktionskosten. In: Budäus, D./Gerum, E./Zimmermann, G.
(Hrsg.): Betriebswirtschaftslehre und Theorie der Verfügungsrechte. Wiesbaden
1988, S. 91 - 118.

Pinchot (1985)
Pinchot, G.: Intrapreneuring. Why You Don't Have to Leave the Corporation to
Become an Entrepreneur. New York et al. 1985.

Pisano (1990)
Pisano, G. P.: The R&D Boundaries of the Firm: An Empirical Analysis. In:
Administrative Science Quarterly, vol. 35 (1990), pp. 153 - 176.

Plinke (1993)
Plinke, W.: Leistungs- und Erlösrechnung. In: Wittmann, W. u.a. (Hrsg.): HWB.
5. Aufl., Stuttgart 1993, Sp. 2563 - 2568.

Porter (1983)
Porter, M. E.: The Technological Dimension of Competitive Strategy. In: Rosenbloom, R. S. (ed.): Research on Technological Innovation, Management and Policy. Volume 1. Greenwich (Conn.), London 1983, pp. 1 - 33.

Porter (1992 a)
Porter, M. E.: Wettbewerbsstrategie (Competitive Strategy). 7. Aufl., Frankfurt am Main, New York 1992.

Porter (1992 b)
Porter, M. E.: Wettbewerbsvorteile (Competitive Advantage). 3. Aufl., Frankfurt am Main, New York 1992.

Quinn B. (1961)
Quinn, J. B.: Long-Range Planning of Industrial Research. In: HBR, vol. 39 (1961), no. 4, pp. 88 - 102.

Reese (1989)
Reese, J.: Theorie der Organisationsbewertung. München, Wien 1989.

Rehkugler (1993)
Rehkugler, H.: Kostenbegriffe, Kostenarten und Kostenkategorien. In: Wittmann, W. u.a. (Hrsg.): HWB. 5. Aufl., Stuttgart 1993, Sp. 2320 - 2329.

Reichardt/Wimmers/Kayser (1992)
Reichardt, K./Wimmers, St./Kayser, G.: Beteiligung an Forschungs- und Technologieprogrammen in der EG - Chancen und Hemmnisse für kleine und mittlere Unternehmen. Stuttgart 1992.

Reichwald (1990)
Reichwald, R.: Entwicklungszeiten als wettbewerbsentscheidender Faktor für den langfristigen Erfolg eines Industriebetriebes. In: Reichwald, R./Schmelzer, H. J. (Hrsg.): Durchlaufzeiten in der Entwicklung. Praxis des industriellen F&E-Managements. München, Wien 1990, S. 9 - 25.

Reichwald/Dietel (1991)
Reichwald, R./Dietel, B.: Produktionswirtschaft. In: Heinen, E. (Hrsg.): Industriebetriebslehre. Entscheidungen im Industriebetrieb. 9. Aufl., Wiesbaden 1991, S. 395 - 622.

Reiß (1990)
Reiß, M.: Der Assoziationsstern. Ein Wegweiser durch die Kooperationslandschaft. Arbeitspapier des Betriebswirtschaftlichen Instituts II der Universität Stuttgart. Stuttgart 1990.

Reiß (1991)
Reiß, M.: Kooperative Produktentstehung. Varianten und Determinanten unternehmensübergreifender Zusammenarbeit im Produktentstehungsprozeß. Arbeitspapier des Betriebswirtschaftlichen Instituts II der Universität Stuttgart. Stuttgart 1991.

Rembser (1989)
Rembser, J.: Technologieplanung. In: Szyperski, N./Winand, U. (Hrsg.): HWPlan. Stuttgart 1989, Sp. 1997 - 2002.

Renkel (1985)
Renkel, H.-P.: Technologietransfer-Management in Japan. Bergisch Gladbach, Köln 1985.

Richter (1991)
Richter, R.: Institutionenökonomische Aspekte der Theorie der Unternehmung. In: Ordelheide, D./Rudolph, B./Büsselmann, E. (Hrsg.): Betriebswirtschaftslehre und Ökonomische Theorie. Stuttgart 1991, S. 395 - 429.

Richter (1992)
Richter, W.: Die kombinierte Auslagerungs- und Verbundstrategie im industriellen Zulieferwesen. Diss. Köln 1992.

Roberts/Berry (1985)
Roberts, E. B./Berry, Ch. A.: Entering New Businesses: Selecting Strategies for Success. In: Sloan Management Review, vol. 26 (1985), pp. 3 - 17.

Rohe (1980)
Rohe, Ch.: Technologietransfer durch Industrielizenzen. Marktorientierte Nutzung verwertungsfähiger Technologien. Berlin 1980.

Rommel u.a. (1993)
Rommel, G. u.a.: Einfach überlegen. Das Unternehmenskonzept, das die Schlanken schlank und die Schnellen schnell macht. Stuttgart 1993.

Ropella (1989)
Ropella, W.: Synergie als strategisches Ziel der Unternehmung. Berlin, New York 1989.

Rose/Glorius (1992)
Rose, G./Glorius, C.: Unternehmungsformen und -verbindungen. Wiesbaden, Köln 1992.

Rotering (1990)
Rotering, Ch.: Forschungs- und Entwicklungskooperationen zwischen Unternehmen - Eine empirische Analyse. Stuttgart 1990.

Rotering (1993)
Rotering, J.: Zwischenbetriebliche Kooperation als alternative Organisationsform. Ein transaktionskostentheoretischer Erklärungsansatz. Stuttgart 1993.

Rubenstein (1957)
Rubenstein, A. H.: Setting Criteria for R&D. In: HBR, vol. 35 (1957), no. 1, pp. 95 - 104.

Rücksteiner (1989)
Rücksteiner, F.: Entscheidungsfindung in der Forschung und Entwicklung. Problematik, Grundlagen und dynamische Aspekte. Heidelberg 1989.

Rühle von Lilienstern (1979)
Rühle von Lilienstern, H.: Kooperation, zwischenbetriebliche. In: Kern, W. (Hrsg.): HWProd. Stuttgart 1979, Sp. 928 - 938.

Russell (1952)
Russell, B.: Das menschliche Wissen. Darmstadt 1952.

Rutsch/Lischke/Kuhlmann (1992)
Rutsch, H. W./Lischke, C./Kuhlmann, T.: Management von unternehmensübergreifenden Prozessen. Eine Lösung für den Entwicklungsverbund. In: ZwF, 87. Jg. (1992), S. 221 - 224.

Saad/Roussel/Tiby(1993)
Saad, K. N./Roussel, Ph. A./Tiby, C.: Management der F&E-Strategie. 2. Aufl., Wiesbaden 1993.

Sandler (1991)
Sandler, G. G. R.: Synergie: Konzept, Messung und Realisation - Verdeutlicht am Beispiel der horizontalen Diversifikation durch Akquisition. Diss. St. Gallen 1991.

Sauter (1985)
Sauter, F.: Transaktionskostentheorie der Organisation. München 1985.

Schätzle (1965)
Schätzle, G.: Forschung und Entwicklung als unternehmerische Aufgabe. Köln und Opladen 1965.

Schanz (1973)
Schanz, G.: Wider das Selbstverständnis der Betriebswirtschaftslehre als "praktisch-normative" Disziplin. In: ZfB, 43. Jg. (1973), S. 585 - 602.

Schaude (1991)
Schaude, G.: Kooperation, Joint Venture, Strategische Allianzen. Wie finde ich meinen Kooperationspartner. Eschborn 1991.

Scheffler (1993)
Scheffler, E.: Unternehmensverbindungen. In: Gerum, E. (Hrsg.): Handbuch Unternehmung und Europäisches Recht. Stuttgart 1993, S. 97 - 123.

Schewe (1992)
Schewe, G.: Imitationsmanagement. Nachahmung als Option des Technologiemanagements. Stuttgart 1992.

Schlicksupp (1979)
Schlicksupp, H.: Kreative Ideenfindung in der Unternehmung. Methoden und Modelle. Berlin, New York 1977.

Schmelzer (1990)
Schmelzer, H. J.: Steigerung der Effektivität und Effizienz durch Verkürzung von Entwicklungszeiten. In: Reichwald, R./Schmelzer, H. J. (Hrsg.): Durchlaufzeiten in der Entwicklung. Praxis des industriellen F&E-Managements. München, Wien 1990, S. 27 - 63.

Schmelzer (1992)
Schmelzer, H. J.: Organisation und Controlling von Produktentwicklungen. Stuttgart 1992.

Schmelzer (1994)
Schmelzer, H. J.: Qualitätscontrolling in der Produktplanung und Produktentwicklung. Teil 1. In: Qualität und Zuverlässigkeit, 39. Jg. (1994), S. 117 - 125.

Schmelzer/Buttermilch (1988)
Schmelzer, H. J./Buttermilch, K.-H.: Reduzierung der Entwicklungszeiten in der Produktentwicklung als ganzheitliches Problem. In: Brockhoff, K./Picot, A./Urban, Ch. (Hrsg.): Zeitmanagement in Forschung und Entwicklung. ZfbF-Sonderheft Nr. 23. Düsseldorf, Frankfurt am Main 1988, S. 43 - 73.

Schmidt (1992)
Schmidt, R. H.: Organisationstheorie, transaktionskostenorientierte. In: Frese, E. (Hrsg.): HWO. 3. Aufl., Stuttgart 1992, Sp. 1854 - 1865.

Schmidt (1993)
Schmidt, R.-B.: Zielsysteme der Unternehmung. In: Wittmann, W. u.a. (Hrsg.): HWB. 5. Aufl., Stuttgart 1993, Sp. 4794 - 4806.

Schmitz (1988)
Schmitz, R.: Kapitaleigentum, Unternehmensführung und interne Organisation. Wiesbaden 1988.

Schmoch u.a. (1988)
Schmoch, U. u.a.: Technikprognosen mit Patentindikatoren. Köln 1988.

Schneider (1973)
Schneider, D. J. G.: Unternehmungsziele und Unternehmungskooperation. Ein Beitrag zur Erklärung kooperativ bedingter Zielvariationen. Wiesbaden 1973.

Schneider (1991)
Schneider, D.: Die unternehmerische Produktion von Erstmaligkeit und ihre Konsequenzen für die Evolution ökonomischer Transaktionsbeziehungen. In: Laub, U. D./Schneider, D. (Hrsg.): Innovation und Unternehmertum. Perspektiven, Erfahrungen, Ergebnisse. Wiesbaden 1991, S. 341 - 367.

Schneider/Zieringer (1991 a)
Schneider, D./Zieringer, C.: Make-or-Buy-Strategien für F&E. Transaktionskostenorientierte Überlegungen. Wiesbaden 1991.

Schneider/Zieringer (1991 b)
Schneider, D./Zieringer, C.: Interorganisatorisches F&E-Management und F&E-Integration als Herausforderungen innovativen Unternehmertums: F&E zwischen E&F. In: Laub, U. D./Schneider, D. (Hrsg.): Innovation und Unternehmertum. Perspektiven - Erfahrungen - Ergebnisse. Wiesbaden 1991, S. 53 - 77.

Scholl (1992)
Scholl, W.: Informationspathologien. In: Frese, E. (Hrsg.): HWO. 3. Aufl., Stuttgart 1992, Sp. 900 - 912.

Schrader (1990)
Schrader, St.: Zwischenbetrieblicher Informationstransfer. Eine empirische Analyse kooperativen Verhaltens. Berlin 1990.

Schrader (1993)
Schrader, St.: Kooperation. In: Hauschildt, J./Grün, O. (Hrsg.): Ergebnisse empirischer betriebswirtschaftlicher Forschung. Zu einer Realtheorie der Unternehmung. Stuttgart 1993, S. 221 - 254.

Schreyögg (1993)
Schreyögg, G.: Umfeld der Unternehmung. In: Wittmann, W. u.a. (Hrsg.): HWB. 5. Aufl., Stuttgart 1993, Sp. 4231 - 4247.

Schröder (1973)
Schröder, H.-H.: Zum Problem einer Produktionsfunktion für Forschung und Entwicklung. Meisenheim am Glan 1973.

Schröder (1979 a)
Schröder, H.-H.: Forschung und Entwicklung. In: Kern, W. (Hrsg.): HWProd. Stuttgart 1979, Sp. 627 - 642.

Schröder (1979 b)
Schröder, H.-H.: Schutzrechte. In: Kern, W. (Hrsg.): HWProd. Stuttgart 1979, Sp. 1821 - 1833.

Schröder (1992)
Schröder, H.-H.: Die Beschaffung von Informationen als Determinante der Innovationskapazität von Unternehmungen. In: Corsten, H. u.a. (Hrsg.): Kapazitätsmessung, Kapazitätsgestaltung, Kapazitätsoptimierung - eine betriebswirtschaftliche Kernfrage. Stuttgart 1992, S. 171 - 193.

Schubert/Küting (1981)
Schubert, W./Küting, K.: Unternehmungszusammenschlüsse. München 1981.

Schumann (1985)
Schumann, W.: Layoutplanung bei automatisierter Einzelproduktion. Sachpotentialstrukturplanung in Industrieunternehmungen. Gießen 1985.

Schumpeter (1911)
Schumpeter, J.: Theorie der wirtschaftlichen Entwicklung. Berlin 1911.

Schumpeter (1926)
Schumpeter, J.: Theorie der wirtschaftlichen Entwicklung. 2. Aufl., München 1926.

Schwarz (1978)
Schwarz, P.: Morphologie und Typologie der zwischenbetrieblichen Kooperation unter besonderer Berücksichtigung des Wirtschaftsverbandes. Diss. Freiburg/Schweiz 1978.

Seeser (1990)
Seeser, G.: Strategische Planung von Technologien zur Unterstützung des Entwicklungsprozesses. Entwicklung einer Konzeption und Anwendung am Beispiel des CAE-Verbundes im Automobilbau. München 1990.

Seiwert (1992)
Seiwert, L. J.: Kommunikation im Betrieb. In: Gaugler, E./Weber, W. (Hrsg.): HWP. 2. Aufl., Stuttgart 1992, Sp. 1126 - 1139.

Selchert (1971)
Selchert, F. W.: Die Ausgliederung von Leistungsfunktionen in betriebswirtschaftlicher Sicht. Berlin 1971.

Semlinger (1989)
Semlinger, K.: Fremdleistungsbezug als Flexibilitätsreservoir - Unternehmenspolitische und arbeitspolitische Risiken in der Zulieferindustrie. In: WSI Mitteilungen, 42. Jg. (1989), S. 517 - 525.

Sen/Rubenstein (1990)
Sen, F./Rubenstein, A. H.: An Exploration of Factors Affecting the Integration of In-House R&D with External Technology Acquisition Strategies of a Firm. In: IEEE Transactions on Engineering Management, vol. 37 (1990), no. 4, pp. 246 - 258.

Servatius (1988)
Servatius, H. G.: New Venture Management. Wiesbaden 1988.

Sieben (1993)
Sieben, G.: Unternehmensbewertung. In: Wittmann, W. u.a. (Hrsg.): HWB.
5. Aufl., Stuttgart 1993, Sp. 4315 - 4331.

Sieben/Schildbach (1994)
Sieben, G./Schildbach, Th.: Betriebswirtschaftliche Entscheidungstheorie.
4. Aufl., Düsseldorf 1994.

Siemer (1991)
Siemer, St.: Diversifizieren mit Venture Management. Effizienz und praktische
Anwendung von Venture Einheiten zur Erschließung neuer Geschäftsfelder.
Berlin 1991.

Simon (1957)
Simon, H. A.: Models of Man. Social and Rational. New York, London, Sydney
1957.

Simon (1981)
Simon, H. A.: Entscheidungsverhalten in Organisationen. 3. Aufl., Landsberg
am Lech 1981.

Simon (1989)
Simon, H.: Die Zeit als strategischer Erfolgsfaktor. In: Hax, H./Kern,
W./Schröder, H.-H. (Hrsg.): Zeitaspekte in betriebswirtschaftlicher Theorie und
Praxis. Stuttgart 1989, S. 117 - 130.

Simon (1993)
Simon, H.: Wettbewerbsstrategien. In: Wittmann, W. u.a. (Hrsg.): HWB. 5. Aufl.,
Stuttgart 1993, Sp. 4687 - 4704.

Singer (1993)
Singer, St.: F+E-Controlling. Konzept - Methoden - Erfahrungen. In: Liessmann,
K. (Hrsg.): Controlling-Konzepte für den Mittelstand. Existenzsicherung durch
Innovation und Flexibilität. Freiburg im Breisgau 1993, S. 267 - 303.

Smith/Alexander (1988)
Smith, D. K./Alexander, R. C.: Fumbling the Future. How Xerox Invented, Then
Ignored, the First Personal Computer. New York 1988.

Sommerlatte/Deschamps (1985)
Sommerlatte, T./Deschamps, J.-P.: Der strategische Einsatz von Technologien.
Konzepte und Methoden zur Einbeziehung von Technologien in die Strategieentwicklung des Unternehmens. In: Arthur D. Little International (Hrsg.): Management im Zeitalter der Strategischen Führung. Wiesbaden 1985, S. 37 - 76.

Sommerlatte/Walsh (1986)
Sommerlatte, T./Walsh, S. I.: Das strategische Management von Technologie.
In: Töpfer, A./Afheld, H. (Hrsg.): Praxis der strategischen Unternehmenspla-
nung. 2. Aufl., Landsberg am Lech 1986, S. 298 - 321.

Specht (1989)
Specht, G.: Qualitätsmanagement im Innovationsprozeß unter besonderer Berücksichtigung der Schnittstellen zwischen FuE und Vertrieb. In: Specht,
G./Silberer, G./Engelhardt, W. H. (Hrsg.): Marketing-Schnittstellen. Herausforderungen für das Management. Stuttgart 1989, S. 141 - 163.

Specht (1992)
Specht, G.: Technologiemanagement. Grundgedanken zum Gegenstand und zugleich Sammelrezension. In: DBW, 52. Jg. (1992), S. 547 - 566.

Specht (1993)
Specht, G.: Technologiemanagement. In: Wittmann, W. u.a. (Hrsg.): HWB. 5. Aufl., Stuttgart 1993, Sp. 4154 - 4168.

Specht/Schmelzer (1991)
Specht, G./Schmelzer, H. J.: Qualitätsmanagement in der Produktentwicklung. Stuttgart 1991.

Specht/Zörgiebel (1985)
Specht, G./Zörgiebel, W. W.: Technologieorientierte Wettbewerbsstrategien. In: Marketing, 7. Jg. (1985), S. 161 - 172.

Staehle (1989)
Staehle, W. H.: Funktionen des Managements. Eine Einführung in einzelwirtschaftliche und gesamtgesellschaftliche Probleme der Unternehmungsführung. 2. Aufl., Bern, Stuttgart 1989.

Staub (1976)
Staub, K.: Die Unternehmungskooperation für Produktinnovationen. Bern, Stuttgart 1976.

Staudt (1993)
Staudt, E.: Forschung und Entwicklung. In: Wittmann, W. u.a. (Hrsg.): HWB. 5. Aufl., Stuttgart 1993, Sp. 1185 - 1198.

Staudt/Bock/Mühlemeyer (1992)
Staudt, E./Bock, J./Mühlemeyer, P.: Informationsverhalten von innovationsaktiven kleinen und mittleren Unternehmen. Ergebnisse einer empirischen Untersuchung in Nordrhein-Westfalen. In: ZfB, 62. Jg. (1992), S. 989 - 1008.

Stedler (1987)
Stedler, H.: Venture Capital und geregelter Freiverkehr - Eine empirische Studie. Frankfurt am Main 1987.

Steffens (1976)
Steffens, F.: Technologie und Produktion. In: Grochla, E./Wittmann, W. (Hrsg.): HWB. 4. Aufl., Stuttgart 1976, Sp. 3853 - 3861.

Stehle (1993)
Stehle, R.: Rechtsform und Finanzierung. In: Wittmann, W. u.a. (Hrsg.): HWB. 5. Aufl., Stuttgart 1993, Sp. 3715 - 3728.

Stirnemann (1989)
Stirnemann, K. E.: "Design or Buy". Aspekte im Innovationsprozeß. In: Hess, W./Tschirky, H./Lang, P. (Hrsg.): Make or Buy. Eine neue Dimension der strategischen Führung. Zürich 1989, S. 57 - 73.

Stock (1990)
Stock, U.: Das Management von Forschung und Entwicklung. München 1990.

Stock (1991)
Stock, U.: Ansätze zu einem Strategischen FuE-Management. In: Kirsch, W. (Hrsg.): Beiträge zum Management strategischer Programme. München 1991, S. 605 - 645.

Straube (1972)
Straube, M.: Zwischenbetriebliche Kooperation. Wiesbaden 1972.

Süverkrüp (1992)
Süverkrüp, Ch.: Internationaler technologischer Wissenstransfer durch Unternehmensakquisitionen. Eine empirische Untersuchung am Beispiel deutschamerikanischer und amerikanisch-deutscher Akquisitionen. Frankfurt am Main u.a. 1992.

SV (1991)
SV - Gemeinnützige Gesellschaft für Wirtschaftsstatistik mbH im Stifterverband für die Deutsche Wissenschaft (Hrsg.) (1991): Forschung u. Entwicklung in der Wirtschaft 1989 - mit ersten Daten 1991. Essen 1991.

Sydow (1992 a)
Sydow, J.: Strategische Netzwerke. Evolution und Organisation. Wiesbaden 1992.

Sydow (1992 b)
Sydow, J.: Strategische Netzwerke und Transaktionskosten. In: Staehle, W. H./Conrad, P. (Hrsg.): Managementforschung 2. Berlin, New York 1992, S. 239 - 311.

Täger (1988)
Täger, U. Ch.: Technologie- und wettbewerbspolitische Wirkungen von Forschungs- und Entwicklungs-(FuE-)Kooperationen - Eine empirische Darstellung und Analyse. München 1988.

Tanski (1984)
Tanski, J.: Kostenplanung und Kostenkontrolle im Forschungs- und Entwicklungsbereich industrieller Unternehmungen. Bern, Stuttgart 1984.

Tebbe (1990)
Tebbe, K.: Die Organisation von Produktinnovationsprozessen. Stuttgart 1990.

Thom (1980)
Thom, N.: Grundlagen des betrieblichen Innovationsmanagements. 2. Aufl., Königstein/Taunus 1980.

Thom (1993)
Thom, N.: Betriebliches Vorschlagswesen - Ein Instrument der Betriebsführung. Empirische Erkenntnisse und Gestaltungsempfehlungen. 4. Aufl., Bern et al. 1993.

Thorelli (1986)
Thorelli, H. B.: Networks: Between Markets and Hierarchies. In: Strategic Management Journal, vol. 7 (1986), pp. 37 - 51.

Tietzel (1981)
Tietzel, M.: Die Ökonomie der Property Rights: Ein Überblick. In: Zeitschrift für Wirtschaftspolitik, 30. Jg. (1981), S. 207 - 243.

Tröndle (1987)
Tröndle, D.: Kooperationsmanagement. Steuerung interaktioneller Prozesse bei Unternehmungskooperationen. Bergisch Gladbach, Köln 1987.

van Wyk (1988)
van Wyk, R. J.: Management of technology: new frameworks. In: Technovation, vol. 7 (1988), pp. 341 - 351.

Vizjak (1990)
Vizjak, A.: Wachstumspotentiale durch Strategische Partnerschaften. Bausteine einer Theorie der externen Synergie. München 1990.

von Boehmer/Stoll (1993)
von Boehmer, A./Stoll, P.-T.: Technologiemanagement. In: Gerum, E. (Hrsg.): Handbuch Unternehmung und Europäisches Recht. Stuttgart 1993, S. 193 - 218.

von Bülow (1989)
von Bülow, I.: Systemgrenzen im Management von Institutionen. Der Beitrag der Weichen Systemmethodik zum Problembearbeiten. Heidelberg 1989.

von Hayek (1945)
von Hayek, F. A.: The Use of Knowledge in Society. In: The American Economic Review, vol. 35 (1945), no. 4, pp. 519 - 530.

von Hippel (1987)
von Hippel, E.: Cooperation between rivals: Informal know-how trading. In: Research Policy, vol. 16 (1987), pp. 291 - 302.

von Hippel (1988)
von Hippel, E.: The Sources of Innovation. Oxford 1988.

von Zelewski (1986)
von Zelewski, St.: Das Leistungspotential der Künstlichen Intelligenz - eine informationstechnisch-betriebswirtschaftliche Analyse. Witterschlick/Bonn 1986.

Warschat/Wasserloos (1991)
Warschat, J./Wasserloos, G.: Simultaneous Engineering - Strategie zur ablauf-organisatorischen Straffung des Entwicklungsprozesses. In: FB/IE, 40. Jg. (1991), S. 22 - 27.

Warschkow (1993)
Warschkow, K.: Organisation und Budgetierung zentraler FuE-Bereiche. Stuttgart 1993.

Weber (1991)
Weber, J.: Controlling im international tätigen Unternehmen. Effizienzsteigerung durch Transaktionskostenorientierung. München 1991.

Weder (1989)
Weder, R.: Joint Venture. Theoretische und empirische Analyse unter besonderer Berücksichtigung der Chemischen Industrie der Schweiz. Diss. Basel 1989.

Wegehenkel (1980)
Wegehenkel, L.: Transaktionskosten, Wirtschaftssystem und Unternehmertum. Tübingen 1980.

Weidermann (1984)
Weidermann, P. H.: Das Management des Organizational Slack. Wiesbaden 1984.

Weiß (1993)
Weiß, M.: Planung der Fertigungstiefe. Ein hierarchischer Ansatz. Wiesbaden 1993.

Welge (1987)
Welge, M. K.: Unternehmungsführung. Band 2: Organisation. Stuttgart 1987.

Welge/Fessmann (1980)
Welge, M. K./Fessmann, K.-D.: Effizienz, organisatorische. In: Grochla, E. (Hrsg.): HWO. 2. Aufl., Stuttgart 1980, Sp. 577 - 592.

Welker (1993)
Welker, C. B.: Produktionstiefe und vertikale Integration. Wiesbaden 1993.

Wenger (1993)
Wenger, E.: Verfügungsrechte. In: Wittmann, W. u.a. (Hrsg.): HWB. 5. Aufl., Stuttgart 1993, Sp. 4495 - 4507.

Wildemann (1986)
Wildemann, H.: Strategische Investitionsplanung für CAD/CAM. Stuttgart 1986.

Wildemann (1992 a)
Wildemann, H.: Entwicklungsstrategien für Zulieferunternehmen. In: ZfB, 62. Jg. (1992), S. 391 - 413.

Wildemann (1992 b)
Wildemann, H.: Unter Herstellern und Zulieferern wird die Arbeit neu verteilt. In: HARVARDmanager, 14. Jg. (1992), Heft 2, S. 82 - 93.

Williamson (1975)
Williamson, O. E.: Markets and Hierarchies: Analysis and Antitrust Implications. A Study in the Economics of Internal Organization. New York, London 1975.

Williamson (1981 a)
Williamson, O. E.: The Modern Corporation: Origins, Evolution, Attributes. In: Journal of Economic Literature, vol. XIX (1981), pp. 1537 - 1568.

Williamson (1981 b)
Williamson, O. E.: The Economics of Organization: The Transaction Cost Approach. In: American Journal of Sociology, vol. 87 (1981), no. 3, pp. 548 - 577.

Williamson (1990)
Williamson, O. E.: Die ökonomischen Institutionen des Kapitalismus. Unternehmen, Märkte, Kooperationen. Tübingen 1990.

Williamson (1991)
Williamson, O. E.: Comparative Economic Organization. Vergleichende ökonomische Organisationstheorie: Die Analyse diskreter Strukturalternativen. In: Ordelheide, D./Rudolph, B./Büsselmann, E. (Hrsg.): Betriebswirtschaftslehre und Ökonomische Theorie. Stuttgart 1991, S. 13 - 49.

Winand (1991)
Winand, U.: Generisches Wissen im betrieblichen Wissensmanagement. In: Müller-Böling, D./Seibt, D./Winand, U. (Hrsg.): Innovations- und Technologiemanagement. Stuttgart 1991, S. 375 - 400.

Witte (1993)
Witte, E.: Entscheidungsprozesse. In: Wittmann, W. u.a. (Hrsg.): HWB. 5. Aufl., Stuttgart 1993, Sp. 910 - 920.

Wittmann (1959)
Wittmann, W.: Unternehmung und unvollkommene Information. Unternehmerische Voraussicht - Ungewißheit und Planung. Köln, Opladen 1959.

Wittmann (1979)
Wittmann, W.: Wissen in der Produktion. In: Kern, W. (Hrsg.): HWProd. Stuttgart 1979, Sp. 2261 - 2272.

Wittmann (1980)
Wittmann, W.: Information. In: Grochla, E. (Hrsg.): HWO. 2. Aufl., Stuttgart 1980, Sp. 894 - 904.

Wohlgemuth (1991)
Wohlgemuth, A.: Das Beratungskonzept der Organisationsentwicklung. Neue Form der Unternehmungsberatung auf Grundlage des sozio-technischen Systemansatzes. 3. Aufl., Bern, Stuttgart 1991.

Wolfrum (1991)
Wolfrum, B.: Strategisches Technologiemanagement. Wiesbaden 1991.

Wollnik (1980)
Wollnik, M.: Einflußgrößen der Organisation. In: Grochla, E. (Hrsg.): HWO. 2. Aufl., Stuttgart 1980, Sp. 592 - 613.

Womack/Jones/Roos (1991)
Womack, J. P./Jones, D. T./Roos, D.: Die zweite Revolution in der Autoindustrie. Konsequenzen aus der weltweiten Studie aus dem Massachusetts Institute of Technology. Frankfurt am Main, New York 1991.

Wurche (1991)
Wurche, S.: Konzeptionelle Vorüberlegungen zu einer Theorie strategischer Kooperation. Diskussionsbeiträge Heft 62 des Lehrstuhls für Allgemeine Betriebswirtschaftslehre und Unternehmensführung der Universität Erlangen-Nürnberg. Nürnberg 1991.

Yuchtman/Seashore (1967)
Yuchtman, E./Seashore, St. E.: A System Resource Approach to Organizational Effectiveness. In: American Sociological Review, vol. 32 (1967), pp. 891 - 903.

Zäpfel (1979)
Zäpfel, G.: Programmplanung, mittelfristige. In: Kern, W. (Hrsg.): HWProd. Stuttgart 1979, Sp. 1700 - 1713.

Zahn (1986)
Zahn, E.: Innovations- und Technologiemanagement. Eine strategische Schlüsselaufgabe der Unternehmen. In: Zahn, E. (Hrsg.): Technologie- und Innovationsmanagement. Berlin 1986, S. 9 - 48.

Zahn (1988)
Zahn, E.: Produktionsstrategie. In: Henzler, H. A. (Hrsg.): Handbuch Strategische Führung. Wiesbaden 1988, S. 515 - 542.

Zeithaml (1981)
Zeithaml, V. A.: How Consumer Evaluation Processes Differ between Goods and Services. In: Donnelly, J. H./George, W. R. (eds.): Marketing of Services. Chicago, Illinois 1981, pp. 186 - 190.

Zimmerer (1993)
Zimmerer, C.: Unternehmensakquisition. In: Wittmann, W. u.a. (Hrsg.): HWB. 5. Aufl., Stuttgart 1993, Sp. 4294 - 4306.

Zörgiebel (1983)
Zörgiebel, W. W.: Technologie in der Wettbewerbsstrategie. Strategische Auswirkungen technologischer Entscheidungen untersucht am Beispiel der Werkzeugmaschinenindustrie. Berlin 1983.

Zweipfennig (1991)
Zweipfennig, H.: Der Zusammenhang zwischen der Organisation und der Produktivität industrieller Forschung und Entwicklung. Göttingen 1991.

VERZEICHNIS DER ZITIERTEN GESETZESTEXTE

AktG

Aktiengesetz vom 06. September 1965, zuletzt geändert am 26.02.1993 im BGBl. I 278.

BGB

Bürgerliches Gesetzbuch vom 18. August 1896, zuletzt geändert am 27.04.1993 im BGBl. I 509.

GmbHG

Gesetz betreffend die Gesellschaften mit beschränkter Haftung in der Fassung der Bekanntmachung vom 20. Mai 1898, zuletzt geändert am 18.12.1991 im BGBl. I 2206.

GWB

Gesetz gegen Wettbewerbsbeschränkungen in der Fassung der Bekanntmachung vom 20. Februar 1990, zuletzt geändert am 21.12.1992 im BGBl. I 2133.

PatG

Patentgesetz in der Fassung der Bekanntmachung vom 16. Dezember 1980, zuletzt geändert am 23.03.1993 im BGBl. I 366.

Printed by Books on Demand, Germany